KB217677

예수, 신인가 인간인가?

SBS ‘신의 길, 인간의 길’에 대한 비판

모든 인간은 하나님의 형상을 닮은 존엄한 존재입니다. 전 세계의 모든 사람들은 인종, 민족, 피부색, 문화, 언어에 관계없이 존귀합니다. 예영커뮤니케이션은 이러한 정신에 근거해 모든 인간이 존귀한 삶을 사는 데 필요한 지식과 문화를 예수 그리스도의 사랑으로 보급함으로써 우리가 속한 사회에 기여하고자 합니다.

예수, 신인가, 인간인가?

펴낸 날·2009년 2월 20일 | 초판 1쇄 찍은 날·2009년 2월 25일
지은이· 김경진, 송태현, 유태화, 이경재, 이경직, 장훈태 | 펴낸이·김승태
등록번호·제 2-1349호(1992. 3. 31) | 펴낸 곳·예영커뮤니케이션
주소·(136-825) 서울시 성북구 성북1동 179-56 | 홈페이지 www.jeyoung.com
출판사업부·T. (02)766-8931 F. (02)766-8934 e-mail: edit1@jeyoung.com
출판유통사업부·T. (02)766-7912 F. (02)766-8934 e-mail: sales@jeyoung.com

ISBN 978-89-8350-521-7 (03230)

값 9,000원

예수, 신인가 인간인가?

SBS '신의 길, 인간의 길' 에 대한 비판

김경진, 송태현, 유태화, 이경재, 이경직, 장훈태 지음

예영커뮤니케이션

차례

1
서론 : 예수 왜곡의 역사

송태현(기독교문화)

I. SBS '신의 길, 인간의 길' 사건 개요

지난 2008년 6월과 7월에 걸쳐 SBS-TV에서는 '신의 길, 인간의 길'이라는 4부작 다큐멘터리를 방영했다. 2008년 6월 29일에 방영된 제 1회분 〈예수는 신의 아들인가?〉라는 제목의 프로그램에서 제작진은 '정통 기독교'에서 주장하는 예수가 아닌 인물, 다시 말해 신화적 인물 혹은 단순한 인간 예수를 제시하였다. 성경이 가르치는 예수를 부인하는 내용이 담긴 이 프로그램이 방영된 이후로 적지 않은 기독교 단체들이 이 프로그램에 대해 항의하고 방영 중단 등을 요구하기도 하였다.

이 다큐멘터리를 연출한 김종일 PD는 자신이 "기독교가 모태신앙이며, 어려서부터 시골에서 기독교와 교회를 접하며 자랐다."라고 밝혔다. 이번 프로그램을 기획하게 된 동기에 대해서 그는 "사춘기 시절부터 의문이 생겼다."며 "교회 안팎의 삶이 구분되지 않는 사람들, 시골 작은 교회에서 내분이 일어나는 것 등을 보며 잘은 모르지만 뭔가 왜곡되어 있다는 생각을 하게 됐다."고 말했다. PD가 된 후 언젠가는 이런 프로그램을 만들어야겠다고 생각했는데, 2002년 티모시 프리크의 『예수는 신화다』라는 책을 읽은 후 그 생각을 구체화했다고 한다.

4부작 다큐멘터리 '신의 길, 인간의 길'의 간략한 요약은 다음과 같다.

1부 '예수는 신의 아들인가?" (2008. 6. 29.) : 많은 그리스도인들이 하나님의 아들이라고 믿고 있는 예수가 과연 신의 아들이며 실존적 인물인가? 이 질문에 대해 제작진은 『예수는 신화다』의 저자인 프리크, '예수 세미나'의 중심인물인 크로산, 종교학자인 배철현 등 예수의 실존을 부인하거나 실존을 인정하더라도 하나님의 아들로 인정하지 않는 학자들을 중심으로 예수에 대한 견해를 소개하였다.

2부 '무함마드, 예수를 만나다' (2008. 7. 6.) : 제작진은 이슬람을 성립시킨 무함마드가 예수를 잘 알고 있었으며, 예수는 이슬람의 경전인 『꾸란』에 여러 차례 기록되었고 주장한다. 7세기의 인물인 무함마드는 예수를 어떻게 이해하고 있었는가? 기독교와 이슬람의 차이는 어디서 비롯된 것인가? 등을 다루었다.

3부 '남태평양의 붉은 십자가' (2008. 7. 13.) : 영국의 선교사가 파송되었던 남태평양 바누아투공화국의 타나 섬 원주민들은 토속신앙에 대한 선교사들의 폭력과 억압을 견디는 과정에서 미국인 존 프럼이라는 새로운 메시아를 만났고 그가 다시 올 것을 기다린다. 한편 많은 영국인들은 어렸을 때 가졌던 기독교 신앙을 버리고 있다. 그 결과 교회는 나이트클럽이나 술집으로 변모하고 있으며, 남아 있는 교회에도 노인들뿐이다. 적잖은 영국 청년들은 자신들이 저급한 신앙으로 여기던 샤머니즘에 다시 심취하고 있다.

4부 '길 위의 인간' (2008. 7. 20.) : 제작진은 성경의 사탄의 기원이 이원론적인 조로아스터교의 영향이 후기 유대교와 기독교시대까지 들어온 것이라는 견해를 소개한다. 또한 선과 악, 천국과 지옥, 선신과 악신 등의 이원론의 기원도 마찬가지라는 것이다. 그리고 내 종교만이 절대적인 진리라고 확신하면 그것은 종종 폭력으로 나타난다고 주장하면서, 근본주의와 문자주의에 내재한 극단적인 배타성을 비판한다.

제작진은 "예수에 대한 실존적인 물음으로 인해 한국의 그리스도인들에게 혼란을 주기 위해 제작을 한 것이 아니다."라고 밝히며 "한국의 개신교인 중 성경을 문자 그대로 믿는 보수 그리스도인이 90%에 가까운 기형적인 현실 앞에서 로마제국과 서양문명의 인식 틀에서 해석된 기존의 예수의 모습 이외에도 또 다른 예수의 모습이 있을 수 있다는 일말의 가능성을 제시하고자 한다."라고 기획의도를 밝혔다.

'신의 길, 인간의 길'은 심야의 다큐 프로임에도 불구하고 SBS 평균 시청률(7.0%)을 훨씬 넘는 9.1%를 기록하였고, 가장 높은 순간 기록이 무려 10.8%나 되었는데 동시간대에 방송된 프로그램들(MBC '라이프특별조사팀' 5.9%, KBS 1TV '생방송심야토론' 4.7%, KBS 2TV '그레이아나토미' 3.1%)과 비교할 때 약 두 배가 되는 기록이다.

그리고 이 프로그램은 2008년 8월 한국PD연합회가 매달 시상하는 이 달의 PD상에 선정되기도 했다. PD저널은 "TV시사 교양부문 수상작 SBS '신의 길, 인간의 길'은 지상파 최초로 예수의 역사적인 실체에 대해 탐구하고 한국 기독교의 고질병인 타종교에 대한 배타성의 원인을 파헤친 다큐멘터리"라고 시상 이유를 밝혔고, "제작진은 방송사상 최초로 사우디 메카 현지 취재를 통해 기독교, 유대교, 이슬람교로 대표되는 유일신 사상의 상호연관성을 다각도로 조명하기 위해 많은 노력을 기울여 심사위원들로부터 호평을 받았다."고 설명했다.

그런데 이 프로그램은 기독교계의 많은 반발을 샀다.[1] 그 가운데 두드러진 단체

1) 예를 들어 한국복음주의신학회(회장 김성영), 기독교대한감리회(감독회장 신경하) 등의 단체에서

는 한국기독교총연합회(한기총)이다. 한기총과 그 유관단체인 한국교회언론회 소속의 다섯 명의 목사는 '신의 길, 인간의 길'이 방영되기 이틀 전인 2008년 6월 27일에 SBS를 방문하여 구두 항의와 함께 '방송중단'을 요청하는 공문을 전달하였다. 한기총은 공문을 통해 '신의 길, 인간의 길'이 종교 자유의 본질에 대한 침해이며, 기독교에 대한 심대한 도전으로 이해하여 방송을 취소할 것을 주장했다. 그리고 방송을 강행할 경우 SBS 뿐만 아니라 모(母) 그룹 전체의 경영진에게도 책임이 있음을 통지하였다. 만일 공중파에서 방영이 된다면 이는 "기독교에 대한 전면적인 전쟁"으로 간주하며 전 기독교계가 저항 운동에 나설 것이라고 밝혔다. 이에 SBS는 한기총의 방송중단 요청이 "언론의 자유를 침해하는 것"이라며 예정대로 방송을 감행했다.

요청이 받아들여지지 않자 엄신형 목사(대표회장)를 비롯한 한기총의 임역원들은 '신의 길, 인간의 길' 1부가 방영된 직후 SBS 방송사에 들어가 단식농성까지 했다. 2부가 방영된 직후엔 긴급대책회의를 열었다. 이 자리에서 한기총은 범교단적인 대책기구를 만들어 논리적, 법적 대응을 하며, 전국 교회에 목회서신을 보내고, 신자들을 대상으로 서명운동을 전개할 것을 결의하였다.

'신의 길, 인간의 길' 방송을 둘러싼 SBS와 한기총의 갈등은 7월 20일 방송된 마지막 회 도입부에 한기총의 반론을 방영하는 것으로 일단락됐다. SBS는 이날 오후 11시 20분부터 방송된 제4부 '길 위의 인간'의 서두에 '한기총은 왜 방송 중지를 요청하나'라는 자막과 함께 20초간 한기총이 7월 12-13일에 SBS 목동 사옥 앞에서 벌인 시위 장면을 내보내고 이어서 엄신형 한기총 대표회장의 인터뷰를 1분 30초간 방송했다.

'신의 길, 인간의 길' 4부작 방영이 끝났으나 한기총은 SBS에 대한 공세를 멈추지 않았다. 7월 25일에는 '한국교회 SBS 대책 위원회'(위원장 김승동 목사)를 발족하여 자료수집, 홍보, 서명운동, 법적 소송으로 이어지는 대응전략을 내놓기에 이른다. 결

도 반박문을 발표하였다.

국 대책위는 9월 9일 윤태영 SBS 회장을 면담하여 한국교회에 대한 사과를 이끌어냈다. 윤 회장은 한국교회에 죄송하다고 전했으며, 하금열 사장과 홍성주 제작본부장은 유감을 표명했다. 10월 2일 언론중재위 심의 결정을 얻어 10월 23일 언론중재위 2차 심리 조정에 합의하여 더 이상 이의를 제기하지 않기로 하였다. 11월 13일 활동 4개월여 만에 모든 활동을 마치고 대책위는 해체식을 가졌다.

II. 다른 예수: '우주인 예수'에서 '다빈치 코드'의 예수

기독교계는 '신의 길, 인간의 길'에 대해 왜 비판하는가? 비판의 핵심은 "예수는 과연 누구인가?"라는 예수의 정체성과 관련되어 있다. "너희는 나를 누구라 하느냐"라고 예수가 제자들에게 물었을 때 베드로는 "주는 그리스도시요 살아 계신 하나님의 아들이시니이다"(마 16:16)라고 대답하였다. 예수는 하나님의 아들이지만 인간의 몸을 입고 이 땅에 오셔서 십자가의 고통을 당한 후 죽고 부활하신 분이다. '신의 길, 인간의 길'에서는 예수에 대해 이러한 고백을 하는 학자들의 주장에는 침묵하고 오히려 그러한 기독교를 믿는 사람들이 광신적인 집단임을 암시하였다.

사실 우리 사회에서 복음주의 그리스도인이 믿는 예수를 부인하는 주장이 등장한 것은 이번이 처음은 아니다. 어떤 이는 예수가 신화적(허구적) 존재라고 주장했고, 어떤 이는 예수가 우주인이라 주장했으며, 어떤 이는 예수가 불제자라 말했고, 어떤 이는 예수가 신의 아들이 아닌 단순한 인간(로마 군인의 아들, 농부, 무당)이라 말했다.

1980년, 신군부의 권력이 서슬 퍼렇던 시절에 우리 사회의 베스트셀러 서적은 『우주인과 예수』라는 책이었다.[2] 이 책에서 저자 김종성은 예수가 우주인이라고 주장했

2) 김종성, 『우주인과 예수: 성경속의 비밀』, 나무, 1986.

다. 사실 예수가 우주인이라는 주장은 김종성의 독창적인 주장은 아니다. 1973년 프랑스의 저널리스트였던 라엘(Claude Vorilhon Raël)은 다른 행성에서 온 엘로힘이라는 우주인과 만났다고 한다.[3] 엘로힘은 라엘에게 인류에게 전하는 메시지를 주었으며 지구상에 그들을 맞이할 대사관을 건립해 주도록 부탁했다는 것이다. 우주인 메시지를 전 세계에 전하기 위해 1975년 그는 스위스에 국제 라엘리언 무브먼트(International Laelian Movement)를 창설했다. 이 진영에서는 예수를 모세, 부처, 마호메트와 더불어 '엘로힘'의 예언자라고 주장한다. 엘로힘은 뛰어난 과학문명과 정신을 지닌 외계인들로서 2만 5000년 전에 우주선을 타고 지구를 방문하여 인간을 포함한 지구상의 모든 생명체들을 DNA 합성을 통해 실험실에서 고도의 과학 기술로 창조했다고 한다.

엘로힘은 자신들이 창조한 지구인들이 올바른 방향으로 발전해 나갈 수 있도록 예언자(메시아 또는 메신저)들을 파견했다는 것이다. 이들 외계인들인 엘로힘은 아기 예수의 탄생을 동방박사들에게 알리고 그들을 베들레헴까지 안내했는데, 동방박사들이 본 '베들레헴의 별'은 바로 외계인들의 비행체 즉 오늘날 사람들이 UFO라 부르는 우주선이라고 라엘리언들은 주장한다. 외계인들이 아기 예수의 탄생을 동방박사들에게 알리고 그들을 베들레헴까지 안내했다는 것이다. '예수의 부활'은 '엘로힘'에 의해 행해진 DNA(유전자) 복제라는 것이다. 예수가 사형을 언도받아 처형된 직후 엘로힘은 예수가 숨을 거두기 전 채취해 둔 세포의 유전정보(DNA)를 통해 그를 생전의 모습과 똑같은 모습으로 복제했다는 것이다.

예수가 불제자였다고 주장하는 사람도 많이 나타났다. 우리나라에도 이와 관련된 책들이 적잖게 출판되었다. 이와 관련하여 많은 이들이 의거하는 문헌은 『보병궁 복음서(*The Aquarian Gospel of Jesus Christ*)』인데 이 책은 리바이 도우링 목사

---

3) Claude Vorilhon Raël, 『우주인의 메시지 1』, 메신저, 1982. ; Claude Vorilhon Raël, 『우주인의 메시지 2』, 메신저, 1995.

(1844~1911)가 천상 영계의 기록인 '아카샤(Akasha, 宇宙心)'기록을 계시 받아 그대로 옮겨 적은 것이라고 하며, 우리나라에서는 『성약성서(成約聖書)』라는 제목으로 출간되었다.[4] 이 '복음서'는 신약성경의 사복음서 내용을 대부분 포함하고 있을 뿐 아니라, 여기에 생략되어 있는 예수님의 12세부터 30세까지의 성장과정과 구도과정이 자세하게 기록되어 있다. 이를 간략히 요약해 보자.

어린 시절 예수는 목수가 되어 아버지의 일을 도우며 성전에서 율법학자들과 토론을 벌이기도 하였는데, 이 때 남부 인도의 오리사주(州) 왕족인 '라반나'가 유대의 제례(祭禮)에 참석하러 왔다가 성전에서 말하고 있는 예수의 총명함에 반하여 예수의 부모를 만나 인도 유학을 주선하였다. 예수는 오리사 지방에 있는 자간나스의 절에 들어가 4년 동안 수행의 길을 걸었다. 이때 예수는 베다경전과 석가의 지혜를 읽었다. 인간의 절대 평등을 주장하던 예수는 인도의 카스트 제도를 파괴한다는 이유로 그를 정죄하는 승려들을 피해 네팔로 피신하였다. 당시 인도에서 부르던 예수의 불교식 이름은 '이사(Issa)'였고, 오늘날에도 인도에서는 예수를 '이사'라 부르고 있다.

예수는 티베트의 '라사'에 있는 사원을 찾아 당시 요동(遼東)의 최고 성현으로 이름이 나 있던 '밍구스테'를 만나서 이 절에 소장되어 있었던 수많은 고전(古典)의 필사본을 밍구스테의 도움을 받아 직접 읽었다. 이곳을 떠나 고향으로 향하는 도중에 페르시아에 들려서 24년 전에 자신을 찾아 준 마기교 승려인 동방박사 3인을 만났다. 25세에 다시 이집트의 '헬리오폴리스'로 가서 성자들의 모임인 형제단에 입회하기를 원하여 허락을 받았다.

귀국 후 예수는 모든 인간의 절대 신성을 부르짖으며 이적을 행하고, 군중을 모아 신의 사랑과 평등사상을 전파하다가 결국 그는 유대교의 질시와 저주를 받아 십자가에 매달려 처형되었는데, 이 때 예수는 "엘리 엘리 라마 사박다니"(Eli Eli Lama Sabachthani)라는 말을 외친 후 마지막 숨을 거두었다. 그런데 이 예수의 최후의 말

---

4) Levi Dowling, 『성약성서』, 대원출판사, 1985.

씀은 티베트 라마불교의 진언(眞言)인 "엘리 엘리 라마 삼약 삼보리"(Eli Eli Lama Sammach Sam Bori)라는 다라니(Dharani, 呪文)로 밝혀졌다고 주장한다.

리바이 도링이 새벽 2시부터 6시까지 성령이 명하는 대로 속기로 자동 기술하여 완성한 것이라고 하는 이 책은 적잖은 영향을 미쳤다. 이 책 이후로 예수님을 불제자로 보거나, 기독교가 불교에서 유래한 것이라고 보는 관점들이 상당히 일반화되었다.[5]

일본 혼슈(本州)의 북단에 위치한 아오모리(青森) 현의 신고오무라 (新鄕村)에 '그리스도의 묘'가 전해져 온다.[6] 이 마을의 전설에 의하면 예수 그리스도는 일본을 두 번이나 방문했으며, 처음 방문 당시 나이는 21세였다고 한다.

예수 그리스도는 이곳에서 11년째 되던 해에 유대로 돌아갔으나 유대인들이 십자가에 못 박아 죽이려 한다는 정보를 듣고 일본으로 다시 피신했으며, 유대인들은 예수와 닮은 동생 이수키리를 잡아 갔으며 바로 이 동생이 예수 대신에 십자가에서 죽었다는 것이다. 예수의 소년시절과 청년시절, 사이가 불분명한 이유가 바로 일본에서 보냈기 때문이라고 한다.

유대에서 탈출한 예수는 시베리아를 건너 마침내 이 마을에 정착했으며, 개명을 하고 미유코라는 일본 여성과 결혼하여 슬하에 세 명의 딸을 두었으며 106세까지 살

---

5) 이러한 관점에서 쓴 책은 다음과 같다. Elisabeth C. Prophet, 『예수의 잃어버린 세월』, 동국출판사, 1987. ; Elizabeth Clare, 김용환 역, 『불제자였던 예수』, 나무, 1987. ; Holger Kersten, 『인도에서의 예수의 생애 : 십자가 처형을 전후한 예수의 알려지지 않은 생애』, 고려원, 1988. ; 민희식, 『법화경과 신약성서』, 블루리본, 2007. ; 민희식, 『예수와 붓다』, 블루리본, 2007. ; 고준환, 『성경엔 없다』, 불지사, 2001.

6) 호사카 유우지, 『일본에게 절대 당하지 마라』, 답게, 2006, p. 138: "예수가 일본에서 죽었다는 이야기는 처음 1935년 이바라기 현 기타이바라기 시에 위치한 고오소코 대 신궁 안에서 발견된 다케우치 고문서에 쓰여 있다. 고문서에 예수의 무덤이 아오모리 현에서 발견될 것이라고 되어 있다. 그 내용대로 예수의 무덤 위치가 일치했으니 만들기는 잘 만들어진 정교한 픽션이다. 그뿐만 아니라 1936년에는 일본어로 쓰인 '예수 그리스도의 유서마저도 발견되었다. 이 고문서라든가 그리스도의 무덤이 태평양전쟁 직전에 발견된 점과 그리스도의 유서 내용 속에 천왕을 찬미하는 문구가 쓰인 사실 등으로 미루어 볼 때 당시 일제가 서양정신의 중심인 기독교까지 흡수하려는 의도 아래 비밀리에 만들었던 정치적 픽션이 아닌가 한다."

았다고 한다. 현재 자신이 예수의 후손이라고 주장하는 이도 있다. 사와구찌 씨가 바로 그 사람이다. 그리고 동북지방(青森県新郷村)에서 매년 6월 초에 '그리스도 마쯔리(祭)'를 행하고 있다고 한다.[7]

2000년대에 들어와 예수의 정체성과 관련하여 우리 사회에 가장 많은 관심을 불러일으킨 사건은 '다빈치 코드'이다.[8] 미국의 작가 댄 브라운(Dan Brown)이 쓴 네 번째 소설 『다빈치 코드(*The Da Vinci Code*)』는 2003년 3월에 출간된 후 전 세계적인 베스트셀러가 되었다. 이 소설은 컬럼비아 영화사에서 영화로 제작되었는데 론 하워드가 감독을, 그리고 톰 행크스가 주연(로버트 랭던 역)을 맡아 2006년에 개봉되었다.

작가인 댄 브라운은 이 소설에서 예수가 결혼을 했으며, 그 아내는 막달라 마리아라고 주장한다. 예수가 십자가에서 처형될 당시 막달라 마리아는 예수의 아이를 임신 중이었다고 한다. 아기의 안전을 위해 그녀는 아리마대 요셉의 도움을 얻어 예루살렘을 떠나 먼 곳으로 향했다. 그녀가 도착한 곳은 오늘날 남(南)프랑스 지역이다. 거기서 그녀는 딸을 낳았다. 그 딸의 이름은 '사라'이다. 사라를 통해 전해진 그리스도의 후손은 5세기경에 프랑스 왕가와 결혼하기에 이르고, 그 결혼을 통해 메로빙거 가계가 창조되었다. 비밀결사단체인 시온수도회가 지닌 주된 임무 중의 하나는 그리스도의 혈통을 보존하는 일이다. 이에 반해 바티칸은 그리스도의 혈통을 가진 사람을 없애려고 온갖 노력을 다한다는 것이다.

유럽에서 전하는 '성배(聖杯, holy grail)'를 다룬 예술의 핵심은 바로 이러한 사실의 복구에 있다고 작가는 주장한다. '최후의 만찬' 때 사용했으며, 예수가 십자가에

---

7) 이와 관련된 정보에 대해서는 다음 인터넷 자료를 참조할 것. http://www.kscoramdeo.com/news/read.php?idxno=1748&rsec=S1N3;http://cafe.daum.net/lovejapan08/6Ose/177?docid=1Cw7Q|6Ose|177|20090114073657&q=%B1%D7%B8%AE%BD%BA%B5%B5%20%B9%AB%B4%FD%20%C0%CF%BA%BB&srchid=CCB1Cw7Q|6Ose|177|20090114073657

8) Dan Brown, 『다빈치 코드 1, 2』, 베텔스만, 2003.

서 흘린 피를 담은 그릇인 성배에 관한 전설은 사실상 왕족의 피에 대한 전설이라는 것이다. 성배가 그리스도의 피를 담은 잔이라는 것은 예수라는 왕족의 혈통을 품은 여자의 자궁, 즉 막달라 마리아라는 것이다. 나아가 작가는 이와 관련하여 성배에 대한 상징적 해석도 받아들이는데, 성배는 결국 신성한 여성, 신성한 여신을 나타내는 상징이라는 것이다. 잃어버린 성배를 찾는 기사들의 원정 전설은 잃어버린 신성한 여성을 찾기 위한 탐험 이야기라는 것이다.

댄 브라운의 이러한 이야기는 사실상 독창적인 연구에 토대를 둔 것은 아니다. 이 책 내용의 핵심적인 부분은 『성혈과 성배(*Holy Blood, Holy Grail*)』(1982)에 담겨 있다.[9] 『성혈과 성배』의 저자 세 명 중 마이클 바이젠트와 리처드 레이는 댄 브라운이 자신들의 작품을 통째로 표절했다고 비난하면서 이 책을 발행한 미국 출판사 더블데이의 모회사 랜덤하우스를 상대로 표절에 따른 손해배상 소송을 진행한 바 있었다.

『다빈치 코드』에서 "지구상에서 살아남은 가장 오래된 비밀 조직"으로 소개되는 시온수도회(Prieuré de Sion)는 사실상 1956년에 예수의 후손이자 시온수도회의 수장(首長)이라고 주장한 피에르 플랑타르(Pierre Plantard, 1920–2000)와 그의 몇몇 친구들이 창설한 것이다.

시온수도회에 대한 역사적 언급은 그 이전에는 존재하지 않는다. 20세기에 창설된 조그만 클럽이 역사상 매우 중요한 단체로 둔갑한 것이다. 시온수도회의 그랜드 마스터의 명단이 들어 있으며, 피에르 플랑타르가 (예수의 피가 섞인) 다고베르 왕의 직계 후손임이 밝혀져 있는 '기밀문서'는 바로 플랑타르 자신이 위조한 것이다. 이와 관련된 사실은 프랑스의 기자이자 작가인 장–뤽 쇼멜(Jean–Luc Chaumeil)가 치밀한 조사 끝에 이미 1980년대에 밝혔으며, 최근에는 프랑스의 마리–프랑스 에슈구앵(Marie–France Etchegoin) 등이 쇼멜의 작업을 이어 받아 피에르 플랑타르 주장의

9) M. Baigent, R. Leigh, H. Lincoln, *Holy Blood, Holy Grail*, 『성혈과 성배』, 자음과 모음, 2005.

허구성을 밝히는 연구서를 출간했다.[10]

이들의 조사와 연구에 의하면, 이와 관련된 정보가 1950년대에 배임죄로 유죄 판결을 받고 6개월 동안 교도소 생활을 한 바 있는 피에르 플랑타르(이 사람은 모두 세 차례에 걸쳐 수감 생활을 한 바 있으며, 판결 관련 서류는 오늘날 관련 기관에서 공람할 수 있다)의 사기극임이 명확하게 밝혀져 있다.[11]

사람들은 성경에 기록된 예수에 대해서는 잘 믿으려 하지 않지만 예수가 십자가에서 죽지 않았다든지, 예수가 결혼했다는 등의 내용에 대해서는 오히려 쉽게 믿는다. 『성혈과 성배』에서 예수가 결혼했으며 그 후손이 오늘날도 살아 있다고 주장한 이후로 댄 브라운을 포함하여 적잖은 사람들이 그 주장을 사실로 받아들여 자신들의 책에서 소개하고 있다.[12]

III. 『예수는 신화다』에서 '신의 길, 인간의 길'로

'신의 길, 인간의 길'의 출발점은 『예수는 신화다』라는 책이다. 이 책의 한국어 번역판에는 '기독교 탄생의 역사를 새로 쓰는 충격보고'라는 부제가 붙어 있다.[13] 사실 이 책의 내용은 매우 충격적이다. 복음주의 기독교를 비판하는 이에게는 깊은 감명을 주었을 것이고, 신봉하는 이들에 깊은 충격과 회의를 가져다 준 책이다.

『예수는 신화다』라는 책의 출발점은 예수 이야기와 이교도 신화 사이에 존재하는

10) Maris-France Etchegoin et Frédéric Lenoir, 『추적-다빈치 코드의 진실과 거짓』, 문학세계사, 2005.

11) 이와 관련된 우리 말 자료로는 다음 문헌을 참조할 것 : Richard Abanes, 『다빈치 코드에 숨은 거짓과 진실』, 라이트하우스, 2004. Hank Hanegraff & Paul M. Meier, 『다빈치 코드 진실인가? 허구인가?』, 생명의 말씀사, 2004.

12) 고준환, 위의 책, 제4장 '역사적 예수의 결혼과 가족' ; 이키유바라 최, 『교회에서 쉬쉬하는 그리스도교 이야기』, 대원출판, 2002, '예수와 마리아'.

13) Timothy Freke & Peter Gandy, 『예수는 신화다』, 동아일보사, 2002.

놀라운 유사성의 발견이다. 저자들은 연구를 거듭할수록 더 많은 유사성을 확인하게 된다. 그 유사성의 이유는 과연 무엇인가? 그들은 예수 이야기가 역사적으로 실존했던 메시아의 전기(傳記)가 아니라, 이교도의 유서 깊은 이야기들을 토대로 구성된 하나의 신화이기 때문이라고 주장한다. 그리스도교는 유대인의 방식으로 각색된 고대 이교도의 미스테리아(mysteria) 신앙이라는 것이다.

미스테리아란 고대 지중해 세계에서 전승되어 온 의식과 신화를 가리키는 것으로서, 그 핵심은 죽고 부활하는 신인(神人, godman)과 관련되어 있다. 미스테리아 신인에 대한 최초의 신화는 고대 이집트의 오시리스 신화이다. 고대 이집트 신전에서 22년을 보내며 미스테리아의 입문자가 된 피타고라스는 그리스로 돌아와 자신이 배운 지혜를 가르쳤고, 그의 제자들은 이집트의 미스테리아를 모델로 삼아 그리스의 미스테리아를 만들었다. 오시리스 신화에 해당하는 신으로 이들이 선택한 존재는 그리스의 주신(酒神)인 디오니소스이다. 이런 식으로 지중해의 다른 문화권에서도 이집트의 미스테리아가 유입되었다. 각각 자신들의 토착신 가운데 하나를 변형시켜 죽었다가 부활한 미스테리아 신인으로 만들었다. 그리스에서 디오니소스로 변용된 이집트의 오시리스는 소아시아에서 아티스, 시리아에서 아도니스, 이탈리아에서 바쿠스, 페르시아에서는 미트라스로 불리었다. 이들 신인들은 그 형태는 각각 달랐으나 근본적으로는 동일한 신화적 존재였다. 『예수는 신화다』의 저자들은 이들 신인들을 통칭해서 '오시리스-디오니소스'라고 부른다.

유대인들도 지중해 인근의 타민족들과 마찬가지로 이교도의 미스테리아를 받아들였고, 기존의 오시리스-디오니소스 신화를 자신들의 신화로 각색했다. 그 신화의 주인공이 바로 죽었다가 부활한 신인(神人) 예수'라는 것이다. 예수 이야기는 역사적 사실이 아니라 유대인 미스테리아 입문자들이 자신들의 영적 가르침을 위해 꾸며 낸 신화라고 저자들은 주장하고, 이를 '예수 미스테리아 명제'라 부른다. 육체를 가진 신이요, 부활의 신이며, 신성한 수난의 공유를 통한 영적 재생을 신도들에게 약속한 예수의 이야기가 오시리스-디오니소스 신화의 차용일 뿐 아니라, 예수의 가르침 또한 이교도 미스테리아 철학을 복제한 것이라고 이들은 주장한다. 도덕적 순결, 사랑, 겸손과 가난, 천국과 지옥, 새로운 시대 등의 가르침도 미스테리아에서 도입한 것이라고 한다. 뿐만 아니라 초기 그리스도교의 저술들에 등장하는 로고스, 독생자, 장자, 하나님의 아들, 미스테리아 등의 용어들도 이교도(특히 고대 그리스 철학)의 가르침에 기원한 것이라고 말한다. 이렇게 본다면 예수는 이교도 신의 유대식 변용이며, 그리스도교는 이교 사상의 산물에 불과하다.

프리크와 갠디는 바로 이러한 것이 '원래의 그리스도교'이며, 이 가르침을 신봉한 사람들이 '영지주의 그리스도교인들'이라고 주장한다. 이들은 예수를 오시리스-디오니소스와 동일시했고, 자신들이 이교도 미스테리아 입문자임을 인정했다는 것이다.

『예수는 신화다』의 저자들은 오시리스-디오니소스의 이야기와 예수의 전기에 공통적으로 나타나는 것들의 핵심을 다음과 같이 정리한다.[14]

1) 오시리스-디오니소스는 육체를 가진 신이며, 구세주이고 하나님(God)의 아들이다.
2) 그의 아버지는 하나님이며 어머니는 인간 처녀(동정녀)이다.
3) 그는 3명의 양치기가 찾아오기 전인 12월 25일에, 동굴이나 누추한 외양간에서 태어난다.
4) 그는 신도들에게 세례의식을 통해 다시 태어날 기회를 준다.
5) 그는 결혼식장에서 물을 술로 바꾸는 기적을 행한다.
6) 그가 나귀를 타고 입성할 때 사람들은 종려나무 가지를 흔들고 찬송하며 그를 맞이한다.
7) 그는 세상의 죄를 대신 짊어지고 부활절 무렵에 죽는다.
8) 죽은 지 사흘 만에 부활해서 영광되이 하늘로 올라간다.

14) 같은 책, p.26.

9) 신도들은 최후의 날 심판자로 그가 다시 돌아오기를 기다린다.

10) 그의 죽음과 부활은 그의 몸과 피를 상징하는 빵과 포도주 의식으로 기념된다.

만일 『예수는 신화다』의 저자들이 나열한 내용이 사실이라면, 이는 매우 충격적이다. 기독교 성립 이전에 이토록 유사한 내용이 있었다면 이는 단순히 '우연적인 일치'가 아니라, 차용이라고 인정할 수밖에 없을 것이다.

그런데 오시리스-디오니소스 계열의 신들 — 다시 말해 오시리스, 디오니소스, 아티스, 아도니스, 바쿠스, 미트라스 — 가운데 어느 한 존재도 위에 나열한 요소들을 완벽하게 구비하고 있는 경우는 없다. 다양한 신비 종교의 요소들 가운데 여기서 조금, 저기서 조금 취합하여 작가의 상상력으로 어떤 단일한 체계를 만들어 낸 것이다. 물론 그 방향은 복음서에 있는 내용이다. 이를 토대로 재구성한 것이다. 마치 각각의 신비 종교가 원래 그러한 것처럼, 그리하여 기독교가 그러한 신화들에 영향을 받은 것처럼 보이게 교묘하게 조합하여 나열한 것이다. 이 점에 대해 『예수 재구성하기(*Reinventing Jesus*)』의 저자들은 이렇게 말한다. "유일한 문제는 이 통합된 종교가 인공적이며, 현대 작가의 상상력이 만들어 낸 것이라는 점이다."[15]

적잖은 독자들이 『예수는 신화다』의 저자들이 제시한 그 유사성을 보고서 충격을 받고서 자신들의 신앙의 기반이 허물어지는 경험을 하였다. 그러나 사실상 저자들의 주장은 그 근거가 매우 취약하다.

우선, 저자들이 '예수 신화'의 모태라고 주장하는 이집트의 오시리스 신화를 고찰해 보자. 신화의 주된 스토리는 다음과 같다.[16]

---

15) J. Ed Komoszewski et als., *Reinventing Jesus: How Contemporary Skeptics Miss the Real Jesus and Mislead Popular Culture*, Grand Rapids: Kregel Publications, 2006, p.223.

16) 오시리스 신화에 대해 다음 문헌을 참조할 것. 정규영, 『나일 강의 선물 이집트』, 여름 언덕, 2003, pp. 14-57. ; George Hart, 『이집트 신화』, 범우사, 2000, pp. 57-83. ; Voronica Ions, 『이집트 신화』, 범우사, 2008, pp. 108-141, 292-330. ; Melissa Littlefield Applegate, 『벽화로 보는 이집트 신화』, 해바라기, 2002, pp. 70-82. ; J. A. Coleman, *The Dictionary of Mythology*,

땅의 신 게브와 하늘의 여신 누트라는 쌍둥이 신은 5일 동안에 걸쳐 다섯 명의 자녀를 출산하였다. 첫 날에 오시리스가 태어났고, 이어서 하르마키스, 세트, 이시스, 네프티스를 매일 한 명씩 출산하였다. 게브와 누트의 자녀들이 성장하자 오시리스는 이시스와 결혼하고 네프티스는 세트와 결혼했다.

오시리스는 이집트의 파라오가 되고 이시스는 왕비가 되어 이집트를 훌륭하게 다스렸다. 야만의 상태에 있던 이집트인들에게 농사짓는 법, 신을 숭배하는 법 등을 가르쳤다. 이집트인들이 문명생활을 하게 되자 오시리스는 이집트 통치를 아내에게 맡기고 더 먼 곳에 있는 사람들에게 문명을 가르치기 위해 여행을 떠났다. 오시리스가 없는 동안 형을 질투하고 있던 동생 세트는 72명의 공모자들의 도움을 받아 오시리스를 제거할 계획을 세웠다.

오시리스가 여행에서 돌아오자 세트는 오시리스를 위한 연회를 베풀었다. 세트는 온갖 보석으로 장식된 화려한 관을 오시리스의 몸 치수에 꼭 맞게 제작하여 모인 손님들 앞에 보여 주면서 몸에 가장 잘 맞는 이에게 그 관을 선물로 주겠다고 말했다. 모든 사람이 실패한 후 오시리스가 그 관에 들어가니 꼭 맞았다. 그 순간 세트의 부하 72명이 몰려와서 재빨리 관의 뚜껑을 닫고 못질한 후 나일 강에 던져 버렸다. 그리고 자신이 파라오가 되었음을 선포했다.

남편의 죽음 소식을 들은 이시스는 눈물을 흘리며 남편의 관을 찾으러 나섰다. 이시스는 관이 바다를 건너 페니키아의 비블로스로 갔다는 것을 알았다. 관은 해변 가까이 있던 한 나무에 걸리게 되었다. 나무는 하루 만에 큰 나무로 자라 관을 그 속에 감싸 주었다. 그 나무의 크기와 아름다움에 반했던 비블로스 왕은 그 나무를 새 궁전의 대들보로 사용하였다. 이시스는 비블로스 왕에게 기둥을 잘라 달라고 부탁하여 그 속에서 관을 발견하였다.

이시스는 남편의 시신을 배에 싣고 비블로스를 떠나 이집트로 향했다. 이집트에

London: Capella, 2007, p.791.

도착한 이시스는 오시리스 시신을 델타의 갈대숲에 숨겨 놓았다. 그런데 저녁 사냥을 나왔던 세트가 오시리스의 관을 발견하여 시신을 관에서 꺼내어 14조각으로 잘라 왕국의 전역에 뿌려 버렸다.

이시스는 남편의 시신을 끈기 있게 찾기 시작했고, 하나하나 찾아내었는데 찾아낸 곳에서 장례식을 거행하고 제단을 세웠다. 물고기(혹은 게)가 먹어 버린 남근(男根)을 제외한 시신의 나머지 부분은 모두 찾았다. 아내의 헌신적인 노력 덕택에 오시리스의 영혼은 무사히 죽은 자의 나라인 두아트에 들어갈 수 있었다(장례식을 치르지 않으면 두아트에 들어갈 수 없다). 가장 위대한 신이라는 오시리스를 죽은 자들의 왕으로 삼았다. 이후 오시리스와 이시스의 아들인 호루스는 아버지의 원수인 숙부 세트와 일전을 벌여 결국 세트를 죽이고 승리를 거둔다.

후일 디오니소스 신화를 비롯하여 죽고 부활하는 신인을 다룬 다른 신화들, 그리고 '예수 신화'의 모태가 되었다고 하는 이 신화가 예수 이야기와 일치하는 점은 과연 무엇인가? 사실상 오시리스 신화와 예수 이야기 사이에 일치하는 점은 별로 없다. 우선 오시리스는 동정녀 탄생으로 생겨난 존재가 아니다. 오시리스는 하늘의 여신 누트와 땅의 신 게브 사이에서 태어난 것이다. 두 신 사이의 성적 결합을 보여 주는 유명한 벽화(그림)도 존재한다. 디오니소스 경우, 이 역시 동정녀 탄생이 아니다. 그는 최고 신인 제우스와 인간 여인 세멜레 사이의 성적 결합에 의해서 태어난 것이다. 남편 제우스의 바람기를 질투한 아내 헤라의 술수(제우스의 영광스러운 본 모습을 보여 달라고 부탁하라고 세멜레를 부추김)로 세멜레가 타 죽자, 제우스는 그녀의 뱃속에 들어 있던 아직 달이 덜 찬 아기를 자신의 허벅다리에 넣어 키운 뒤 달이 차자 디오니소스는 제우스의 허벅지에서 탄생했다.[17] 한편, 미트라스는 동정녀에게서

17) J. A. Coleman, 같은 책, p.293., Pierre Brunel dir., *Dictionnaire des Mythes littéraires*, Monaco: Editions du Rocher, pp.443-458.

가 아니라 바위에서 탄생했다.[18]

부활도 마찬가지다. 메팅거(T. N. D. Metinger)는 그의 책 『부활의 수수께끼(*The Riddle of Resurrection*)』에서 기독교 이전에는 '죽고 부활하는 신'이 없으며, 죽고 부활하는 신들은 모두가 1세기 이후에 만들어진 것이라고 밝히고 있다.[19] 그리고 메팅거는 이렇게 말한다. "내가 아는 한, 예수의 죽음과 부활이 주변 세계의 죽고 다시 사는 신들의 신화와 의례에 의거하는 신화적인 구성물이라는 데 대해 채택된 증거가 없다."[20]

죽고 다시 사는 신의 관념이 기독교에서 말하는 그리스도의 죽음과 부활 관념과 유사하다는 견해가 대중화된 것은 이미 제임스 프레이저(James Frazer)의 『황금의 가지』(초판 1906)에서이다. 역사적 문헌에 대한 권위자인 에드윈 야마우치(Edwin Yamauchi)는 프레이저의 유사성 정리 작업의 토대가 매우 취약한 것으로서 다수의 학자들이 불신하고 있음을 밝힌 바 있다.[21]

오시리스의 경우 그의 육체적 부활이라 일컬을 수 있는 부분은 이시스가 오시리스의 13조각난 시신을 수습하고 잃어버린 남근을 모형으로 만들어 접합한 후 주문을 외우고 제사를 올린 후 남편이 재생했다는 것이다. 그러나 재생한 오시리스는 이 땅과는 아무런 관계가 없는 존재, 즉 죽은 자들의 왕이 되었다. 그리고 이집트인들은 불멸을 얻기 위해서는 몸이 미이라가 되어야 한다고 믿었다.[22]

그리고 아티스 신화가 기독교보다 오래된 것이긴 하지만 아티스의 부활에 대한 최초의 보고는 1세기 훨씬 이후의 일이다.[23] 아도니스는 예수보다 백 년 이후에 등장

---

18) Lee Strobel, *The Case for the Real Jesus*, Grand Rapids: Zondervan, 2007, p.326.
19) 같은 책, p. 305에서 재인용.
20) T. N. D. Metinger, *The Riddle of Resurrection*, Stockholm: Almqvist & Wicksell, 2001, p.221, Lee Strobel의 위의 책 p. 307에서 재인용.
21) J. Ed Komoszewski et als., 앞의 책, p.250.
22) Lee Strobel, 앞의 책, p.340.
23) 이하의 내용에 관해서는 같은 책, p.309 참조.

한 신화적 인물이다. 마르둑에 대해서는 고대에 그의 죽음에 대한 명확한 설명조차 없다. 따라서 부활은 죽음보다도 더 불분명하다. 탐무즈가 죽고 재생하는 신이라는 설명도 논쟁의 여지가 있다. 게다가 탐무즈가 죽은 후 다시 나타났다거나 빈 무덤에 관한 보고가 없으며, 이 신화는 계절의 변화와 연결되어 있다. 미트라스의 경우 그의 죽음에 대한 문헌적인 증거는 거의 없다.[24] 리처드 고든에 의하면 미트라스의 죽음은 없다. 그렇다면 그의 부활이 있을 리 없다.

이렇듯 프리크와 갠디의 주장은 근거가 매우 약한 것이지만, 그들은 강력한 확신을 가지고 마치 강력한 증거가 있는 양 자신 있게 제시한다. 기독교 철학자 로널드 내쉬가 역설하듯이 신비종교에 대해 오늘날 우리가 그 내용을 알 수 있는 자료는 3세기 이후에 형성된 것이다. 그렇다면 3세기 이후에 형성된 자료를 토대로 신비 종교가 기독교 사상 형성에 기여했다는 주장은 오류이다. 오히려 신비 종교가 기독교에서 영향을 받았다는 주장이 더 설득력이 있다.[25]

저자들은 신비종교가 기독교 사상 형성에 결정적인 영향을 미친 사실이 그 동안 알려지지 않은 것이 배후 세력이 진실을 밝히지 못하게 막아서 그러하다는 인상을 주고 싶어 한다. 하지만 배후 세력의 문제가 아니라, 엄연한 사실이 그러하며 또한 학자들의 학문적인 양심의 문제이다. 물론 신약성서 형성 이후에 성립한 제도로서의 기독교에 신비종교가 영향을 주었을 수는 있다. 성탄절과 부활절의 날짜와 관련해서 그러하다. 이 두 절기의 날짜 제정에서 신비종교가 어느 정도 영향을 준 점은 충분

---

24) 미트라스에 관해서는 같은 책, p.329 참조.

25) Ronald Nash, "Was the New Testament Influenced by Pagan Religions?" http://forum.stirpes.net/christianity/1079-new-testament-influenced-pagan-religions.html 참조. 이방 종교와 기독교의 관계에 대해 좀 더 상세한 내용을 위해서는 내쉬의 다음 책을 참조할 것. Ronald Nash, *The Gospel and the Greeks. Did the New Testament Borrow from Pagan Thought?*, New Jersey: The Student Library, 2003. 『예수는 신화다』에 대한 주목할 만한 비판서는 J. Ed Komoszewski et als., *Reinventing Jesus: How Contemporary Skeptics Miss the Real Jesus and Mislead Popular Culture*와 Lee Strobel, *The Case for the Real Jesus*이다. 최근에 우리나라에도 『예수는 신화다』에 대한 비판서가 출간되었는데 이 책은 위에 소개한 두 책을 많이 참고하였다. 박명룡, 『예수는 신화가 아니다』, 누가, 2008.

히 인정할 수 있다. 성경에는 부활절과 성탄절의 정확한 날짜가 기록되어 있지 않다. 기독교가 두 주요 절기 날짜와 관련하여 이교의 영향을 허용한 것은 이교적인 절기 관행을 완전히 막기보다 이를 기독교적으로 수용하여 가능한 한 많은 사람들을 기독교로 포용하기 위한 방편이었을 것이다.

IV. '신의 길, 인간의 길'을 극복하기 위해

'신의 길, 인간의 길' 이전에 한기총은 『예수는 신화다』(동아일보사, 2002)라는 책에 대해 출판사에 절판 압력을 행사하여 결국 출판사는 그 책을 절판시킨 바 있다. 한기총은 또한 2006년 4월 7일 서울중앙지방법원에 영화 〈다빈치 코드〉 상영 금지 가처분 신청을 제출하기도 하였다. 상영 금지 가처분 신청은 법원에 의해 기각이 되었지만 한기총은 '영화 안 보기 운동' 등을 전개한 바 있다. 그리고 한기총은 EBS 인터넷 방송에서 진행되던 도올 김용옥의 영어성경(요한복음) 강의를 100회에서 60회로 줄이게 한 바 있다.

사실 한기총이 실행한 이러한 방식의 대응보다 더 중요한 것은 지성적인 대응이다. 예수를 왜곡하는 시도에 대해 과연 무엇이 잘못인지를 그리스도인들이 납득할 만한 변증 작업을 실행하는 것이 더욱더 필요한 것이다. 기독교계는 이 방영물에 대해 학문적으로도 대응해야 한다. 이 책의 약점을 피상적으로 지적하는 것만으로는 이 방영물에 설득된 독자들의 마음을 돌려놓을 수 없다. 바로 이러한 취지로 우리는 본서를 기획하게 되었다.

기독교에 대한 비판이 많은 사람들의 관심과 호응을 불러일으킨다는 것은 그만큼 기독교가 거부되고 있다는 말이다. 사람들이 기독교에서 부정적인 면모를 발견할수록 그들은 기독교 비판에 더 큰 쾌감을 느낄 것이다. 『예수는 신화다』가 번역 출간되기 한 해 전 비교종교학자 오강남이 쓴 『예수는 없다』가 우리 사회에서 많은 반향을 불러 일으켰다. 사실 이 책의 기본적인 주장들은 『예수는 신화다』와 크게 다르지 않다. 이 책의 저자도 '문자주의' 기독교의 몽매성과 편협함을 신랄하게 비판한다. 기독교를 비판하는 이러한 책들과 방영물의 내용에 대한 학문적인 대응과 함께, 기독교는 끊임없이 자신을 돌아보고 개혁하는 노력이 필요하다. 우리가 이 책들의 본질적 주장에 대해서는 동의하지 않을지라도 이 책들이나 방영물이 우리 스스로를 반성하게 해 주는 많은 내용들을 담고 있다면 우리는 스스로를 반성하고 개혁해 나가야 한다. 그리하여 아름다운 신앙의 유산을 우리 후손들에게 물려주고, 건전한 기독교 세계관 위에 한국 기독교 문화를 구축해 나가야 한다.

2
예수는 신인가, 인간인가?

유태화(조직신학)

1. 이 이야기, 새로운 담론인가?

SBS 방송국에서 '신의 길, 인간의 길'이 방영되면서 경건한 신앙적 체질을 가진 한국교회 일반이 상당한 충격을 받고 당혹해하고 말았다면, 지나친 평가일까? 상당한 충격을 받았다는 사실을 부인하기 어렵고 실제로 이에 대한 교회의 응전이 신학적인 면에서나 신앙적인 면에서나 미디어와 관련한 정책적인 면에서 상당히 심각하게 제기되었던 것이 사실이다.

사실 한국교회에 이런 논의를 지핀 세력들은 오래 전부터 있어 왔다. '예수가 과연 하나님의 아들인가'에 대한 의문은 홍정수와 변선환을 통하여 제기된 바 있었고, 2001년에는 캐나다에 활동기반을 둔 한 노회한 종교학자인 오강남이 『예수는 없다』라는 책을 통하여 이런 문제를 제기하였고, 상당한 독자층을 형성하면서 반향을 일으킨 바가 있었다. 더욱이 예수가 하나님의 아들이심을 부인하는 데는 '예수만이 참된 구원의 길인가'라는 데 대한 궁극적인 물음 또한 내재되어 있다는 점에서 종교다원주의적인 경향이 뚜렷하게 노정되어 있다. 이 점에서 볼 때, '신의 길, 인간의 길'도 이러한 흐름과 동일한 맥락을 이어 갔다고 할 수 있으며, 다만 이슬람과의 연속성을 조금 더 엿보려고 했다는 점이 다를 뿐이다. 그리고 앞선 일련의 담론과는 달리 '신의 길, 인간의 길'은 공중파 방송을 통하여 제기되었다는 점에서 그 파장이 대단히 컸으며, 이 점에서 양자 사이의 차이를 언급할 수 있을 것이다.

이런 한국교회의 상황이 전 세계 교회의 흐름과 무관하게 일어난 것이라고 판단한다면 상당히 단순한 사고를 하는 것이다. 세계 교회의 흐름이 한국교회에도 영향을 미치지 않을 수 없는 것은 서방의 신학적 사고를 한국의 신학자들이 배우고 이따금씩 무비판적으로 도입하고 있기 때문이다. 서방 교회에서 볼 때 예수가 하나님이심을 의심하기 시작한 것이 하나의 흐름으로 부상한 계기는 아마도 계몽주의(Aufklärung)에서 찾아야 할 것이다.

계몽주의적 사고의 핵심은 과학적 수치화 내지는 실험을 통하여 검증되는 것만을 진리 혹은 사실로 받아들이려는 데 있다. 인간의 이성(理性)이 중심이 되어 진리 여부를 판단하게 된 것이다. 이런 사고방식을 성경의 자료에 적용한 결과, 성육신, 부활, 승천과 같은 것이 문제시되지 않을 수 없게 되고 말았다. 이런 것이 사실이기 위해서는 동일한 일이 반복적으로 되풀이 되어 일반적인 원칙으로 확인되어야 할 터이나, 사실 이러한 현상은 반복되지 않기 때문이다. 그렇지만 성육신, 부활, 승천과 같은 것이 진리가 아니라고는 말할 수 없는 것이 궁극적 검증을 향하여 개방된 내용이기 때문이다. 달리 말하여, 성육신하고 부활하고 승천하신 분이 마침내 약속한 대로 다시 오신다면 한꺼번에 이런 내용을 확인하도록 하실 것이기에, 이런 내용들은 기독교적 이해에 따르면 성령의 인도 아래 미래를 향하여 개방된 진리이다. 그럼에도 불구하고 18-19세기 교회는 아직 검증되지 않은 성경의 내용을 계몽주의적 사고를 가지고 읽어나가는 학문적 방법론을 택함으로써 성경은 과학적인 책이라기보다는 비과학적이고 신화적인 책으로 인식되는 지경에 내몰리게 되었고, 가신성(可信

性)이 없는 책으로 간주되게 된 것이다. 바로 이런 신학적인 흐름이 다음과 같은 질문을 낳게 한 것이다.

1. 성경은 예수의 전기(biography)인가?

계몽주의의 안경을 쓰고 예수의 일생을 공관복음서에서 찾으려는 시도에 상당히 많은 신학자들이 뛰어들었고, 대표적으로 알버트 슈바이처(A. Schweitzer)와 헤르만 라이마루스(H. S. Reimarus)와 같은 사람들을 거론할 수 있으며, 이들의 작업을 일컬어서 통상 '옛 탐구(Old Quest)'라 부르는데, 여기서는 편의상 '역사적 예수 연구 제 1기'라고 부르기로 하자.

역사적 예수를 탐구하려는 이들의 시도는 몇 가지 생산적인 공헌에도 불구하고 얼마 가지 않아서 그것이 불가능하다는 사실을 인정하지 않을 수 없었다. 이는 성경이 계몽주의적 엄밀성을 가진 책이 아니라는 사실에 직면하게 되었기 때문이다. 이것을 달리 표현하면, 계몽주의적 관점에서 볼 때, 성경은 온통 신화적인 색채로 칠해져 있다는 판단에 직면하지 않을 수 없었고, 따라서 자연스럽게 신화적인 색채를 제거하지 않으면 결과적으로 예수의 역사적 실존을 정확하게 찾아 구성할 수 없다는 생각을 하게 되었다. 신학자들은 예수에게 덧입혀진 신화적인 요소는 제거되어야 되며 이것이 완성될 때, 역사적 예수를 재구성할 수 있다고 믿게 된 것이다. 이것이 스승인 불트만(R. Bultmann)의 과격한 비신화화 주장을 비판하면서 케제만(E. Kaesemann)과 보른캄(G. Bornkamm)과 같은 인물을 중심으로 형성된 소위 '새 탐구(New Quest)'인데, 편의상 '역사적 예수 연구 제 2기'로 부르기로 하자.

주지하다시피 제 1기나 제 2기 역사적 예수 연구에서 공통된 결과는 성경을 재구성하게 되었다는 사실이다. 엄밀한 계몽주의적 관점에서 볼 때 더 이상 성육신, 대속적 죽음과 부활, 승천, 재림과 같은 것은 역사적 예수를 구성할 수 있는 요소가 될 수 없었으며, 따라서 제거되어야 하는 운명에 처해진 것이다. 비신화화라는 관점에서도 성육신, 대속적 죽음과 부활, 승천, 재림과 같은 것은 신화적인 덧칠에 해당하는 것이어서 과학적인 시대를 살아가는 성경의 독자를 위해서 실존적으로 재해석되어야 할 내용으로 간주되었으므로 이것을 비판하면서 새로운 대안을 제시하려고 노력하였으나, 결과적으로 불트만의 그늘을 벗어나지는 못했다고 보아야 할 것이다.

어쨌거나 전체적으로 볼 때, 예수의 신성과 관련된 모든 내용들도 비신화화의 대상이 되었고, 따라서 역사적 비평의 방법, 혹은 계몽주의적 안경을 쓴 성서 비평학의 수고로 인하여 예수의 진짜 말씀(ipsissima vox Jesu)이 가려져야 할 운명에 내몰리게 된 것이다. 그런데 문제는 이 일에 헌신된 학자들의 수고에도 불구하고 예수의 진짜 말씀을 찾아낸 것들이 학자마다 일치하지 않을 뿐만 아니라 진짜 예수 상을 찾아내는 것이 쉽지 않다는 사실에 직면하게 된 것이다. 이런 일련의 경험들이 축적되면서 성경을 비평학적으로 해체하고 재구성하는 일에 대한 근본적인 회의에 내몰리게 됨으로써 다시 성경을 전체로 보자는 운동으로 돌아가는 아이러니한 모습을 보여 주고 있다.

2. 성경 밖에서도 예수님에 대한 기록을 발견할 수 있는가?

현재 역사적 예수 연구 학계의 일반적인 담론의 흐름은 제 1기와 제 2기의 역사적 예수 연구는 사실상 불가능하다는 사실에 동의하게 되었으며, 이에 대한 적극적인 대안으로서 '제 3의 역사적 예수 연구(the third Quest)'가 등장하는 것으로 집약되었다. 제 3의 역사적 예수 연구의 일반적인 특징은 성경의 자료를 긍정하는 데서부터 시작한다는 점이다. 적어도 역사적 예수를 재구성하기 위해서는 성경이라는 자료를 파괴적으로 재구성하는 방식으로는 가능하지 않다는 사실을 인식하였다는 점에서 앞선 연구와는 조금 다른 길을 택하였다고 할 수 있다.

이처럼 성경 자료를 좀 더 신중하게 취급하기 시작하였다는 점에서는 상당히 균형 있는 길을 택하였다고 하겠지만, 이들은 여기에 새로운 요소를 가지고 들어왔다. 성경 외적인 자료를 가지고 들어와서 성경의 자료를 비판적으로 보완하거나 혹은 성경의 자료를 재해석하는 방식을 채택한 것이었다. 특별히 유대교적인 자료를 많이 발굴하고 이것을 구약과 신약의 중간기를 메우는 방식을 택하였으며, 또한 초기 기독교 사회 혹은 그 이후의 자료를 대거 발굴하여 이것으로 성경의 자료의 층을 보완하거나 메우는 방식을 거리낌 없이 택하였다는 점에서, 이들이 택한 방법론이 내놓을 결과를 어느 정도 짐작할 수 있다. 바로 이런 방법론적인 전제가 적용됨으로써 예수를 유대적 선지자의 반열에서 파악하도록 하였을 뿐만 아니라 신화적 유산을 상속한 인물이 되게 하여, 예수를 신이라기보다는 유대적 유산을 상속한 하나의 인간이며, 또한 신화적으로 신으로 채색된 인물이라는 식의 해석을 시도할 수 있는 샛길을 열어 놓은 셈이다.

3. 예수는 현실의 천국을 꿈꾸었는가?

일반적으로 말해서 제 3의 역사적 예수 연구의 또 하나의 뚜렷한 특징은 예수를 빌라도에게 실제로 처형당한 유대적 인물로 파악하려는 경향을 보인다는 사실이다.[26] 물론 이 말이 해방신학에서처럼 예수가 정치적 혁명을 꾀하였다는 그런 단순한 논리를 담아내는 것은 아니다. 예수는 야훼를 시온으로 돌아오게 하려는 종말론적 평화주의자였는데, 바로 그 평화는 자신 안에서 이 역사 속으로 뚫고 들어오기 때문에 이제 이를 받아들이지 않으면 로마의 정치적인 지배 아래 들어가 결정적인 파국에 도달하고 말 것이기에 그런 길을 도모하지 말아야 한다는 사실로 이스라엘 백성을 교화할 뿐만 아니라 이스라엘의 잘못된 정치가를 도전하는 방식으로 드

26) N. T. Wright, 『예수와 하나님의 승리』, 박문재 역, 서울: 크리스챤다이제스트, 2004, p.151.

러내려 했다는 것이다.

예수는 로마의 폭력적인 압제 정치도, 이스라엘의 정치적인 전복을 통한 이스라엘의 회복도 의도하지 않았으며, 오히려 하나님께서 제공하고자 하는 평화를 받아들임으로써 회개하게 되면 하나님께서 이스라엘을 구원하실 것이고 그것을 바로 하나님 나라의 구현으로 보았다는 것이다. 달리 표현하면 이스라엘이라는 민족적 경계에 사로잡힌 편협한 세계관을 버리고 진정한 우주의 중심으로서 이스라엘이 전 세계를 끌어안는 평화의 삶을 추구하고 이런 삶을 통하여 하나님과 화해하게 되면, 이스라엘은 평화를 담지한 하나님의 백성이 되어 하나님 나라를 이루게 될 것이라고 외침으로써 백성을 이끌고, 동시에 이스라엘의 지도자들의 정치적 전복으로 왜곡된 하나님 나라 관점을 비판함으로써 로마의 법정에 고소되어 정치적으로 죽었다고 본 것이다. 따라서 예수는 하나님의 천상의 아들이 성육신한 자로서 천상의 세계로 인류를 이끌어 낼 우주적 구세주로서 자신을 내세운 적이 없으며, 다만 하나님의 평화를 받아들여서 이 땅에서 사랑의 삶을 실천하는 것을 최고의 과제로 삼았고, 바로 그 일을 이스라엘을 통하여 이루려 했다는 것이다.

그런데 그 일이 이스라엘의 지도자들의 길과 충돌되었고, 결과적으로 로마의 법정에 정치적인 혁명을 시도한 자로서 고발되어 죽었다는 것이다. 이런 측면에서 보면, 예수는 이스라엘의 전통적 덕목인 평화와 사랑을 외치다가 정치적 곡해와 왜곡 가운데 죽어간 역사 속에서 살았던 여러 선지자 중 하나일 뿐 그 이상이 아닌 것이다.

4. 사랑의 윤리적 실천이 천국의 실재인가?

지금까지 거칠게 요약한 흐름의 궁극적인 지향점을 드러내게 되면 한 가지 사실에서 일치하고 있다는 사실을 보게 될 것이다. 먼저 계몽주의적 사유를 받아들였던 고전적 자유주의자들, 혹은 제 1기 역사적 예수 연구자들의 주장의 끝이 어디로 갔겠는가? 과학적 엄밀성에서 성경을 읽어 들어감으로써 신으로서 예수를 향한 전통적인 신앙고백은 다 제거되고 말았으며, 결과적으로 손에 쥐게 된 것은 사랑의 외침과 실천에 근거한 한 빼어난 도덕적 인간 그 이상일 수 없게 된 것이다. 따라서 이 시대의 기독교적 메시지의 핵심은 한 이상적인 인간의 도덕적 삶을 모방해야 한다는 것 이상의 의미를 가질 수 없게 된다. 달리 말하여, 예수는 대속의 그리스도로서 신앙의 대상이라기보다는 모범적 삶을 살아낸 한 빼어난 하나님의 사람으로서 그의 삶을 본받아야 된다는 것 그 이상을 설교할 수 없게 된 것이다.

그런가 하면 제 2기 역사적 예수 연구자들의 경우도 다른 결과에 이를 수 없는 것은 그들 역시 계몽주의적 사고의 틀을 근본적으로 버리지 않았기 때문이다. 과학시대를 살아가는 현대인들의 눈높이에 맞추어 예수를 전달하려고 하니 어쩔 수 없이 비과학적인 신화적 껍질을 벗겨 내야 한다는 강박관념에 사로잡히지 않을 수 없었고, 결과적으로 성육신, 대속적 죽음, 부활, 승천, 재림과 같은 요소의 실존적인 의미만을 붙잡고 씨름함으로써 신앙의 실재에서 분리되고 그 실존적 회개와 바른 삶의 모색으로 빠져나가고 말았던 것이다. 한마디로 윤리적인 덕목을 빼고는 달리 할 말을 잃어버리게 된 것이다.

제 3의 역사적 예수 연구는 어떨까? 하나님의 아들이라기보다는 역사적 유대교의 유산에 충실했고, 또한 그 핵심을 뚫고 들어감으로써 유대적 유산을 근본적으로 재해석함으로써 평화 가운데 이 땅에 뚫고 들어오는 하나님 나라를 외쳤던 예수에게서 기대할 수 있는 내용은 윤리적인 덕목 외에 다른 것이 있으리라는 기대를 아예 하지 못하도록 한다. 결국 이들이 그려낸 예수 상은 평화를 가져오려다가 오해받고 정치적으로 매장된 한 인물에 불과한 것이고, 바로 이런 메시아의 길은 예수 한 사람으로 인해서 완성된 것이 아니라 예수의 가르침을 따라 지속적으로 그의 길을 걸어가는 또 다른 예언자를 통해서 앞으로도 계속해서 이루어가야 할 인류의 몫으로 남겨지게 된다. 이 흐름 속에서도 예수는 대속적 죽음과 부활을 통하여 인류를 구원하시는 우주적 구세주는 아니며, 다만 평화주의자일 뿐이다.

이렇게 볼 때 세 흐름의 공통된 주장은 윤리적이고 도덕적인 모범으로서의 예수상에 놓인다. 결국 예수는 현재의 질서는 미래의 어떤 질서에 의해서 대체 혹은 완성되는 방식으로 뚫고 들어오는 하나님 나라를 꿈 꿨던 하나님 혹은 하나님의 아들이 아니라 현 질서 가운데 평화와 화해와 궁극적인 윤리를 실현하고자 했던 그런 역사적 인물일 뿐이다.

II. '신의 길, 인간의 길'의 논의의 틀, 그리고 그 비판

1. 영지주의 기독교와 제 3의 역사적 예수 연구의 만남

SBS가 제작 방영한 '신의 길, 인간의 길'은 티모시 프리크와 피터 갠디가 쓴 『예수는 신화다』라는 책의 논지를 상당 부분 수용한 것으로 보인다. 이들 저자들에 의하면, 고대 지중해 연안을 중심으로 광범위하게 형성된 헬레니즘의 문화혼합주의적 경향이 신앙의 영역에서도 동일한 반향을 일으켰고, 그 결과로 종교적인 면에서도 광범위한 혼합 현상이 일어나고 말았다. 그리고 이것은 일단의 예수 공동체에도 영향을 미쳤는데, 그것이 오시리스-디오니소스의 설화와 예수 이야기의 결합이었다. 이것이 바로 '미스테리아 신앙'이며, 우리에게 일반적으로 알려진 이름은 영지주의 기독교이다. 이런 전제를 택함으로써 나타나는 결과는 예수 이야기를 신화적 범주에서 파악하게 된다는 것이다. '신의 길, 인간의 길'이 바로 이런 전제를 통하여 예수의 신분(identity)을 파악하려는 시도를 드러냈다는 점에서 영지주의 기독교의 한 흐름을 따르고 있다는 사실을 알 수 있게 된다.

그러나 '신의 길, 인간의 길'은 또한 존 도미닉 크로산(John Dominic Crossan)을 비롯한 역사적 예수 연구 제 3기의 포괄적인 예수 상의 다양한 스펙트럼을 받아들였다. 크로산은 예수를 역사적으로 재구성하려는 작업을 옹골차게 진행한 제 3의 역사적 예수 연구의 한 축을 이루는 인물로서, 그에 따르면 예수는 지중해 연안에 살았던 한 명의 유대인 농부로서 지혜로운 담론을 펼치는 어떤 의미의 평화주의자였다. 크로산의 연구를 창조적으로, 그리고 비판적으로 재해석하고 이것을 전통적인 신학의 맥락과의 조화를 모색한 사람이 니콜라스 토마스 라이트(Nicholas Thomas Wright)라는 점에서 볼 때, 그의 영향력이 적잖음을 보게 된다. 그렇다고 해서 크로산의 전제를 라이트가 다 수용한 것은 물론 아니었다. 크로산은 자신의 연구에서 상당히 많은 문제성을 드러내었고, 그것을 라이트는 매우 비판적으로 재해석하되, 미상불 유대적 전통의 빛에서 예수를 파악하려고 하는 점에서는 서로 공동의 관심사를 공유했다고 할 수 있을 것이다. 위에서 조금 거론했듯이 제 3의 역사적 예수 연구의 중심적인 흐름이 예수를 유대인으로 보는 것이며, 그 운동의 핵심에는 평화주의자라는 예수 상이 지배적인 역할을 하고 있다.

이렇게 본다면, '신의 길, 인간의 길'은 신화로 채색된 예수 상과 유대인으로 그려진 예수 상이 뭉뚱그려진 그런 관점을 견지했다고 할 수 있을 것이다. 보다 구체적으로 말하면, 신화로 채색된 예수 상을 지중해 연안의 미트라스적 전통과 연결시킨다는 점에서, 또한 예수를 선지자의 반열에 세운 채 이슬람의 결정적 예언자인 무하마드와 연결시켰다는 점에서 그런 기획적 의도를 충분히 엿볼 수 있을 것이다.

2. 영지주의 기독교, 그리고 이에 근거한 '신의 길, 인간의 길' 은 왜 거부당해야 하는가?

이 이야기를 조금 더 심층적으로 살펴볼 필요가 있을 것이다. 우선 영지주의 기독교(Gnostic Christianity)에 대하여 논의할 필요가 있을 것이다. 영지주의 기독교는 사실 한 마디로 정리해서 말하기가 쉽지 않은 것이 사실이다. 그러나 교회 사가들의 연구를 통하여 어느 정도 그 면모가 드러난 것도 부인할 수 없는 현실이다.

일반적으로 영지주의 기독교는 헬라적 전통과 기독교를 섞어 버무린 종교혼합주의적인 성향을 근본적으로 내포한다고 할 수 있다. 이를 테면, 영지주의 기독교는 구약의 신과 신약의 신을 이원화하였고, 그에 따라 창조와 구속, 땅과 하늘, 물질과 정신, 육체와 영혼, 율법과 복음을 철저하게 이원화하는 결과에 치닫게 되었다. 단순히 이런 이원화에 머문 것만이 아니라 실천적인 면에까지 확대 적용되어 전자에 속한 것, 곧 창조, 땅, 물질, 육체, 율법과 같은 것은 악한 것으로 치환되고 말았다. 물론 후자에 속한 것, 곧 구속, 하늘, 정신, 영혼, 복음과 같은 것은 선한 것으로 간주되었을 것은 자명한 사실이다. 그러나 성경적인 기독교는 이런 이원화된 대립에 근거한 신앙을 갖지 않았다. 이것은 전통적인 기독교에서 기원한 것이라기보다는 헬라 철학적 구조를 통하여 성경의 내용을 재구성해낸 결과라고 할 수 있을 것이다.

그런데 보다 더 심각한 문제는 이런 이원화된 대립적 구조에서 논의가 그친 것이 아니라 한 걸음 더 나아가서 선한 것에 속한 것을 얻기 위하여 전자를 넘어서 후자의 경지로 도약하려한 데 있다. 소위 영지(Gnosis)를 받은 자들을 통하여 이런 영적인 세계에 눈을 뜨고 바로 그런 세계로 돌입할 수 있다고 사람들을 선동하였고, 많은 사람들이 현혹되었다. 이런 주장에 현혹된 청중들은 적어도 성경에서는 이런 길을 찾을 수 없었기에 성경 밖에서부터 바로 이런 영지에로 도달할 수 있는 길을 모색하게 되었고, 이런 방식으로 집단 신드롬에 걸려든 것이다. 이것이 신화적인 상과의 만남의 길을 열었고, 예수를 비롯한 기독교는 신화적 세계상으로 채색될 위기에 빠지고 만 것이다.

영지주의 기독교의 영향력은 상당했던 것으로 알려져 있다. 당시의 교회는 당황했을 것이고, 이런 곤경으로부터 탈출할 바를 모색하였을 것이 분명하다. 바로 이런 고민에 대하여 핵심을 짚으며 등장한 인물이 이레나이우스(Irenaeus)였다. 그는 영지주의의 주장의 허구성을 '동일한 하나님' 사상을 통하여 막아냈다. 다시 말해, 신구약의 하나님은 동일한 하나님으로서 창조와 구속, 땅과 하늘, 물질과 정신, 육체와 영혼, 율법과 복음과 같은 것이 바로 이 분에 의해서 주어진 것임을 역설했던 것이다. 따라서 하나님은 창조와 구속, 땅과 하늘, 물질과 정신, 육체와 영혼, 율법과 복음을 이원화하여 나누신 분이 아니라 오히려 통합적으로 다루신 분임을 역설한 것이다. 이런 관점을 일관성 있게 고집함으로써 기독교와 신화적 전통과의 만남을 거부하였던 것이다. 기독교는 역사적 종교로서 역사에 뿌리를 내린 신앙적 전통에 확고하게 섰으며, 이를 계기로 영지주의 기독교는 더 이상 주류 기독교로 인정받지 못하고 교회로부터 출교되었다.

이것은 단순히 정치적 다툼에서 뒤로 밀려났다는 의미가 아니라, 텍스트의 해석과 관련된 매우 중요한 논의의 결과였다. 문제의 핵심은 영지주의 기독교의 텍스트 해석의 정통성과 관련되어 있었다. 영지주의 기독교의 텍스트 해석은 역사적 기독교의 텍스트 해석과는 그 근본적인 철학의 측면에서 달랐던 것이다. 영지주의는 예수가 창조, 땅, 물질, 육체, 율법과 같은 범주에 속한 것은 구원하지 않았고, 다만 구속, 하늘, 정신, 영혼, 복음과 같은 영역에 속한 것만 구원하였다는 식의 사고를 전개함으로써 기독교의 텍스트 해석을 신화적 범주로 끌고 갔던 것이다. 그러나 이러한 식의 해석은 전통적 기독교의 텍스트 해석과는 매우 상반된 것이었다. 예수는 창조와 구속, 땅과 하늘, 물질과 정신, 육체와 영혼, 율법과 복음의 중심에 계신 분으로서 양자를 균형 있게 견인하며 약속과 성취의 구조 가운데서, 혹은 창조, 타락, 구속, 완성의 관점에서 통합해 내는 구속의 사역을 행하신 분이라는 사실을 강조한 것이 역사적 기독교였던 것이다. 이레나에우스는 바로 이 사실을 거론함으로써 영지주의 기독교의 낯선 해석적 시도가 뿌리가 없는 새로운 시도, 혹은 검증되지 않은 시도라는 사실을 절실하게 드러냈던 것이다. 그런데 흥미로운 것은 '신의 길, 인간의 길'이 또다시 영지주의 기독교적 해석을 학계에서 이미 그 신뢰성을 심각하게 의심받고 있는 『예수는 신화다』에 근거하여 복원하려는 정통성 없는 시도를 전개하였다는 것이다. 정통성 없는 신화적 해석을 취했던 영지주의의 망령을 다시 불러내어 정통적 기독교를 몰아세우려는 시도를 대중을 상대로 감행한 것이 SBS의 '신의 길, 인간의 길'이었던 셈이다.

3. 역사적 예수 연구, 그리고 이에 근거한 '신의 길, 인간의 길'의 문제는 무엇인가?

앞에서 언급했듯이 SBS의 '신의 길, 인간의 길'은 도미닉 크로산을 비롯한 제 3의 역사적 예수 연구의 일련의 흐름에 편승하고 있다는 사실을 다시금 주목할 필요가 있다. 제 3의 역사적 예수 연구의 근본적인 관심사는 '교회가 이해한 예수와 역사적 예수의 대립'에 놓여 있다. 교회가 신앙고백을 통하여 형성한 그리스도이신 예수와 실제 역사 속에 살았던 인물로서 예수 사이에는 상당한 차이가 있을 것이며, 바로 그 사실을 찾아서 규명해 냄으로써 기독교의 신학적 허구성을 드러내보겠다는 것이 이들의 학문적 관심사인 셈이다. 사실 이것은 낡은 명제로서 과연 '선포자인 예수와 선포의 대상으로서의 예수 사이에 일치가 있는가?' 라는 고전적인 계몽주의자들의 물음이 다른 틀에서 제기된 것에 지나지 않는다. 이런 의심에서부터 성경에 묘사된 예수와 성경 밖의 예수 사이의 차이를 상정하고 이것을 방법론적으로 확대하고, 성경 밖의 자료를 사용하여 성경 안의 예수를 교정하려는 시도를 감행한 것이 바로 제 3의 역사적 예수 연구의 뚜렷한 특징을 구성하게 되었다.

이와 관련해서는 두 가지 사실이 지적될 필요가 있을 것이다. 하나는 교회가 가지고 있는 유산으로서 '교리'의 자리에 관한 것이며, 다른 하나는 성경이라는 텍스트의 가신성 문제이다. 우선 교회의 교리를 생각해 보도록 하자. 기독교의 교리에 대한 냉정한 비판 혹은 비판적인 질문이 제기된 것도 역시 계몽주의의 영향 때문이다. 이런 흐름에 편승하면서 영향력 있는 교리사를 집필한 학자가 독일의 아돌프 폰 하르낙(Adolf von Harnack)이다. 그는 교리는 헬라적 영향 아래 집대성된 인간 이성의 산물로서 성경의 진짜 메시지를 곡해하고 왜곡한 대표적인 내용이라는 사실을 주장하였다. 대표적인 교회의 교리에는 삼위일체론과 기독론이 속한다. 달리 말하여 예수는 하나님이시며, 따라서 기독교의 하나님은 성부와 성자와 성령이시라는 교회의 삼위일체 교리(Doctrine of the Trinity)가 그 하나이며, 예수는 참 하나님(Vere Deus)이면서 동시에 참 사람(Vere Homo)이시라는 그리스도론(Christology)이 다른 하나라는 것이다. 하르낙에 따르면 이 두 개의 핵심적인 교회의 교리는 헬라 철학의 도움으로 기독교가 인위적으로 형성해 낸 왜곡된 교리인 셈이다. 달리 표현하면, 성경에서는 결코 이런 식의 이해를 예수를 향하여 하지 않고 있음에도 불구하고 교회가 이런 식의 이해를 예수에게 덧씌웠다는 주장인 셈이다. 이 점에서 볼 때, 하르낙 역시도 계몽주의적 사고를 유산으로 받아 신학적인 사고를 전개한 사람이라는 사실을 확인할 수 있게 된다.

문제는 이러한 하르낙의 사고가 성경적인 사실을 충분히 반영하고 있는가 하는 데 놓여 있다. 제 1, 2의 역사적 예수 연구가 맹위를 떨치면서 예수는 결코 자신을 신적인 존재로 제시하지 않았는데, 예수를 쫓아다니던 자들이 예수 사후(死後)에 생계가 막막해지자 예수를 하나님의 아들로, 혹은 하나님으로 둔갑시켜 기독교공동체를 탄생시켰고, 계속해서 그 주장을 정당화하기 시작했다는 주장이 제기되었었다. 이런 주장이 제기되어 힘을 얻어 갈 때에 역사적 기독교를 추구하던 신학자들이 관심을 보인 것이 간접기독론이었다. 지금까지의 기독론은 주로 예수의 칭호, 즉 주, 그리스도, 하나님의 아들, 선재하시는 분과 같은 것에 직접적으로 호소하면서 예수의 정체성을 규명하려 하였다면, 그리고 바로 이런 것이야말로 비평적인 사람들이 보기에 예수의 추종자들이 예수의 입에 집어넣은 대표적인 왜곡으로 인식되었다면, 이제는 이런 방식을 뒤로 하고 새로운 방식으로 예수의 정체성을 규명하려 하였는데 그것이 바로 간접기독론이다. 간접기독론은 '예수의 자의식이 무엇이었는가?'에 대한 물음에 근본적인 관심을 둔다.

예수께서 과연 어떤 자기 이해를 가지고 있었는가에 대한 질문을 제기하고 이것을 복음서를 통하여 찾아가는 데 관심을 보였던 것이다. 하나의 예를 들면, 친구들이 중풍병자를 침상에 메고 나와 예수 앞에 내려놓은 이야기를 소재로 삼을 수 있을 것이다. 친구들의 기대는 분명했고, 그것은 병에 걸린 친구가 낫는 것이었다. 예수도 친구들의 의도를 분명히 알았을 것이다. 그러나 예수는 중풍병자를 향하여, '소자야, 네 침상을 들고 일어나 걸어 나가라' 하지 않으시고, 오히려 '소자야 네 죄 사함을 받았느니라'는 선언으로 대신함으로써 환자와 그 친구들의 우선적인 관심사를 비껴나가신다. 왜 그렇게 하셨을까? 그 이유는 그 회중 가운데 있었던 서기관들의 반응에서 알려진다. 서기관들은 예수의 이 말을 듣고 귀를 의심하며 속으로 저가 누구이기에 죄를 사한단 말인가? 하는 불쾌한 마음을 갖게 되었다. 바로 그 사실을 예수께서 알아차리고는 이 병자를 향하여 '침상을 들고 일어나 걸어가라' 하는 것과 '소자야 네 죄 사함을 받았느니라' 하는 것 중 어느 것이 더 쉽겠느냐고 질문하였다. 다분히 서기관을 향한 발언이었으며, 그 대답은 자명한 것이다. 전자가 더 쉬운 것은 혹 일어나 걸어가지 않더라도, '이 친구 믿음이 없구만!' 하든가 아니면 말없이 그 자리를 떠나 다른 곳으로 옮겨가 선교하면 그만이기 때문이다. 그러나 후자의 경우는 이스라엘 사회에서는 목숨을 담보로 거는 매우 위험한 일이 아닐 수 없다. 그럼에도 불구하고 예수께서 이렇게 말씀하신 이유는 "인자가 땅에서 죄를 사하는 권세가 있는 줄을 너희로 알게 하려 하노라"에 있음을 밝히심으로써 자신의 의중을 정확하게 드러내셨다(막 2:10). 이로써 예수의 자의식이 드러난 것이다. 달리 말하여 예수는 자신을 죄를 사하는 권세를 가진 하나님으로 인식하고 있었다는 것이다.

이로써 하르낙의 논제는 상당한 문제와 맞닥뜨리게 된다. 예수가 하나님이심으로 삼위일체론이 구성된다든가 혹은 예수가 단순한 인간이 아니라 인간이면서 동시에 하나님이시라는 기독론의 형성과 같은 것이 헬라 철학의 도움으로 만들어진 인간의 창작에 불과하다는 주장은 더 이상 성립할 수 없게 되는 것이기 때문이다. 헬라 철학의 도움은 성경이 이야기하는 바를 가감 없이 드러내는 하나의 도구로서 등장한 것이지 내용을 창안하는 것으로 끌어가는 것은 사실관계를 지나치게 비트는 행위인 것이다. 달리 말하여, 교리는 교회가 헬라 철학과의 만남에서 형성된 인간의 사유의 체계만이 아니라, 이것은 교회가 성경을 읽고 성경에서 발견한 사실이 그 당대의 문화적 혹은 언어적 옷을 통하여 표현된 것이다. 따라서 교리와 성경의 증언 사이를 지나치게 벌리고 그 사이에 불순물이 꽉 차 있는 것처럼 주장하는 것은 교회의 실존을 지나치게 희화화하는 것이다.

이제 다른 하나의 이슈를 생각할 때가 된 것 같은데, 그것이 바로 예수에 대한 증언으로서 성경의 가신성에 대한 것이다. 달리 말하여, 신약성경의 저자들이 과연 예수께서 의도하지 않은 이야기들을 예수의 입에 집어넣어서 기독교라는 창작품을 만들어 냈고 그것이 바로 신약성경인가 하는 것이다. 공관복음서를 주의 깊게 읽어 내려가면, 예수께서 통상적인 메시아 칭호보다는 오히려 낯선 한 용어를 택하시고 의도적으로 사용하신 것을 발견하게 되는데, 그 대표적인 용어가 '인자'라는 칭호이다. 이 단어는 한국의 한 소설가의 글인 『사람의 아들』에서 그리는 것처럼 예수의 인간됨을 설명하기 위해서 등장시킨 단어는 아니었다. 오히려, 다니엘서 7장에 '한 사람의 아들 같은 이'라는 표상이 등장하는데, 이는 신적 인물로서 묘사되었고, 바로 그 표상을 예수께서 자신에게 적용했던 것으로 이해하는 것이 옳다는 의견이 학계에서 지배적이다. 그러므로 예수께서 자신을 '인자'라고 부를 때에는 다니엘서 7장에 나오는 '한 사람의 아들 같은 이'의 표상이 작동하고 있으며, 자연스럽게 자신이 하나님의 아들 혹은 신적인 존재이심을 주장하고 있는 셈이다. 달리 말하여 예수는 자신이 하나님이심을 '인자'라는 칭호를 통하여 분명하게 드러냈던 것이다. 그런가 하면, 인자로서 예수는 고난 받는 하나님의 종이라는 사실을 아주 분명하게 드러내었다. 마가복음 10장 45절에서, 예수는 "인자의 온 것은 섬김을 받으려 함이 아니라 도리어 섬기려 하고 자기 목숨을 많은 사람의 대속물로 주려 함이니라"고 인자로서 자신의 사역을 선명하게 드러냈었다. 쉽게 말하여 예수는 하나님의 아들로서 자신을 많은 사람들을 대신하여 십자가에 대속물로 내어놓을 것을 미리 말씀하셨다는 것이다. 말씀하신 대로 죽으셨고, 하나님은 예수의 말씀을 올바른 것으로 인정하여 그를 다시 살리신 것이다. 사도들은 예수 자신의 언명을 십자가와 부활이라는 사건을 통하여 경험한 후 바로 그 역사적 사실을 증언한 것이며, 따라서 자연스럽게 자신을 선포하신 그리스도는 제자들에게서 선포되는 그리스도가 되신 것이다. 핵심을 짚어서 말하면, 사도들은 예수께서 우리를 대신하여 죽으시고 부활하심으로써 우리의 죄를 대속하신 분으로 하나님과 우리 사이의 화해의 중보자가 되실 것이라고 말씀했던 바대로 그러한 일이 실제로 일어났다는 사실을 선포했던 것이다. 그러므로 성경의 내적인 증언에 따르면 자신을 선포하신 그리스도와 제자들에게서 선포되신 그리스도 사이에는 내용상의 차이가 없는 셈이다. 이렇게 볼 때, 교회의 신앙의 내용이신 그리스도 예수와 역사적 실존 인물로서의 예수 사이에는 본질상의 차이가 없는 것이다. 이것을 달리 표현하면, 성경이야말로 역사적인 문서로서 내적 일관성(internal coherence)을 가진 문헌이라는 것이다.

그런데 앞에서 제기했듯이 제 3의 역사적 예수 연구는 성경의 기록과 성경 밖의 기록의 사이를 벌려 놓고 여기에 검증되지 않은 외적인 자료에 호소함으로써 성경의 일관되고 내적 정합성에 기초한 이야기를 파괴적으로 재구성하는 위험스러운 시도를 감행하고 있는 것이다. 이로써 그들이 손에 쥐게 된 것은 신성이 제거된 유대인 농부, 혹은 현자, 혹은 평화주의자인 인간 예수일 뿐이다. 방법론적으로 이것은 심각한 문제를 노정하는 바, 현재 남아 있는 사본의 숫자가 약 5,000여 개에 달하지만 그 사본 상의 상이성이 0.3%를 넘지 않는 가신성 있는 자료를 객관적 원칙에 근거하여 재구성한 역사적 문헌인 신약성경은 무시하고, 기껏해야 10여 개 미만인 사본에 근거하고 있는 헤로도토스, 투키디데스, 타키투스와 같은 문헌에 호소하는 것은 문헌학적으로도 불합리한 접근 방식을 택하는 것이기 때문이다. 달리 말하여, '신의 길, 인간의 길'은 성경의 역사성을 부인할 뿐만 아니라 교리야말로 성경에 근거되어 있다는 사실을 부인하는 흐름에 편승하여, 역사적 가신성이 비교할 수 없을 만큼 떨어지는 문헌적 근거에 호소한 비역사적이고 신화적인 작품에 불과하다는 것이다.

III. 바른 기독교는 무엇인가?

1. 사도적 성경 해석의 전통을 지향하며

무엇보다 심각한 문제는 초기 교회 공동체에 등장했던 영지주의 기독교 못지않게 역사적 예수 연구라는 항해도 사도적 전승을 떠난 채 인간 이성을 따라 표류하고 있다는 데 놓인다. 예수 시대 이후로 수많은 세기를 거쳐 흐르면서 기독교가 천착했던 근원적인 전승이 있다. 그것은 바로 예수의 자기 해석의 전통이며, 이 전통을 물려받은 사도들의 예수 해석의 전통이다. 앞에서도 거론했듯이 예수가 인자로서 즉 하나님의 아들로서 많은 사람의 대속물로서 십자가에 자신을 내어 놓을 것이며, 성부 하나님께서 예수의 이 사역을 올바른 것으로 받아들여 그것을 승인하시는 부활의 사역을 통하여 인류와 세상을 구원하실 것이라는 분명한 메시지가 바로 예수의 자기 해석의 전통을 구현한다. 이것은 또한 사도들의 예수에 대한 해석의 전통을 구성하는 것이어서, 사도들의 선포의 핵심이기도 하다.

사도들 가운데 이 핵심적인 사실을 보다 분명한 필치로 서술한 사람이 사도 바울이라는 사실에는 아마 거의 이견이 없을 것이다. 바울은 예수를 하나님과 인간 사이의 중보자로서(딤전 2:5) 파악하였다. 중보자로서 예수는 하나님과 인간을 대표하면서 화목케 해야 할 막중한 사명을 가진 분이자, 하나님을 대표할 수 있는 하나님이셔야 하며, 동시에 인간을 대표할 수 있는 인간이어야 한다. 이것이 예수님의 인격적 특징을 구성하는 것이다. 이 두 국면이 충족되어야만 예수는 중보자일 수 있는 것이다. 바울은 이 사실을 짧은 한 구절을 통하여 절묘하게 요약하였는데, "조상들도 그들의 것이요 육신으로 하면 그리스도가 그들에게서 나셨으니, 그는 만물 위에 계셔서 세세에 찬양을 받으실 하나님이시니라. 아멘"이라는 말로 표현하었다(롬 9:5). 예수 그리스도는 다윗의 계통을 이은 진짜 인간(Vere Homo)이요, 동시에 만물 위에 계셔서 세세에 찬양을 받으실 진짜 하나님(Vere Deus)이라는 것이다. 이것은 비단 바울에게서만 나타난 사실이 아니라 요한, 베드로를 비롯한 모든 신약성경 저자들의 근간을 이루는 일관된 사상이다.

이런 인격적인 특성을 가진 자가 없다면, 인류의 궁극적인 구원은 물 건너가는 것이다. 단 한 분 중보자이신 예수로 말미암는 대속의 죽음이 죄인의 죄를 해결하고 하나님과 화목케 되는 일을 일으켜 낼 수 있다는 것이다. 이것이 예수의 자기 이해를 구성하였으며, 사도들의 선포의 핵심을 이루게 된 것이다. 바로 이것이 성경 해석과 관련한 사도적 전통이다. 교회는 모두가 이 사도적 해석의 전통에 천착해야 한다. 이것이 역사적 예수에게 천착하는 유일한 길이기 때문이다. 사도적 해석의 전통을 통과하지 않고서 예수에게로 직접 나아갈 수 있는 길은 없다. 왜냐하면, 사도들만이 예수의 삶과 죽음과 부활의 권위 있는 역사적 증인들이기 때문이다. 따라서 사도들이 예수를 어떻게 이해하였는가 하는 것이 다른 어떤 해석적 전통보다 선행하며 권위가 있다.

이 해석적 전통이 결정적으로 작동했던 것이 영지주의의 발흥과 맞물려 있다는 사실은 주목할 만하다. 영지주의 기독교는 헬라 철학적 전통에 선 이원론을 성경 해석에 도입하였다. 그리하여 이미 언급했듯이 창조와 구속, 땅과 하늘, 물질과 정신, 육체와 영혼, 율법과 복음 사이의 적대적 이원론을 도입하여 전자에 속한 것은 악한 것으로, 후자에 속한 것은 선한 것으로 나누었다. 더 나아가 영지주의 기독교는 '그리스도의 십자가에서의 구속의 죽음까지도' 진정성 있는 것으로 보기를 부인하였다. 다만 영지(Gnosis)의 비전을 전수한 자만이 악에 속한 것에서 해방되어 선에 속한 것에로 진입하게 되는데 그것이 곧 구속이라는 주장을 내세웠던 것이다. 그리스도 예수의 십자가의 대속적 죽음과 부활에 기초한 성경 해석을 버리고 당대의 철학적 영향에 지배되어 많은 그리스도인들을 왜곡된 길로 이끌어 낼 때, 이런 새롭고 사람들의 이목을 집중하게 하는 해석적 전통의 비역사성을 폭로하고 이 해석적 흐름이 신흥종교에 속한다는 사실을 설득력 있게 드러내는 데 소용되었던 핵심적인 주장이 바로 사도적 성경 해석의 전통이었다. 하나님은 그리스도 예수 안에서 죄로 인하여 타락한 세상을 구속하시며, 다시 새롭게 완성하신다는 사도들의 선포의 중심을 떠난 온갖 형태의 해석적 시도는 매우 잘못된 성경 해석임을 보여 줌으로써 당시의 교회를 역사적 전통과 연속된 공동체로서 지켜 낼 수 있었던 것이다.

이것이야말로 하나님의 의도이며, 예수의 의도이며, 하나님과 역사적 예수 안에서 일어난 그 일을 실존적으로 계시하여 사도들로 하여금 선포하게끔 하시는 성령의 일이기도 하다. 이것이 삼위일체론을 통하여 말하려고 하였던 교회의 핵심적인 관심사였다. 삼위일체론도 복음을 사도적 해석의 전통에서 해석해 내는 데 필연적으로 동반되는 신앙고백인 것이다. 바로 이 삼위 하나님의 사역을 인하여 2000여 년의 기독교의 역사 속에서 십자가와 부활에 기초한 기독교의 복음이 생명력을 가지고 교회를 구성하고 그 교회를 통하여 이제껏 이어져오게 된 것이다. 오늘의 교회도 바로 이 사도적 성경 해석의 전통 아래서 실존한다는 사실을 기억할 필요가 있다. 달리 표현하면 이 사도적 전통에서 떠난 어떤 새로운 주장이 제기되고 그것이 많은 사람의 이목을 끌어낸다고 하더라도 이미 역사적 기독교의 장구한 해석적 전통으로부터는 멀어진 신흥종교일 뿐이다. 이단은 달리 이단이 아니라 바로 이 역사적 기독교의 장구한 성경 해석적 전통과 결별하고 새로운 해석적 전통을 형성할 때 성립하는 것이다.

2. 사도적 전통에 근거한 바른 삶의 구현이 필요하지 않은가?

근자에 들어와 대형 매스 미디어가 교회에 특별한 관심을 기울이는 현상을 어렵지 않게 접할 수 있다. MBC의 '뉴스 후'에서는 카메라를 들고 교회로 심방을 나왔고, SBS에서는 '신의 길, 인간의 길'과 같은 시도를 통하여 교회 주변을 서성거린다. 이런 일은 교회가 개방된 사회를 살아가면서 어쩌면 피할 수 없는 것인지도 모른다. 그런데 문제는 이것이 좋은 의도에서가 아니라 어떤 형태로든지 교회의 삶을 평가하고 뭔가 비판적인 물음을 갖고 의심의 눈초리로 바라본다는 데 있다. 그런가 하면, 그 물음과 비판이 핵심을 지나친 면이 있다는 사실 때문에 교회가 이런 움직임에 대하여 반성을 촉구하곤 한다. 사실 교회는 신앙의 눈을 가진 자에게만 그 실존의 본질적인 국면이 파악된다. 믿음이 없이는 교회의 본질을 꿰뚫어 볼 수 없고, 따라서 대중의 가려운 데를 긁어 주는 매스 미디어가 정확한 관찰을 하고 정확한 진단과 더불어 충분히 설득력 있는 비판을 교회를 향하여 제기한다는 것은 사실 쉽지 않은 일이며, 또한 충분한 주의와 함께 행해야 할 일이다.

그러나 보다 더 심각한 문제는 어쨌거나 그런 비판을 자초할 면모를 교회가 제공했다는 데 있다는 사실을 부인하기 어렵다는 사실이다. 사실 이런 비판의 한 가운데 있는 사람으로서 부끄러움을 느낀다. 어찌 보면, 교회가 사회 속에서 소금과 빛의 사명을 다하지 못했기에 외면당하고 밟히는 상황이기도 하기 때문이다. 소금 맛을 잃은 교회가 되고, 어두운 데를 환하게 밝히기는커녕 어둠의 벗이 되어, 혹은 어둠의 일에 침묵함으로써 사회로부터 외면당하는 지경에까지 내몰린 감이 없지 않기 때문이다. 사실 이것은 우리가 피부로 느끼는 일이다. 과연 기독교는 탈역사적인 종교로서 내세만을 지향하는 종교인가? 예수께서 우리에게 드러내신 하나님 나라가 과연 현재의 질서를 완연하게 뒤로 하고 미래의 질서로 물러나도록, 혹은 이 세계에 속한 것은 속되다 하고 저 세계에 속한 보다 더 완전한 삶으로, 소위 영적인 삶에로 물러나도록 요구하신 바가 있는가? 적어도 이런 경향을 드러냈던 기독교 분파주의를 자처하지 않는 한 예수께서 이런 삶의 태도를 요구했다고는 양심적으로 대답하기 어려울 것이다.

사도들도 예수님께서 말씀하신 바대로 주님이 오시는 날까지 이 세상에 속한 질서를 완전하게 도외시하여 이 세상의 질서를 멸시하도록 요구하지 않았고, 오히려 이 세상에서 하나님께서 우리에게 맡겨 놓은 모든 일에 최선을 다할 것을 요구하였다. 가정에서 책임 있는 남편과 아내, 부모, 자녀가 될 것을 요구하였고, 직장에서는 직원을 성실함으로 돌아보는 신실한 상관으로, 성실함으로 노동하는 직원으로 살아갈 것을 요구하였다. 세계, 혹은 사회적 삶을 경원시하도록 한 것이 아니라 바로 이것을 온전하게 세워가는 삶을 살도록 도전하신 것이다.

교회는 바로 이런 하나님의 뜻을 그리스도와의 만남을 통해서 알고 있는 사람들의 모임이다. 따라서 교회가 있는 곳에는 바로 이런 하나님의 뜻이 사회적으로 일어나도록 하는 구체적인 삶의 몸부림이 있게 마련이다. 상처받은 개인과 가정, 소외된 개인과 공동체, 파괴되어가는 자연 환경에 대하여 교회는 침묵할 수가 없는 것이다. 바로 이런 문제를 끌어안고 고민하여 대안을 제시하고 문제의식을 가진 사람들을 섬기는 일에 교회가 부름 받았다는 사실을 깊이 자각할 필요가 있다. 물론 이 말이 교회의 본질적 사역인 복음의 전파와 교회의 세움을 등한히 여긴다는 뜻이 아니다. 이 일이 교회의 본질적인 사역을 구성한다는 사실을 모를 사람이 누가 있겠는가? 문제는 이런 사역이 진정성 있는 사역이 되고, 정말 삶의 구체성을 인식한 채 이루어지는 사역이 되기 위해서는 교회의 선포가 이루어지는 장(場)에서의 구체적 섬김이 이루어져야만 하는 것이다. 보다 더 철저하게 표현한다면, 교회는 복음전파를 위한 어떤 연결고리를 찾기 위해서 하는 일을 훨씬 넘어서는 차원의 사회적 책임을 보여야 한다. 이것은 마치 죄 아래 있음에도 불구하고, 진노 아래 있음에도 불구하고 비와 공기와 온갖 선한 것을 차별 없이 제공하시는 성부 하나님의 품성을 실천하는 일이기 때문이다. 교회의 이 세상에서의 섬김의 끝이 배척당하는 것으로 나타날지라도 교회가 하나님의 품성의 공동체적 담지자이기 까닭에 기꺼이 이 일을 하지 않을 수 없다.

사도적 가르침에 천착했던 교회공동체는 실제로 이런 삶의 담지자로서의 삶을 살아냈으며, 그것이 혼합주의적인 문명이 지배하던 로마 사회를 변혁시키는 지배적인 힘이 되었던 것을 역사를 통하여 알 수 있다. 계속되는 전쟁과 기근으로 남자들의 얼굴을 보기 힘들게 되었을 때, 많은 로마의 여성들이 혼외정사에 빠져들었으나 그리스도인 여성들은 그런 부도덕한 삶으로부터 자신을 거룩하게 지켜내고 남편에게 성실했을 뿐만 아니라 혹 남편이 전쟁에서 죽었을 때에조차도 그리스도에게 헌신된 과부로서 일생을 살아냈다고 전해진다. 뿐만 아니라 계속되는 전쟁과 기근으로 인하여 전염병이 퍼져나가면서 마을 사람들이 한 사람 두 사람 죽어 나가게 되면 이들을 외면하고 다른 곳으로 이주해 가는 것이 아니라 그들을 간호하고 또한 죽은 자들을 정성스럽게 매장하는 일에 성실하였다. 그런 일에 참여함으로써 자신도 그런 운명에 처할 것을 충분히 예상했음에도 불구하고 그 일에 열심을 내었으며, 그들과 더불어 하나둘씩 죽어 갔다고 한다. 그런가 하면 기근 때문에 먹지 못하는 자가 마을에 있게 되면, 한 끼씩 금식을 하면서 모은 식량으로 그들의 삶을 구체적으로 돌아보았다고 기록되어 있다. 이것이 바로 로마 제국 내에서의 그리스도인들의 삶의 모습이었다.

이것은 비단 로마 제국 내에서의 초기 기독교의 모습만은 아니었다. 사도적 전통에 천착한 기독교가 전파되는 곳이면 어디에나 이런 변화의 물결이 일어나곤 했었다. 한국의 초기 기독교도 예외가 아니었다. 아주 빼어난 윤리의식과 사회의식을 가지고 있었으며, 한국 근대화와 의식 계몽에 지대한 공헌을 한 것이 사실이며, 그리스도인의 삶은 상당한 존경을 받곤 했던 것이 사실이다. 사실 기독교는 탁월한 윤리적 요구를 의식하고 삶을 펼쳐 내지 않을 수 없음을 잘 인식하고 있었다. 바로 이런 사도적 전통에로의 전향적인 돌이킴이 요구되는 시기를 한국교회가 지나가고 있다. 사도적 복음의 뿌리에로 다시 돌아가서 자신을 살필 긴박한 위기를 경험하고 있다고 할 것이다.

3. 이것이 종교포괄적인 사랑을 의미하는 것일까?

그렇다면 이런 윤리적인 요구가 오강남의 『예수는 없다』나 혹은 SBS의 '신의 길, 인간의 길'이 요구하는 것처럼 필연적으로 종교포괄적인 사랑을 끌어안는 방식으로 표현되어야만 하는 것인가? 예수가 언급한 사랑이나 부처가 요구한 사랑이 오강남이 해석하는 것처럼 보편적인 지평에서 만나는 그런 사랑의 범주에 속하는 것인가? 나는 꼭 그렇게 되어야 할 필요가 없다는 사실을 지적하고 싶다. 사도적 전통에 천착한 기독교가 지향하는 사랑은 독특한 뿌리와 내용을 가진 구별된 개념을 가진다는 사실을 지적하고 싶다.

기독교의 사랑은 하나님에게서 시작되는 사랑으로서 그 사랑의 뿌리는 십자가에서 계시된 하나님 안에 있다. 죄인, 하나님과 원수 된 자들을 대신하여 자신의 독생하신 아들을 조건 없이 십자가에 내어 주시는 성부 하나님의 우리를 향한 사랑(요 3:16)과 가부장적 삶의 굴레 아래서 어쩔 수 없이 자신을 불평 가운데서 내어 놓으신 것이 아니라 우리를 사랑하사 우리를 대신하여 자신을 십자가에 내어 놓으신 성자 하나님의 사랑(갈 2:20)이 입을 맞추는 십자가에서 그 사랑의 본질이 계시된 것이다. 이 사랑이 우리의 순전한 자산이 될 수 있는 것은 십자가상에서 자신을 내어 놓으시는 성자 예수 안에 계시면서 그 사랑의 순전성을 보존하도록 일하셨던 사랑의 영이신 성령 하나님(히 9:14)의 사역과 십자가에 자신의 아들을 내어 놓으시는 성부 하나님의 우리를 향한 그 사랑의 심장 뛰는 소리를 직접 들으시고 그 속내를 속속들이 통달하시는 성령 하나님(고전 2:10)의 중재하시는 사역으로 말미암은 것이다(고전 2:10). 성령께서 바로 이 사실을 우리 안에 계시하시고, 우리 안에 이 사랑을 쏟아 부으심 때문에(롬 5:5) 우리 그리스도인들은 항상 온전한 사랑의 감동 아래 서지 않을 수 없는 운명에 처한다.

바로 그 사랑의 강권하심이 있기에 그리스도인은 부모를 공경하며, 살인하지 않으며, 간음하지 않으며, 남의 물건을 강탈하거나 혹은 속여 취하지 않으며, 이웃을 향하여 거짓 증거하지 않으며, 이웃의 재물을 부당하게 탐하지 않는 삶을 추구하게 된다. 뿐만 아니라, 바로 그 사랑을 계시하시고 우리를 당신의 아들과 딸로 삼아 주신 그 하나님만을 섬기며 그 하나님의 모습을 피조물의 수준 안으로 가두어 두지 않고, 그 이름을 허망하게 뜻 없이 부르지 않고 그분의 뜻을 따라 살며 그분의 인도하심에 감사하며 안식하는 삶의 기쁨을 만끽하는 것이다. 바로 이 점에서 그리스도인의 삶의 기반으로서 사랑은 범종교적인 언어일 수 없으며, 독특하게 기독교적으로 채색되어 있다는 사실 앞에 서지 않을 수 없다.

우리 인류가 사랑이라는 한 단어를 가진 것은 사실이지만, 그 사랑이 어떤 전제로부터 어떤 관계 안에서 형성된 것인가를 따질 때, 그 의미하는 바가 심층에서 달라진다는 사실을 보게 된다. 남편과 아내 사이의 사랑, 부모 자녀 사이의 사랑, 허물없는 친구와 친구 사이의 사랑, 연인과 연인 사이의 사랑을 곰곰이 생각해 보면 같은 사랑이라는 단어를 사용하고 있음에도 불구하고 아주 다른 측면을 각각 가지고 있듯이, 각각의 종교가 사용하는 사랑도 그 심층에서는 확연하게 다른 것이다. 남편과 아내에게서나 가능한 사랑을 이웃집 남편과 아내와 나눌 수 있을까? 부모와 자녀 사이에서나 가능한 사랑을 연인관계에서나 있을 법한 사랑과 동일시한다면 어떻게 될까? 종교간 사랑을 거론하기에 앞서서 스스로 무슨 말을 하고 있는지를 먼저 시간 내서 좀 생각해 볼 일이다.

4. 진정한 사랑은 무엇인가?

기독교는 타종교 혹은 타종교인에 대하여 비관용적인가? 이 문제는 좀 더 신중하게 생각해 볼 주제이다. 그리스도인은 그리스도 예수 안에 계시된 하나님(고후 5:19)으로 말미암아 창조, 타락, 구속, 완성으로 이어지는 구원 행동의 전 경륜에 대한 포괄적인 지식을 가진 사람들이다. 이 세상과 이 세상에 살고 있는 일체의 것이 오직 그리스도 안에서만 새로워질 수 있다는 분명한 확신을 가진 사람들이다. 그런 거시적 안목으로 세상을 포괄해 낼 수 있는 저력을 가진 사람들이 그리스도인들인 것이 분명하다.

하나님의 사랑이 온 세계에 미친다는 사실을 전혀 부인하지 않는다. 또한 이 땅에 신이라 이른 자가 많으나 예수 그리스도 안에서 자신을 계시하신 바로 그 분, 곧 천지를 창조하셔서 만유를 자신의 소유로 삼으신 바로 그 분 외에는 다른 신이 사실상 존재하지 않는다는 사실도 분명하게 인식하고 있다. 많은 신을 다양한 이름을 따라 부르고 있으나 실제로 존재하지 않는 신임을 그리스도인은 아주 분명하게 알고 있다. 그런데 그 한 분 하나님의 사랑이 온 세계에 미치되, 그 사랑의 형식과 내용이 질적인 차이를 항상 견지하고 있다는 사실을 아주 주의 깊게 파악하는 사람들이 그리스도인임을 기억할 필요가 있다.

하나님은 인격적인 분이어서 자신을 이 세상과의 관계 안에 두실 때, 질서를 따라 행하신다. 하나님의 사랑은 구원의 내용으로 채워질 때가 있을 뿐만 아니라 구원이 아닌 섭리와 보존의 내용을 가진 것으로 제공될 때가 있다. 전자는 자신의 택한 백성들을 위한 사랑이며, 후자는 택한 백성들과 유기된 백성들 모두를 품는 사랑이다. 한 하나님에게서 나오되 그 사랑의 적용이 상이한 것이다. 그리스도인도 불교도를 존중하고 사랑하며 또한 그래야만 한다는 사실을 충분히 인식하고 공감할 필요가 있을 것이다. 함께 윷놀이도 할 수 있고, 골프도 칠 수 있다. 그리스도인은 매우 정중하게 상식과 룰을 따라서 공정하게 이 관계에 참여해야만 한다. 이것이 하나님의 품성을 따라 사랑의 삶을 실천하는 길이다.

그러나 불교도들과 더불어 혹은 이슬람교도들과 더불어 예배하며 각자의 계시적 신념을 따라서 신의 이름을 부르는 자리에 함께 서지는 않는다. 왜냐하면, 이런 사랑은 함께 공유하도록 허락되지 않기 때문이다. 달리 말하여, 각각의 종교가 갖고 있는 신념의 체계, 달리 말하여 계시의 내용과 체계가 명백하게 다르기 때문이다. 적어도 기독교는 예수를 여러 선지자 가운데 하나로 단순히 간주하지는 않는다. 비록 하나님께서 과거의 시대에는 여러 모양과 여러 방식으로 자신을 선지자를 통하여 계시한 것이 사실이지만, 마침내 마지막으로 예수를 통하여 궁극적으로 말씀하시고 자신을 계시하셨기 때문이다. 예수는 모든 선지자의 반열의 마침표이며, 궁극적인 완성이시기 때문이다. 선지자를 통한 더 이상의 계시가 없는 것은 예수가 최종적인 계시이기 때문에 그렇다(히 1:1–3). 다시 말하여, 하나님은 그리스도 안에서만 완전하게 계시되었고, 예수를 통해서만 사람들이 자기에게로 나아오도록 허락하셨다. 예수와 하나님 사이에 배타적인 관계가 형성되어서 다른 누구도 그 관계 속에 끼어들 여지가 없기 때문이다(마 11:25–28).

그렇다고 해서 한 손에는 검을 들고 다른 손에는 경전을 들고 위협하거나 강요하지도 않는다. 그리스도 예수 안에 계시된 하나님의 사랑은 거리에서 목소리를 높여 사람들을 선동하거나 혹은 체제를 전복하거나 혹은 다른 종교를 무력으로 압제하는 방식으로 나누어지는 것이 아니기 때문이다. 다만 내어 주고 포기하고 심지어 목숨까지도 내어 놓는 방식으로만 나누어지는 방식을 택하기 때문이다. 바로 이 대목에서 기독교적 순교가 성립하는 것이다. 기독교적 순교도 사랑의 방식이다. 아프가니스탄에서 순교의 제물이 되어 산화한 배목사도 이슬람의 문화나 문명을 폄훼하려 한 것이 아니다. 그가 이끈 선교 팀도 이들의 삶을 이해하고 배려하는 문화선교적인 측면을 강하게 견지하였으나 다만 이에서 한 걸음 더 나아가는 기독교의 본질적 사랑의 세계를 품고 있었을 뿐이다. 공감대를 모색하는 진지한 관심과 열정이 있었기에 문화선교적인 형식을 택했던 것이고, 상황이 허락되고 여건이 성숙되면 기독교적 사랑의 세계를 드러낼 충분한 준비가 되어 있었을 것이다. 바로 그 내적인 준비가 그로 하여금 내적으로 준비된 순교의 제물이 되도록 한 것이다. 인질이 되었을 때조차도 동료들의 건강과 안전을 챙기며, '아마 나는 희생되어도 여러분은 무사할 것'이라는 말을 예언처럼 내뱉으며 그들의 삶을 배려하고 격려했다고 전해진다. 이것이 바로 기독교적 사랑의 진면목인 것이다. 달리 말하여 기독교적 사랑은 일방적으로 배타적인 형태를 지니지 않고 대화적인 사랑의 형식을 가지나 타협하는 사랑의 형식을 신중하게 받아들이지 않는다는 사실의 웅변적인 예(例)라고 할 수 있을 것이다.

IV. 글을 마무리하며

한국교회가 자신을 둘러 에워싸는 거센 도전을 헤치고 나아가는 길은 참 하나님이시며 참 인간이신 예수가 바로 우리의 구원의 중보자, 유일한 중보자란 사실에 매인 삶을 살아내는 데서 찾아야 할 것이다. 바로 그 분 안에 계시된 하나님을 섬기며, 성자와 성부와 성령의 사랑의 계시 사건이었던 십자가를 메고 그 사랑의 증인으로서의 삶을 살아낸다면, 한국교회는 확실히 세상의 소금과 빛이 되고도 남음이 있을 것이다. 공격적 선교를 중지하라는 매몰찬 소리를 들으면서 넓은 마음으로 세계를 품되, 내 몫을 소중하게 여기고 포기하지 않으며, 오히려 그것을 넓은 차원으로 펼쳐나아가는 담대함과 용기를 갖기 바란다. 달리 말하여, 이 땅에 살고 있는 모든 사람을 대하여 '탁월한 윤리', '고귀한 윤리'를 실천해 내며 동시에 그 공감대를 근거로 하여 합리적이고 올바른 삶의 예배를 하나님께 드림으로써(롬 12:1-2) 구원의 유일한 길로서 그리스도 예수를 전파하는 자로 한국교회가 자신을 세워가기를 소망한다. 이로써 한국교회는 이 세상의 빛과 소금으로서 자신을 확인할 수 있게 될 것이다. 이렇게 된다면, SBS의 '신의 길, 인간의 길'을 넘어서는 또 다른 시도가 지상파를 탄다 한들 그렇게 큰 설득력을 갖지는 못할 것이다. 바른 신앙고백에 착근한 바른 삶을 살아내는 두 가지 사명을 훌륭하게 견인해 내는 한국교회가 되기를 희망하고, 지극히 작은 자도 다시 새롭게 이 걸음을 내딛어야겠다는 다짐과 더불어 글을 맺는다.

3
'신의 길 인간의 길'에 대한 선교학적 입장

장훈태(선교학)

들어가는 말

위기는 새로운 기회를 창출한다는 말이 있다. 지금 한국교회는 영적, 신학적인 위기로 방황하고 있다. 교회는 다양한 목소리를 내면서도 복음의 메시지가 상실된 상태다. 한국교회는 복음의 핵심에서 벗어난 이슈와 신학적 이론만 무성할 뿐 성경과 신앙에 입각한 논의나 고민은 하지 않는다. 교회 성장이 곧 성공의 법칙인 것으로 인식할 뿐 믿음과 실천이란 과제는 뒤로 미룬 상태다. 이런 상황에서 공중파 방송인 SBS는 '신의 길, 인간의 길'이란 주제로 거대한 한국교회를 향한 돌을 던졌다. 한국교회는 이 돌을 맞으면서도 근본주의적 주장만 할뿐 어떤 방향으로 가야 할 지에 대한 고민은 하지 않고 있다. 최근까지도 교회 안팎으로 이 프로그램은 '기독교 폄하'라는 말과 신성을 무시한 것이라는 비평만 있을 뿐이다.

본 연구는 SBS의 '신의 길, 인간의 길'이라는 방송매체를 통해 '예수의 신성'이 무시된 원인을 연구함으로써 향후 이 방면에 대한 연구의 확대, 심화를 기대하게 된다.

기독교에 정면 도전은 2008년 말 영국의 무신론자들에 의해서도 자행되었다. 무신론자들은 "아마도 신은 없을 것이다. 이제 걱정을 버리고 마음껏 즐겨라."는 광고를 시내버스에 붙이기도 했다.[27] 전 세계적으로 무신론을 주장하는 자들이 더 왕성한 시대를 맞고 있는 느낌이다. 현대 사회가 경제적으로 발전하면서 기독교의 존재에 대한 거부감이 더 거세지고 있다. 이는 이전에 누렸던 영적 풍요로움을 더 이상 누리지 못한 상황에서 일어난 것이라고 본다.

따라서 한국사회 역시 다문화, 다민족, 다종교 사회로 이동하면서 종교적 활동을 위한 포석을 마련하기 위한 미디어, 인재 인프라 구축, 다양한 훈련 프로그램을 통한 저변 확대와 거점 마련을 위한 토대가 바로 '신의 길, 인간의 길'이다.

본 연구에 활용된 자료들은 SBS에서 방영된 '신의 길, 인간의 길' 1부에서 4부까지의 프로그램과 각종 언론에 보도되었던 자료들로서 논자는 이 자료들을 논지 전개상 필요한 전문(全文)이나 부분을 분석하여 인용하였다.

Ⅰ. '신의 길, 인간의 길' 방영 목적

1. '신의 길, 인간의 길' 이원론적 사고와 반감

SBS의 '신의 길, 인간의 길'이란 제목부터가 흥미롭다. 우리가 생각할 때 '신의 길은 과연 있는 것인가?', 아니면 '인간의 길은 무엇을 의미하는 것인가?'에 대한 정의부터 필요한 것 같다. '신의 길'은 자기 길을 걷는 것을 말한다. '신의 길'이란 단어 자체

27) 조선일보, 2008년 1월 8일자 A 16면 보도. 광고내용은 "There's probably no god. Now stop worrying and enjoy your life"(아마도 신은 없을 것이다. 이제 걱정을 멈추고 인생을 즐겨라)이다. 이에 기독교 단체는 "신은 존재한다. 예수와 더불어 당신의 인생을 즐겨라"는 맞대응 광고를 시작했다. 조선일보 2008년 1월 16일 A17면 보도 내용임.

가 신 존재를 부정한다. 신은 존재하지 않는다. 신은 있을 수 없다는 명제와도 같다. 그런데서 티모시 프리크와 피터 갠디가 쓴 『예수는 신화다, *The Jesus Mysteries*』라는 책이 출판된 것도 이런 맥락이다. 인간이 신을 부정하는 것은 미래의 삶에 대한 불확실성과 자만심에서 나온다.

'신의 길, 인간의 길'이라는 주제로 첫 번째 방영된 내용의 핵심은 '예수는 신의 아들인가'라는 질문을 던지고 있다. 이는 많은 청중들로부터 반감과 혼동을 일으키기에 아주 적절한 표현이다. 다시 말하면 그리스도인들과 비그리스도인들이 공감적으로 볼 수 있는 공정한 다큐멘터리를 제작할 수 있음에도 사회의 갈등을 보도하고 있다.

둘째, 2부에서는 '무함마드, 예수를 만나다'란 주제의 방송은 본질적으로 예수보다 600년이나 늦게 출생한 무함마드를 부각시키는 데 있음을 보게 된다. 여기서 예수의 역사적 근거보다는 이슬람의 무함마드가 어떻게 출생했고, 예수를 어떻게 이해하고 있는가에 초점을 맞추고 있다. 즉 기독교와 이슬람이 공존하기 위한 방안을 모색하려는 것과 중동에서의 예수와 한국에서의 예수 이해가 어떻게 다른가를 부각시키려 하고 있다.

셋째, 3부는 '남태평양의 붉은 십자가'란 주제로 방영되었다. 남태평양의 바누아투의 타나섬에서 원주민들이 붉은 십자가를 세우고 미국인 존 프럼을 메시아로 믿게 된 과정과 최근 그들에게 파송된 영국교회의 모습, 그리고 미국교회의 실상 등을 보여 주고 있다.

넷째, 4부는 '길 위의 인간'이란 주제로 이슬람의 수니파와 시아파의 종교적 갈등을 언급하면서 한국교회의 이원론적 사고방식과 친미적인 방향을 다루고 있다.

2. '신의 길, 인간의 길' 을 방영한 목적은?

SBS가 4부에 걸쳐 방영한 '신의 길, 인간의 길'은 한국교회와 사회에 큰 파장을 불러 왔다. 그렇다면 '신의 길, 인간의 길'이라는 주제의 방송 목적은 무엇이며 그들이 의도하는 것은 무엇인가를 의심하게 된다.

첫째, 예수의 존재 자체에 대한 의문을 던지면서 기독교의 그 근본 뿌리를 흔들어 놓고 있다. 즉 기독교의 근본 교리인 예수의 성육신, 고난과 십자가, 부활, 승천 등을 허구로 보고 있다.

둘째, 역사적 예수에 대해 탐구하고 기존의 예수에 대한 관점과는 다른 시각에서 예수를 바라보자는 것이 어떻게 종교의 자유를 침해하며 신앙의 자유를 침해하는가라고 반문하고 있다. 이는 기독교의 근본 진리에 대한 이해가 부족한 상황에서 논의하면서 반박하고 있다.

셋째, '신의 길, 인간의 길'에서 논증된 내용의 핵심은 예수는 역사적으로 존재했던 한 인간에 불과하다는 것이다. 이는 이슬람에서 말하는 '예수는 선지자'일 뿐 신이 아니라는 주장과도 일치하고 있다. 제 1부의 내용 가운데 예수는 신의 아들이 아니며, 특별한 인물이다. 그리고 유대인들로부터 인정받지 못한 자일 뿐이라고 일축하고 있다. 이는 예수 당시의 사회적 현상과도 동일한 시점에서 보려는 의도가 역력하다. 물론 예수 당시에도 유대인들은 그를 평범한 인간으로 평가했다. 사람들은 처음부터 예수에 대한 강한 의문을 갖고 있었다.[28] 예수 자신도 사람들의 다양한 의문과 평가에 대해 제자들에게 질문했다. '사람들이 인자를 누구라 하느냐?'[29]고 말이다.

그렇다면 SBS가 3년간 막대한 자금과 인원을 동원하여 제작한 이 다큐멘터리가 한국사회와 교회에 제시하려는 근본적인 목적이 무엇인가를 인식해야 한다. 이 프로

---

28) 마가 1:27, 2:7, 4:41을 보라.
29) 마 16:13.

그램을 제작한 의도는 사회적 통념[30]과 각 종교 간에 극단적 입장이 있어 중동을 중심으로 한 지역의 전쟁이 멈추지 않는다는 것을 전제로 한다. 그렇다면 이슬람의 극단적인 분파만이 아니라 유대교의 입장도 취재했어야 하며, 그들이 어떻게 미국 언론을 움직이고 어떻게 전쟁을 현실화시키는지도 취재했어야 한다. 그리고 SBS는 미국 내 기독교 근본주의가 전쟁의 큰 책임이 있다고 몰아 부치면서 이들을 통해 복음이 전래된 한국교회도 문제가 있다는 식의 논리를 펴고 있다.

SBS는 현재의 기독교가 특히 미국과 한국의 기독교가 그 종교성을 희석시키고, 좀 더 기독교 바깥의 통념과 가까워지는 것이 해결책이라고 판단한 것이다. 그래서 실제로 그러한 기독교의 한 분파에 대해 집중적으로 시간을 할애한 것 같다.

여기서 문제는 SBS는 '신의 길 인간의 길'을 만들면서 기독교에 진심으로 관심이 있었다면 그들이 전혀 취재하지 않았던 쪽을 한번 취재해 보았어야 했다. 그래야 양쪽을 다 알고 객관적인 방송 제작을 할 수 있기 때문이다.

II. '신의 길, 인간의 길' 파문과 반응

1. '신의 길, 인간의 길' 에 대한 언론을 통한 반응

SBS의 '신의 길, 인간의 길'이 방송과 관련하여 2008년 7월 8일 국민일보 대회의실에서 긴급 좌담회[31]와 기독교연합신문의 고영민 교수[32]의 신학적 검증이 있었다. 두

---

30) 원수를 내 몸과 같이 사랑하라가 아니라 '원수에게도 화도 내어 스트레스를 해소하는 것이 건강에 좋다'가 사회적 통념이다. '네 오른 편 빰을 치거든 왼편도 돌려대며'가 아니라 '네 오른편 빰을 치거든 경찰에 고발하라'가 사회적 통념이다. 여기서 문제는 그리스도인들이 성경에 충실한 것이 아니라 성경말씀과 사회적 생활에 양다리를 걸치고 있는 것이다.

31) 국민일보 기획특집. '신의길 인간의 길 파문 신학자 3인 긴급 좌담', 2008년 7월 8일 화요일.

32) 고영민, 기독교연합신문 '신학검증–신의길 인간의 길 무엇인 문제인가?' 2008년

언론기관에서 발표된 내용의 핵심은 이슬람과 기독교의 차이, 한국교회의 역할 등을 심도 있게 다루는 내용이었다.

1) 기독교 핵심을 부인한 방송

방송은 언제나 공정성이 있어야 한다. 어느 한쪽을 폄하하거나 높여서도 안 된다. 방송은 객관성과 공정성이란 사명을 갖고 있다. 그러나 금번 SBS의 '신의 길, 인간의 길'은 이 두 가지를 모두 무시했다. SBS의 '신의 길, 인간의 길' 좌담회에서 논의된 내용의 핵심은 다음과 같다. 첫째, 기독교가 영지주의 주류인양 왜곡하고 있다. 둘째, 공정한 학자들의 반영이 무시되었고, 셋째, 지상파 방송의 공정성 훼손으로 전문성이 결여된 피상적 접근을 하고 있다. 넷째, 기독교를 배제한 채 이단 학설을 근거해 제작하는 편협성을 갖고 있다는 지적을 하고 있다. 즉 이슬람의 꾸란과 이단 측의 학자들의 주장만 인용하여 기독교의 십자가 사건을 부인하고 있는 것이 문제란 점이다. 그리고 아랍권에서 인정하는 '예수'와 '이싸'를 동일시함으로 기독교의 근본적인 교리에 도전하고 있으며 삼위일체 하나님과 알라를 한 존재로 인식하고 있는 점이 오류라고 볼 수 있다.

그렇다면 SBS의 '신의 길, 인간의 길'은 누구를 위한 방송 프로그램인지 의문이 간다. 정성욱은 "종교 간의 대화를 시도하려는 의도였는지 아니면 기독교와 이슬람이라는 어젠다를 미리 맞추어 놓고 양편을 그 어젠다에 맞춰 가게 한다면 대화가 아니라고 본다."고 말하며 안타까워한다.

대화는 각자가 가진 정체성과 독특성을 전제해야 한다. SBS가 말하는 대화는 우리가 동의할 수 없는 것을 동의하라는 전제가 깔려 있다. 늘 합의를 이끌어 내야 하는 게 아니라 서로 다른 점이 있다는 것을 인정하는 것도 대화다. 각 종교는 각자의 독특성과 정체성이 있다는 것을 부정하려는 관점이 방송 안에 그대로 드러낸[33] 것이

33) 국민일보 22면 기획특집 2008년 7월 8일.

다. 방송은 언제나 상대방의 정체성과 객관성, 독특성을 인정하고 이에 따른 배려가 있어야 한다. 만약 SBS가 각 종교의 독특성을 배려하지 않았다면 무지의 극치라 할 수 있다.

SBS의 기독교의 핵심을 부인한 방송은 우리에게는 슬픔과 고뇌를 안겨 주었다. 기독교의 정체성이 그만큼 훼손된 것이 문제의 발단이다. 또한 교회의 본질과 성경적 삶이 결여된 상황에서 발생된 것이어서 더욱 슬픈 일이다.

2) 방송의 허구성과 용어의 혼란

SBS는 기독교와 이슬람, 유대교간의 대화와 소통을 제작의 목적이라고 말한다. 세 종교가 유일신을 믿고 지향하기 때문에 같다고 말한다. 그것은 논리에 있어서 허구이다. SBS는 유일신의 내용이 무엇이며 기독교와 유대교, 이슬람의 유일신의 특징이 무엇인가에 대한 신학적 기초를 심층적으로 이해하고 제작을 했는지에 대해 의문이 든다. 사실 방송은 객관성을 통한 이해와 청취자들의 이해력을 돕는 데 있다고 본다. 그렇다면 각 종교의 유일신관이 무엇인가를 사전에 비교 검토하면서 소개했어야 했다. 그럼에도 불구하고 SBS는 뉴에이지 접근 방법으로 서로 소통해야 한다는 논리로 비약을 하고 있다.

또 다른 SBS 제작진의 오류는 종말론 즉 용어의 혼란이다. 예를 들면 '천당'을 이야기하면서 '천국'이라는 말을 동시에 사용하고 있다. 용어 사용에 있어 일관성이 없다. SBS가 종교간 대화를 의도했다면 이슬람이 말하는 천국이 무슨 의미인지를 말했어야 한다. 이슬람이 말하는 '천국은 순교자가 가는 곳'(꾸란 3:158; 22:59)이다. 꾸란에는 '순교자는 최상의 양식을 부여 받는다'(수라 22:58)라고 되어 있다. 이는 꾸란을 번역하면서 우리말로 천국이라고 표현을 했지만 신학적 용어인 천당과 천국에 대한 분명한 구분이 있어야 한다.

이슬람에서 말하는 천국(Heaven, al-sama)은 상징적으로 여러 다른 예언자에게 배정되어 있고 일곱째 천국은 형태를 초월한 창조물의 마지막이며 그 중심은 공간의 일곱 방향으로 상징적인 의미를 나타내고 있다. 또한 꾸란에서 말하는 천국은 세상의 가장 자리에 있는 갈라진 틈새(수라 82:1), 두루마리처럼 말려 있는 꼴(수라 21:104)로 그린다. 사람의 눈으로 볼 때 하늘은 물질의 실재와 정신의 실재가 만나는 곳이다. 꾸란에서 천국은 보통 잔나(al-jannah, 뜰), 또는 피르다우스(firdaws, 낙원)라고 말한다.[34]

그러나 기독교에서 말하는 천국은 이슬람에서 말하는 것과는 다르다. 천국은 하나님의 주권, 다스림이 있는 곳이다. 하나님의 영원한 인도하심과 평화가 있는 곳이 천국이다.

2. 여성의 인권

SBS는 '신의 길, 인간의 길'을 방영하면서 어느 특정 종교의 폐쇄성을 알리는 역할을 한 것은 매우 인상적이다. 이슬람은 한 개인이 타종교로 개종하면 사형에 처했는데 그것은 종교의 기본정신에 어긋난다. 이슬람에서 절대 신을 거부하는 것은 엄청난 화를 입어 멸종된다는 것이다.[35] 역사적으로 볼 때 종교는 자비와 용서가 기본이다. 그럼에도 교리적인 것을 앞세워 자살 테러를 자행하는 것 자체가 문제이다. 이슬람에서 가르치는 '지하드(Jihad)'는 원래 그런 뜻이 아니다. '노력하다', '힘쓰다'란 뜻이다. '지하드'는 '알라의 길에서 노력하라'는 의미다. 무슬림(이슬람 신자)이 자신의 신앙을 지키기 위해 예배하고, 단식하고, 기도하는 행위 자체를 '지하드'라고 한다. 이슬람에는 '지하드납시(Jihad al-Nafsi)'라는 말이 있다. '자기 자신과의 투쟁'이라는 뜻이다. 무슬림은 지하드 중에서 가장 힘든 지하드가 '자기 자신과의 투쟁'이라

34) 김정위 편, 『이슬람 사전』(서울: 학문사, 2002), p.593.
35) 수라 27:51-53, 69; 30:9, 42, 45:3-5 등을 참조하라.

고 말한다."[36] 이것이 종교의 기본적인 법이다. 그러나 이는 이슬람이 초기 형태에 머물고 있는 증거이다.

또 다른 하나는 여성의 인권을 존중하는 정신이 기독교의 근본진리이며 정체성이다. 그러나 이는 이슬람은 다른 남자 앞에서 부르카를 벗은 여성은 죽인다고 소개하고 있다.[37] '신의 길, 인간의 길'에서 여성 한 명을 클로즈업하여 그대로 방영되었다. 그 여인은 잘못하면 이슬람 근본주의자에 의해 죽을 수도 있다. 지상파 방송이 상식을 뛰어넘는 것은 오락으로 접근하고 있다는 것을 보여 준다. 마지막 프로그램에서 '사람 위에 사람 없다'는 꾸란의 평등사상을 이야기하고 있지만 이슬람은 여전히 여성 위에 남성이 있을 뿐이다.

꾸란 24:30절의 구절은 여성 격리 풍속의 근거가 된다. 그러나 여기서 분명한 것은 여성들이 얼굴을 포함하여 온 몸을 부르카(burqa, 아랍어)나 차도르(chador, 페르시아어)라는 커다란 천(보통 희거나 검은 천)으로 몸을 감싸라고 하지 않았다는 점이다. 더구나 여성들도 일을 하기 위하여 외출이 허락되어 있으며 또 예언자 무함마드의 시절에는 여성도 남성들과 함께 전쟁터에 나갔다. 부상자의 후송과 간호 등으로 남성을 도왔다. 심지어 전투에도 참여했다.

오늘날에도 무슬림 세계의 농촌 여성과 베드윈 여성은 아예 얼굴을 가리지 않는다.[38] 이상의 내용을 볼 때 무함마드는 여성과 남성에게 신중하게 행동할 것을 경고했다. 여성 격리 관습에 직접적 근거를 제시한 곳은 수라 24:31절의 마지막 부분이다. "믿는 여성들에게 일러 가로되 그녀들의 시선을 낮추고 순결을 지키며 밖으로 나타내는 것 외에는 유혹하는 어떤 것도 보여서는 아니 되니라 그리고 가슴을 가리는 머

---

36) 중앙일보, "이스라엘 · 팔레스타인 대립, 본질은 영토분쟁", 중앙일보, [한국인 무슬림이 말하는 가자사태] 이주화 한국이슬람교중앙회 사무총장 2009년 1월 22일.

37) 영화 '솔로몬의 딸'을 보면 미국 여성이 이란 공항에 도착했을 때 남편의 가족들로부터 받은 선물이 부르카와 잘라비아이다. 그가 외출할 때 머리카락을 내보였다는 이유로 총살위협을 받았다.

38) 김정위, 『이슬람 입문』(서울: 한국외국어대학교출판부, 2001), p.234 재인용.

리 수건을 써서 남편과 그의 아버지 남편의 아버지 그녀의 아들 남편의 아들 그녀의 형제 그녀 형제의 아들 그녀 자매의 아들 여성 무슬림 그녀가 소유하고 있는 하녀 성욕을 갖지 못한 하인 그리고 성에 대한 부끄러움을 알지 못하는 어린이 외에는 드러내지 않도록 하라 또한 여성이 발걸음 소리를 내어 유혹함을 보여서는 아니 되나니 믿는 사람들이여 모두 알라께 회개하라 그리하면 너희가 번성하리라"라고 되어 있다.[39] 하디스 즉 무함마드의 고별 설교에서는 '여권을 보장'할 것[40]을 말하고 있다. 오늘날 이슬람 세계에서는 무함마드의 어록에서 금지하는 것을 더 엄격하게 실행하고 있다. 여성이나 어떤 윤리 규정에 대한 근거를 꾸란과 하디스라고 하는 두 개의 잣대를 갖고 평가하기 때문이다.

SBS '신의 길, 인간의 길'에서 여성의 인권이 침해된 것은 틀림이 없다. 이는 방송의 공정성과 객관성, 신뢰성을 크게 훼손한 것이다. 또한 지상파 방송의 사명인 일관성과 완성도를 떨어뜨리고 다큐멘터리의 생명인 중립성을 훼손시키고 있다. 또한 종교는 이념의 영역이 아니라 신념의 영역이기에 학문의 잣대를 들이대기가 늘 조심스러움에도 역사의 산물로 보기 때문이다.

3. 신학자들의 반응

SBS의 방송 이후 신학자들은 다양한 반응을 보이고 있다. 그 가운데 몇몇 신학자의 의견을 모아 보았다. 김성영 교수[41]는 몇 가지 두드러진 문제점들을 지적한다.

첫째, 이 프로그램은 2000년 교회사를 통해 입증된 기독교 정통성을 부정하기

---

39) 여성무슬림은 같은 여성이라도 무슬림이 아닌 불신자들에게는 몸을 보여서는 안 된다고 무하지드는 풀이하고 있다(무함마드 알리 알사부니, 제 10권).
40) Series of Islamic Literature 9 HADITH-APPENDIX:LIFE OF PROPHET MUHAMMAD, Kuwait, Scientific Research House, 1980, p.198-206.
41) 김성영은 시인이면서 한국복음주의신학회 회장으로서 성결대학교 총장을 역임한 바 있다.

위해 고대 근동의 원시 종교 현상에서 기독교의 연원을 찾으려 하고 있다. 이러한 시도는 일부 반기독교 단체와 사이비 신학자들이 시도한 이른바 '신화원형'주장을 위험하게 채용해 그 노선을 따르고 있어 제작 의도부터가 반기독교적이다.

둘째, 이 프로그램은 잘못된 가설과 의도를 억지로 입증하기 위해 이단서적인 '예수는 신화다'의 저자가 말하는 주장을 마치 '기독론'의 절대 기준인 것처럼 내세우고 있다. 뿐만 아니라 학문적인 실체적 진실을 규명함에 있어서도 반기독교 학자 및 급진 신학자들 중심의 편향된 진술을 기독교의 정설인 양 둔갑시키고 있다.

셋째, 해설자(narrator) 자신이 수시로 '예수는 신이 아니다"라는 식의 주관에 치우친 선동적인 해설을 함으로써 이 기획물의 의도가 '딴 곳'에 있음을 스스로 폭로하고 있다.

넷째, 이 프로그램은 도입부터 특정교회의 기도집회 장면을 부각시켜 기도하는 그리스도인의 신앙심을 마치 샤머니즘 행위인 것처럼 비춤으로써 전통적인 기독교 신앙을 매도하고, 특정교회와 다수 성도들의 명예를 훼손하였다.

이외에도 미트라스 비문과 복음서의 억지스러운 비교, 요세푸스의 『유대전쟁사』의 한 단어를 바이블처럼 취급하거나 플루타르크의 『영웅전』까지 반기독교 전거로 동원하는 등 인류의 메시아인 역사적인 예수 그리스도를 허구적 존재로 몰아가는 가련한 제작 의도에 일말의 연민의 정을 느끼지 않을 수 없다[42]고 말했다.

고영민 교수는 이 프로그램에 대한 문제점을 몇 가지 지적했다. 첫째, 그는 역사적 예수에 대한 종교사학파와 현대 자유신학의 일부를 편파적으로 소개한 것에 지나지 않는다고 하면서 SBS의 제작 의도는 반기독교적이라고 말했다. 둘째, 역사적으로나 신학적으로 검증되지 않은 『예수는 신화다』의 저자의 말을 인용하면서 종교학자와 인류학자들의 인터뷰를 통해 예수가 신화적, 허구적 인물임을 계속 부각시키려 했다. 셋째, 종교 간의 이해와 화합을 위해 제작했다고 하면서도 먼저 각 종교가

42) 김성영 특별기고, "불순한 제작의도를 규탄한다". 국민일보, 2008년 7월 6일자.

지닌 특성과 교리 등을 비교하여 진정한 세계 평화와 미래 화합의 길을 모색해 나가야만 했음에도 기독교가 거짓 종교 위에 세워진 것처럼 말했다는 것이다. 넷째, 이번 프로그램에 대한 기독교적 대응은 용서와 화해의 종교임을 보여 주어야 한다고 말하면서 기독교와 신학계를 향한 경종이라[43]고 말했다.

문병호 교수는 SBS의 방영은 '사상 최초로 시도되는 이 역사적 예수에 관한 탐험'을 수행했을지 몰라도 '역사적 예수에 관한 탐험'은 해묵은 것이라고 일축했다. 그는 '신의 길'이란 기독교, 이슬람, 유대교가 하나인데 기독교가 예수의 신의 아들이라고 주장함으로써 그것을 세 갈래의 '인간의 길'로 만들어 버렸다고 지적한다. '신의 길, 인간의 길'은 기독교가 예수 그리스도의 신격(deity) 혹은 신성(divinity)에 대한 미망에서 벗어나야만 유대교와 이슬람교와 소통의 길을 열게 된다는 허망한 논법을 시종 이어가고 있다.'고 말한다. 또한 문 교수는 '신의 길, 인간의 길'은 순교자의 죽음의 뜻을 철저히 곡해하고 있다고 지적하고 "공중을 위한 방송이 그저 맹목적인 부지런함으로, 진리에 대한 깊은 고찰 없이 정통신학의 변방에 있는 비전문적인 한 이론을 부각시킴으로써 기독교를 부인하는 자리로 사람들을 호도하고 있다."고 주장한다.[44]

기독교대한감리회는 '신의 길, 인간의 길'에 대한 입장을 표명하면서 반론보도를 요구했다. "첫째, 예수 그리스도는 신화도 아니고 짜깁기된 인물도 아니다. 예수는 참으로 하나님으로부터 인류 역사의 한 복판에 오시어 인류를 위하여 고난당하시고 십자가에 죽으셨다가 부활하신 참 사람이시다. 둘째, 성경은 성령의 감동으로 기록된 하나님의 말씀이며, 구원에 이르는 도리와 신앙생활에 충분한 표준이 된다. 성경은 결코 신화가 아니다. 셋째, 하나님의 말씀인 성경의 권위를 회복하고, 유일한 구세주이신 예수 그리스도 중심의 신앙 본질을 회복하는 길만이 인류의 희망이 됨을 믿

---

43) 고영민, '신학검증-신의 길 인간의 길 무엇이 문제인가?', 기독교연합신문, 2008년에서 재인용.
44) 문병호, "SBS의 신의길 인간의 길을 비판한다. 전제부터 잘못된 허망한 예수 탐험" 기독신문, 2008년 7월14일.

는다."고 반론의 내용을 보도해 줄 것을 요구했다.[45]

소기천 교수는 SBS '신의 길, 인간의 길'은 표절이며 반기독교 소설『예수는 신화다』를 베낀 것은 기독교에 대한 폭거[46]라고 분노했다. 그는 반기독교적인 정서의 표출이며 공정하지 못한 특집 방송이라고 꼬집었다.

결국 '신의 길, 인간의 길'은 기독교 교리를 심각하게 훼손한 것으로 드러났다. 4복음서가 한결같이 예수를 하나님의 아들로 기록한 것과 예수의 부활은 일회적 사건으로 결코 반복될 수 없다는 것을 천명한 결과를 가져왔다. SBS는 영지주의 시각에서 역사적 예수를 왜곡하고, 이슬람 시각에서 역사적 예수를 왜곡하면서 공정성을 상실하였다. 무엇보다 종교학자와 중동문화학자들의 인터뷰를 하면서도 목회자 및 신학자를 제외한 것은 그 의도가 의심스럽다. 그리고 오시리스의 재생 신화는 자연종교의 산물로서 반복적이거나 예수의 부활은 대속적 죽음이며 일회적으로 반복될 수 없다는 것이다. 마지막으로 무함마드는 교주지만 나사렛 예수는 하나님의 아들이다. 여기서 이슬람과 기독교의 교리적 차이가 있다는 것을 배제한 채 예수는 단지 예언자라는 것을 강조한 것과 이슬람적 해석을 한 것은 종교적 편파일 뿐이다.

Ⅲ. '신의 길, 인간의 길'에 대한 종교사회학적 견해

1. 성경비평학자들의 신학적 구조

SBS '신의 길, 인간의 길'은 종교사회학적인 측면의 방송으로 기독교에 엄청난

45) 기독교대한감리회 감독회장 신경하 외 11개 감독회장, "신의 길, 인간의 길에 대한 기독교대한감리회의 입장" 기독교 타임즈, 2008년 7월 10일.
46) 소기천," SBS '신의 길, 인간의 길'은 표절", 뉴스앤조이, 2008년 7월 1일.

충격과 반향을 불러 일으켰다. 기독교가 성경은 유일무이한 하나님의 말씀이며, 예수 그리스도는 하나님과 동등한 분임을 믿는 것에 대한 도전이었기 때문이다. 역사적 예수의 연구가 일반화된 것은 알버트 슈바이처의 『예수의 생애 연구의 역사(*Eine Geschte der Leben Jesu Forshung*, 1906)』라는 책이 출판되면서부터이다. 그는 18세기 말부터 예수는 누구인가를 탐구하려는 노력을 소개하면서 과학적 탐구가 보여 주는 역사적 예수는 성경과 신조와 정통신학과 기독교의 경건이 말하는 그리스도와는 전혀 다르다[47]고 말한다. 이런 논증이 일어난 후부터 역사적 예수라는 명칭은 다양하게 표현되었다. 곧 "엄격한 역사적 연구를 통해 알게 된 예수" 혹은 "역사에 존재했던 실제 그대로의 예수"를 의미하는 용어가 되었다. 성경비평학자들은 오늘날 교회가 선포하는 케리그마 예수 상(像)은 후대에 꾸며지고 덧붙여진 것이라고 말한다. 케리그마 예수에 대한 것이 하나씩 벗겨지면 전통적으로 믿어 왔던 예수와는 거리가 있다는 것이다.

비평학자들은 한결같이 예수가 하나님 나라 건설을 위한 회개를 촉구하는 일에 헌신했던 경건한 유대인이었다고 말한다. 예수는 유대인들에 대한 가르침, 의식(儀式)을 하지 않았으며, 시간이 흐름에 따라 더 열광적인 자로 변해갔고 자신이 순교자로 죽음으로 하나님을 움직일 수 있었다는 것이다. 예수가 자신에 대한 대중들의 지지가 오산이었음을 인식하고 난 후 하나님께 환멸을 느껴 죽었다는 것이다. 이것이 성경비평학자들이 주장하는 견해이다.

성경비평학자들은 예수는 실제로 부활하지 않았고, 제자들이 전체적으로 박해가 없어지자 예수가 죽은 자 가운데서 살아났으며 다시 올 것이라고 선포했다는 주장을 한다.

성경 비평학자들이 찾은 예수는 우리가 생각하는 것과 상당한 차이가 있다. 예수는 인류의 위대한 교육자, 에세네파의 계획에 이용된 도구, 하나님에 대한 철저한 의

47) 고영민, '신학검증–신의길 인간의 길 무엇인 문제인가?', 기독교연합신문, 2008년에서 재인용.

존의식이 특별히 발달한 사람, 모든 이적들은 허구적 사건, 역사적 예수는 교회의 경건과 잘못된 헌신에 의해 신적인 메시야로 변모함, 하나님에 대해 독특한 의식을 가졌던 사람, 비할 데 없이 빼어난 인간, 도덕적 열심을 심을 수 있는 능력을 가진 인간[48]으로 표현하고 있다. 성경비평학자들의 주장은 전통적인 기독교회의 교리와는 상반되는 견해이다. 이들이 주장하는 이론적 분야는 많은 학자들에게 영향을 미쳤다.

역사적 예수에 대한 연구는 하르낙과 바이스(Weiss), 브레데(Wrede), 부세, 불트만 등에 의해 활발한 움직임을 보였다. 성경비평학자들의 견해가 SBS '신의 길, 인간의 길'을 제작진과 인터뷰한 학자들과 동일하다. 이들이 예수를 정신이상자, 광신자라고 부르는 것은 예수의 성육신 사건을 인정하지 않는 무지 때문이다. 이들은 성경을 문자적으로 해석할 뿐 영감 있는 말씀으로 믿지 않는다. 그들은 철저하게 신학하는 방법을 알지 못한 것이 아니라 신학의 방법론을 잘 모른 것이다.

결과적으로 '신의 길, 인간의 길'은 성경비평학자들이 종교사학파와 현대 자유주의 신학의 일부를 편파적으로 소개한 것과 마찬가지가 되고 말았다. 이들이 적합한 기독교가 무엇인가를 이해하였다면 이런 오류는 결코 범하지 않았을 것이다. 성령의 감동하심과 구원의 확신이 있다면 비평적 사고로 성경을 바라보지 않고 신 존재의식을 믿었을 것이다. 신학자에게 신학하는 방법이 얼마나 소중한 것인가를 깨우쳐 주는 대목이다.

2. 종교사회학적 구조

종교사회학(宗教社會學, sociology of religion)의 정의는 종교 현상을 사회학적 시각에서 연구하는 특수 사회학을 말한다. 이론상, 종교의 사회학적 해명은 사회통합을 이해하는 데 중심적인 위치를 차지하고 있다. 초인간적·초자연적인 힘, 비일상

48) Ibid.

적인 성스러운 것에 대한 신앙·예배 등과 같은 인간의 근원적 종교심과 관련된 종교적 행위를 사회적 행위의 한 형태로 보고 있다. 그 때문에 종교제도나 종교체계를 사회체계의 하위부문으로서 사회학의 준거기준(準據基準, frame of reference)에 의해 포착하고, 종교적 행위와 종교제도의 설명을 위하여 사회학적 이론체계를 이용한다. 뒤르켐과 그 학파가 주로 미개사회의 종교와 다른 사회현상과의 상호관계를 논하고, M. 베버는 '주술(呪術)에서의 해방'이라는 합리화의 관점에서 주로 종교와 직업윤리, 사회층과의 역사사회학적 비교연구를 시작한 이래 종교사회학은 확립되었다. 종교적 행위는 타인과의 협동이나 조직, 경쟁이나 대립, 지배와 종속과 같은 사회과정이나 사회관계에서 항상 영위되고 있으며, 따라서 종교적 행위는 항상 사회적 행위의 한 측면을 이루고 있다.[49] 종교사회학적인 방법은 종교가 사회에 미치는 영향 및 사회제도가 종교에 미치는 영향 등에 관심을 둔다. 현대 사회학의 비조라 부를 수 있는 뒤르켐(Emile Durkheim)은 1915년 『종교생활의 기초형태』라는 책을 써서 종교는 사회가 지닌 '집합적 의식의 상징적 표상'으로서 사회적 유대를 견고케 하여 사회를 통합하는 기능을 가진다[50]고 설명하였다. 그는 종교의 연구는 사회의 연구와 뗄 수 없는 관계를 가진다는 것을 지적하면서 종교가 그 사회를 반영할 뿐만 아니라 결국 사회에서 모든 종교적 가치가 시작된 것이라는 결론을 내렸다. 사회를 종교의 기원이요 척도라고 본 뒤르켐의 결론은 순수한 종교학적 입장에서 보면 종교를 종교가 아닌 다른 요인에서 시작된 것으로 설명하려는 하나의 환원주의(reductionism)에 분명하여 비판받고 있지만, 종교의 사회적 기능 및 종교와 사회의 밀접한 관계를 학문적으로 연구하기 시작하였다는 데서 종교사회학의 기초를 놓았다고 보겠다.

종교의 통합적 기능을 중시했던 뒤르켐과는 달리 베버(Max Weber)는 종교가 역사적 사회적 변혁을 일으키는 데 큰 역할을 한다고 보았다. 따라서 그는 가장 복합

49) http://100.naver.com/100.nhn?docid=139830에서 재인용.

50) Emile Durkheim, *Les formes élémentaires de la vie profane*, 1912.

적인 세계종교들을 연구하였고 각 종교에서 발견되는 독특성에 관심을 쏟았다. 그리고 그는 근대화를 이끈 자본주의 정신과 칼뱅주의와의 관계에서 서양 근대사회의 특징을 찾았고, 예언자 등 카리스마적 종교지도자들이 사회변화에 끼친 영향을 중시하였다.[51] 종교사회학적 측면에서 볼 때 '신의 길, 인간의 길'이 무함마드와 예수를 동등한 예언자로 표기하는 것은 종교의 통합적 기능으로 보기 때문이다. 곧 이슬람의 종교적 특성인 형제애, 평화와 공존 등을 부각시킴으로 기독교의 근본진리를 무너뜨리는 행위로 보인다.

특히 SBS는 전 세계적으로 확산되고 있는 이슬람교의 전략에 대한 공감을 불러일으키고 그들의 설명을 대신하고 있다. 그 내용을 보면, 기독교와 유대교, 이슬람교는 똑같은 하나님을 믿고 있다. 세 종교의 기원은 아브라함에게 시작되었다. 이스마엘은 장자이고 이삭은 차자일 뿐 장자인 이스마엘이 제물로 드려졌다. 예수는 예언자 가운데 한 사람이고 무함마드는 마지막 예언자이다. 마지막 예언자가 최고이며 하나님은 이슬람을 최고의 종교라고 말했다. 이슬람교는 계시의 종교이고, 무함마드는 히라 동굴에서 계시를 받아 꾸란을 기록했다. 예수는 역사성이 의심이 되지만 무함마드는 실제적인 인물이다. 적이나 이교도에 맞서 싸우는 성전은 꾸란의 명령이라는 것이다. 여기서 SBS 제작진은 역사적 진실성을 왜곡하고 종교 사회적이면서 주관적, 일방적인 보도를 하고 있다. 전 세계적으로 베스트셀러인『성경』의 인용보다는 무슬림들의 일방적인 의견이나 주장만을 소개하므로 객관성을 상실한 것은 분명 일방적인 종교사회학적 시각에서 보는 견해라 할 수 있다.

SBS 제작진은 기독교에서 말하는 성경 신학(Biblical Theology)을 알고 있는지 질문하고 싶다. 종교개혁 후기 신학자들의 스콜라주의에 대한 반동으로 요한 가블러(Johan Gabler)는 신학을 하는 새로운 방법을 주장한 적이 있다. 그는 신학을 하나

51) http://100.naver.com/100.nhn?docid=139830 인용.

의 실천과학으로 보았고 성령의 경험과 조명을 강조했다.[52] 그의 중심 질문은 '성경의 구절들이 기록될 그 당시에 무엇을 의미하였는가'에 대한 것이었다. 그는 성경의 역사로의 회기와 우주적으로 전개되는 이야기에 대한 강조를 주장하였다. 이것이 성경을 객관적으로 보는 시각이며 신학하는 방법인 것이다. 그러나 '신의 길, 인간의 길' 제작진은 성경의 권위를 인정하고 역사적 근거를 깊이 있게 연구하지 않고 어느 한 부분만을 보았다는 것은 문제가 있다.

Ⅳ. '신의 길, 인간의 길'에 대한 선교학적 비평

1. 성경적으로 생각하기

인간의 상황에서 복음을 의사소통하기 위해서는 신학을 하는 방법이 필요하다. 그것은 지금 여기에 있는 세상 가운데 계신 하나님의 선교에 대하여 성경적으로 생각하는 방법이다.[53] 그렇다면 SBS 제작진은 유대교, 기독교, 이슬람이라는 세 종교를 놓고 평가하는 방법도 성경을 기준으로 했어야 한다. 왜냐하면 마르틴 카흘러(Martin Kahler)는 거의 1세기 전에 선교를 '신학의 어머니'라고 했기 때문이다.[54] 신학은 기독교 선교와 동행하는 표명으로서 시작했다. 그것은 세계를 지배하는 교회의 한 사치품이 아니었다. 신학은 상아탑에서 학자들에 의해 쌓아 올리는 것이 아니라 실제적인 삶에서 입증되는 것이어야 한다. 그렇다면 금번 '신의 길, 인간의 길'은 선

52) McGrath Evans,& Galloway, *The Science of Theology*. Grand Rapids, MI: Eerdmans, 1986. pp.170-71.
53) Charles H. Kraft, *Appropriate Christianity*, 서울: 생명의 말씀사, 2007, p.204 재인용.
54) David J. Bosch, *Transforming Mission: Paradigm Shifts in Theology of Mission*, Maryknoll, NY: Orbis Books, 1991.

교학적이거나 신학적 방법에 대한 어떤 노력도 보이지 않는다. 다만 피상적인 분야만을 집중적으로 언급함으로 기독교 선교의 흐름을 방해했다. 기독교 선교의 핵심은 성경적 계시와 인간의 상황 사이의 가교를 세우는 것인데 이를 방해한 것이다. 그것은 정통(Orthodoxy)과 정통실천(orthopraxy) 즉 진실, 사랑, 순종과 같은 주제들 사이의 간격을 연결하는 것인데 모든 것이 왜곡되었다.

'신의 길, 인간의 길'에서 강조했던 부분은 '기독교와 이슬람교, 화해 공존할 수 없나'라는 질문이다. 나는 분명히 밝히지만 이슬람교에서 주장하는 아브라함의 후손 이스마엘을 장자로 주장하는 한 공존은 불가능하다. 기독교는 자신들을 아담의 후손으로 믿고 있으며, 아브라함을 믿음의 조상으로 인식하고 있다. 이런 신학적 차이는 화해와 공존을 이룰 수 없는 간격이 있다. 아쉬운 점은 성경의 렌즈로 바라보았다면 기독교로부터 비판은 받지 않았을 것이다.

3부의 '남태평양의 붉은 십자가'는 기독교가 말하는 계시, 메시아를 비누아투의 타나섬에서 활동했던 존 프럼과 동등하게 하려는데 있었다고 본다. 그리고 기독교를 위선적이고 이율배반적인 종교로 비하시키고 기독교 근본 정체성을 훼손시킨 것뿐이다. 그렇다면 이슬람교에서는 평화와 공존을 말하면서 자국의 그리스도인 입국금지, 명예살인 묵인, 이슬람교의 폭력성에 대한 언급은 하지 않은 것은 종교적 편파라 할 수 있다. 이슬람교가 국교인 이집트에서는 교회의 건물을 수리하거나 리모델링하려면 정부의 허가가 있어야 한다. 만약 정부의 허가 없이 교회를 수리한 것이 발각되면 파괴와 폐쇄 명령까지 받아야 하는 두려움도 있다. 이런 부분에 대한 언급은 없고 일방적인 부분만 강조한 SBS는 이슬람과 어떤 상관성이 있는지 의문이 갈 정도다.

분명히 언급하지만 SBS의 '신의 길, 인간의 길'은 성경적으로 생각하는 현상론(phenomenology), 존재론(ontology), 선교학(missiology)이 없는 일방적 방송이었음을 보게 된다. 다시 말하면 신학의 상보성(complementarity)이 없는 방송사건이라고 볼 수 있다. 상보성은 설득력이 있는(많은 것들을 설명할 수 있는), 논리적으로 일관성이 있는(아무런 내재적 모순이 없는), 자기충족적인(그 체계 밖으로 아무런 설명이 필요 없는) 것이 전혀 첨가되지 않은 방식으로 되어 있다. 이러한 방송은 청취자들로부터 외면당할 뿐이다. 성경은 분명히 성경적 관점에서 모든 것을 바라볼 수 있는 사고(思考)를 갖도록 유도하고 있다.

2. 선교학적 비평

SBS '신의 길, 인간의 길'은 1부에서 4부까지 구성되어 있다. 1부는 '예수는 신의 아들인가?', 2부 '무함마드, 예수를 만나다', 3부 '남태평양의 붉은 십자가', 4부 '아브라함을 믿는 세 종교'로 되어 있다.

특히 SBS가 종교간 분쟁과 갈등 해소를 통해 세계평화를 추구하고자 기독교를 향해 쓴 소리를 하려고 하는 기획 의도는 그 출발점이 잘못되었다. SBS는 기독교의 핵심교리인 기독론을 왜곡시키는 결과를 초래하고 말았다. 2천여 년의 교회 역사 속에서 예수의 신성과 인성 또는 둘 다를 부인함으로써 이단으로 정죄되었던 자들의 주장이 옳다고 교정해 주는 우를 범하고 만 것이다.[55] 기독교적 입장에서 볼 때 SBS는 공중파 방송으로서의 품위를 잃었다.

성경은 "미혹하는 자가 세상에 많이 나왔나니 이는 예수 그리스도께서 육체로 오심을 부인하는 자라 이런 자가 미혹하는 자요 적그리스도니"(요한 2서 1:7). "만일 죽은 자의 부활이 없으면 그리스도도 다시 살아나지 못하셨으리라 그리스도께서 만일 다시 살아나지 못하셨으면 우리가 전파하는 것도 헛것이요 또 너희 믿음도 헛것이며"(고전 15:13-14)등은 기독교가 주장하는 중심 진리가 담겨 있다. 정헌권 목사가 주장하는 '미국 신학의 영향을 받아 근본주의 신학에 물든 기독교'가 아니다.[56] 기독교는 미

55) 김종서, "예수는 신화 곧 가공인물이다" 뉴스미션, 2008년 7월 8일.
56) 정헌권, "진짜 예수 일어나시오", 시민의 소리(http://www.siminsori.com), 2008년 8월 2일(토).

국식 철학과 실용주의, 성공주의와 물량주의에 빠진 것이 아니다. 참된 기독교는 성경에 근거하여 말하고 성경이 멈추는 곳에서 멈출 뿐이다.

그렇다면 선교학 관점에서 '신의 길, 인간의 길'은 기독교의 독특성 즉 성경적 기독교의 독특성을 잘 모르고 방영한 것이다. 기독교라 불리는 종교에 비할 때 성경적 기독교는 전혀 종교가 되기 위한 것이 아니다. 예수께서는 "내가 온 것은 양으로 생명을 얻게 하고"(요 10:10)라고 말씀하셨다. 바울 사도는 '그 생명은 유대인에게는 유대인의 문화 속에서 또 이방인에게는 이방인의 문화 속에서 표현된 바 되었다'(고전 9:19-21). 기독교를 위하여 이렇게 문화적으로 의도된 컨테이너는 우리의 신앙이 태어나는 곳이 아니라 신앙을 받아들여 살아가는 곳이다. 우리의 신앙은 의미와 삶의 표현으로 이루어진 '수용자 중심'(receptor-oriented)의 신앙으로서 기독교가 태어난 유대문화가 아닌 다른 사회 안에서 포용될 때 그 문화적인 근원과 분리되도록 의도되었음을 뜻한다.

그러나 SBS의 '신의 길, 인간의 길'은 종교다원주의와 혼합주의적 성격을 여실히 드러내 보였으며 '기독교가 절대적인 종교가 아니다'라는 표현이 그렇다. 또 하나는 한국교회가 지나친 친미적인 성향을 띄고 문자주의에 얽매어 있다는 점이다. 기독교를 정치적으로 묘사하는 묘한 뉘앙스를 담고 있어 선교적 방향을 흐리게 한다.

결론적으로 '신의 길, 인간의 길'이라는 제목부터 청취자들이 혼란과 흥미를 주는 대목이지만 기독교 선교의 핵심인 의사소통과는 전혀 다른 맥락에서 전개하고 있어 안타까울 뿐이다.

V. '신의 길, 인간의 길'에 대한 선교학적 대응과 전략

앞에서 SBS의 '신의 길, 인간의 길'에 대한 종합적인 분석을 해 보았다. 이 프로그램은 전체가 4부로 구성되어 있지만 전반적으로 기독교의 성육신과 십자가 사건을 부정하고 이슬람 관점에서 기독교 교리를 폄하하는 것으로 드러났다. '신의 길, 인간의 길'의 오류는 『예수는 신화다』라는 이단 학설을 근거해 제작했다는 점, 꾸란과 종교사학파와 다원주의 학자들의 주장인 십자가 사건을 여과 없이 그대로 방영한 점, 예수를 선지자로만 인정한 점이다. 마지막으로 삼위일체 하나님과 알라를 동일한 존재로 인식하고 있었다.

이제 우리는 선교학적 대응과 전략, 기독교의 정체성 회복과 모든 그리스도인의 삶의 방향을 통한 복음전도를 고민해야 할 시점에 이르렀다.

1. 기독교의 대응

SBS의 '신의 길, 인간의 길'에 대해 기독교계에서 논란이 끊이지 않고 있지만 그래도 기독교는 나름대로의 신학적 정체성을 갖고 대응하는 것이 필요하다.

성경은 역사적 예수와 신학적 예수를 분리해서 가르치지 않는다. 역사적 예수는 우리와 동일한 사람으로 오셨다. 그는 죄가 없고 영원하신 하나님의 아들이셨다. 예수께서는 우리에게 진정한 사랑의 길을 가르쳐 주셨으며 죽기까지 하나님의 뜻을 이루는 삶을 살았다. 예수는 섬김의 모습으로 이 땅에 오셨고 그렇게 사셨다(벧후 1:3). 기독교가 계속적으로 도전받는 상황에서 이제 한국교회는 기독교의 독특성과 정체성에 대한 교육이 절실하게 요구되는 시점에 도달해 있다.

첫째, 기독교 교회는 예수 그리스도가 성육신하신 것과 십자가 고난을 통해 부활하셨다는 것을 교육해야 한다. 구약성경은 여러 곳에서 예수의 오심과 관련된 모형론을 가르쳐 주고 있다. 아브라함이 그의 아들 '이삭'을 제물로 바친 사건(창 22:1-22), 인간이 죄성이 많아 하나님 앞에서 용서를 구할 때 다양한 방법으로 번제, 소제 등을 드린 사건(레위기), 고난과 부활을 예고하는 선교사상(시 2편 22편, 33편, 66편

그 외에 24편, 99편), 메시야를 통한 구원(사 40-55장) 등이 대표적인 선교 사상이다. 신약성경에서는 마태복음 5장 17-20절과 요한복음 20장 31절을 비롯하여 20장 21절은 예수가 성육신하신 것을 분명하게 말씀해 준다.

둘째, 교회는 신앙 고백 위에 세워졌음을 가르쳐야 한다. 예수 그리스도께서 사역하시는 동안 제자들에게 질문을 던졌다. "나를 누구라 하느냐?"는 질문에 베드로는 "주는 그리스도시요 살아 계신 하나님의 아들이시니이다"라고 답했다. 이 신앙고백 위에 교회가 설립되고 신학이 수립되었다. 예수 그리스도가 하나님의 아들이라는 것은 신앙적 진리(fides veritas)이다.

셋째, 예수 그리스도의 유일성과 문화적 다양성을 교육해야 한다. 성경이 말하는 진정한 기독교는 폐쇄적이거나 독선적이지 않다. 그렇다고 문화적 다양성에 닫혀 있는 것도 아니다. 기독교의 유일성의 근거는 기독교 자체에 있지 않고 예수 그리스도의 유일성에 있다. 그 유일성은 시대와 문화를 초월하여 지속적인 것이기 때문이다.

넷째, 한국 기독교는 도덕적, 윤리적으로 자기 점검의 기회로 삼아야 한다. 기독교가 자기 희생을 하고 성숙의 기회로 삼으면서 기독교 본질을 회복해야 한다. 복음은 예수 그리스도께서 우리에게 주는 구원이다. 구원은 십자가를 통해서 우리에게 주어졌다. 십자가는 자기희생과 헌신이다. 이것이 기독교의 본질이다. 그렇다면 교회가 안티 그리스도인들이나 세속화된 사회에서 교회를 멀리하는 자들을 위해 폐쇄적이고 이기적인 모습을 뛰어넘은 공동체라는 것을 보여 주어야 한다. 기독교의 본질은 도덕적, 윤리적으로 자신을 주는 것이다. 즉 분열과 갈등보다는 교회의 연합과 일치로 사회적 리더가 되어야 한다. 더 나아가 모든 사람들을 향한 온유와 겸손, 사랑을 전달함으로 상대방을 감동시켜야 한다.

이것이 오늘의 기독교가 대응해야 할 부분들이다. 이제 한국교회는 폐쇄적이고 이기적인 모습을 넘어서서 사회를 위해서 존재하는 교회의 참된 모습을 보여 주어야 한다.

2. 선교학적 측면에서 전략

선교학에서 가장 중요하게 여기는 부분이 상황화 전략이다. 적합한 기독교(appropriate Christianity)의 상황화에 대한 몇 가지 관점은 문화적으로 적합한 선교학과 연관이 있다.

첫째, 의사소통으로서 적합한 상황화이다. 새로운 수용자의 문화와 성경 모두에 적합한 상황화 신학을 수립하려는 시도는 여러 번 있었다. 슬라브 족을 선교하려고 했던 정교회 선교사 시릴(826-869)과 메소디우스(815-885), 인도에서 사역한 초기 로마 가톨릭 선교사였던 제주이트 로버트 드 노빌리(Jesuits Robertt de Nobili, 1577-1656), 중국에서 사역했던 마테오 리치(Matteo Ricci, 1552-1620)의 사역까지 거슬러 올라간다.[57] 윌리엄 캐리(William Carey, 1761-1834)로부터 시작해서 개신교 선교사들은 새로운 문화와 새로운 언어를 접할 때마다 복음의 메시지를 새로운 수용자들에게 수용 가능하고 이해할 만한 언어와 형식으로 의사소통하기 위해 노력해 왔다.

데이비드 헤셀 그레이브(David Hesselgrave), 에드워드 로먼(Edward Rommen), 유진 나이다(Eugene Nida) 등은 문화의 모델을 인용하여 상황화에 있어서 의사소통을 강조했다. 이들과 마찬가지로 오늘의 교회는 타종교인들에게 적합한 메시지를 전하기 위한 수용 가능한 언어와 형식으로 의사소통에 진력해야 할 것이다.

둘째, 복음의 현지어 신뢰성(vernacular credibility)이다. 이는 복음이 새로운 문화적인 환경 속에서 새로운 모양을 성취할 때 생기는 과정과 하나님의 선하심이 문화 수용자에게 존중되는 자리를 말한다. 이는 선교가 자국의 신뢰를 얻어내지 못한

---

57) Stanley M. Guthrie, "Nobili Robert de." In Evangelical Dictionary of World Missions See: Scott Moreau, Harold A, Netland, Charles E. Van Engen, eds. 2000. p.694.; James A. Lewis,"Matteo Ricci," In Evangelical Dictionary of World Missions . See: Scott Moreau, Harold A, Netland, Charles E. Van Engen, eds. 2000. p.834.

곳에서는 당대에 혹은 회고를 통해서 많은 비난을 초래한다. 문화가 의사소통에서 차지하는 비판적인 역할에 대한 인식이 복음을 타문화권에서 의사소통하는 데 특별한 중요성을 가진다. 르네 파딜라(C. Rene Padilla)는 초문화적인 의사소통을 성육신적 관점에서 세 가지를 말한다. 첫째, 성육신은 복음의 기본적인 요소이다. 둘째, 문자를 넘어서서 수용되는 문화권에서 삶의 기본적인 것들을 침해할 것이며 복음은 환상에 지나지 않을 것이다. 셋째, 긍정적이든 부정적이든 간에 복음에 지식적인 반응을 보이기 위해서는 메시지와 청자의 문화 사회에 있는 접촉점을 고찰하는 효과적인 의사소통이 이루어져야 한다.[58] 결과적으로 볼 때 복음은 '난 곳 방언'(행 2:6, 8-11)으로 복음을 들은 사람들이 많아지기 때문에 현지어 신뢰성이 중요하다는 말이다.

셋째, 평신도 전문가들을 육성하는 일이다. SBS '신의 길, 인간의 길'을 보면서 느낀 것은 평신도 전문가들을 통한 복음화 전략이 필요하다는 점이다. 즉 평신도 전문가란 각 문화의 영역에서 다양하게 일하는 자들을 신앙과 신학을 겸비한 전문가로 양육해 파송하는 일이다. 이는 21세기 선교사역의 핵심이다. 이제 한국교회는 몇 만 명을 이끌고 시청 앞 광장이나 방송사로 찾아 갈 것이 아니라 장기적인 대책으로 평신도 전문가를 각 문화의 영역에서 일하도록 육성해야 한다.

넷째, 예수 그리스도의 복음에 대한 이해이다. 상황적으로 적합한 선교학의 수립은 성경, 상황, 교회 그리고 개인의 경험에 대한 신중하고 의도적인 융합과 관련되어 있다. 선교신학의 중요한 과제는 말씀(Word)과 문화의 영향, 사회 경제학, 정치적인 실제와 그와 관련된 실재 안에서의 모든 인간 삶의 투쟁 현장으로서의 세상(World), 그리고 세상 안에서 하나님의 선교의 기본적인 수행자로서의 교회(Church)이다. 말씀, 세상, 교회라는 것은 선교학의 기본적인 틀이다. 이를 본문, 상황, 신앙공동체의 상호작용[59]이라고 부른다. 그렇다면 교회와 성도들은 복음에 대한 분명한 이해를 통

58) Charles H. Kraft, *Appropriate Christianity*, pp.306-7.
59) Ibid., pp.329-30.

하여 공동체의 상호작용이 지속적으로 일어날 수 있도록 노력해야 한다.

다섯째, 복음에 대한 이해의 재구성이다. 즉 복음의 프락시스(실천)이다. SBS의 '신의 길, 인간의 길'은 그리스도인의 삶이 어떤 것이어야 하는가를 보여 주었다. 교회와 성도는 "그리스도의 사랑을 알고 그 넓이와 길이와 높이와 깊이가 어떠함을"(엡 3:18-19) 깨닫기 깨달아야 하며, 그 후 수년에 걸쳐서 셀 수 없이 반복되어야 한다. 그리고 교회는 지역 내에서 순교(martyria), 예배(leitourgia), 교제(Koinonia), 섬김(diakonia)을 실천해 나가야 한다.

논자가 선교학적 관점에서 대응과 전략을 논의하면서 느낀 것은 이 프로그램 역시 PD수첩과 그리 다르지 않다는 점이다. 자신들은 사실들을 이야기하고 있다고 하지만 왜곡된 부분들이 나타나고 사실에 덧붙여서 사람들의 마음을 움직이려는 의도가 엿보이기 때문이다. 보다 분명한 것은 기독교와 타종교 사이에 시비를 붙여 온 국민들에게 기독교의 추태를 보여 주려는 의도가 있어 보인다. 하지만 교회는 이런 상황에서 세상과의 의사소통을 통해 새로운 패러다임을 형성해야 된다는 인식을 갖게 되었다.

나가는 말

SBS의 '신의 길, 인간의 길'은 방송의 공영성과 객관성, 프로그램의 내용과 번역, 접근 방식 등에 상당한 오류를 범하고 있다는 것은 이미 밝혀진 바 있다. 이 프로그램은 역사적, 신학적 검증이 없는 반기독교적 기획인 동시에 일방적 잣대로 신앙적 혼란을 불러일으키고, 종교적 갈등을 야기하는 지렛대 역할을 톡톡히 했다. 더 놀라운 것은 프로그램의 흐름이 이슬람 시각에서 역사적 예수를 왜곡했다는 것은 공영방송의 공정성을 의심하게 했다. SBS가 방송 내용에서 기독교를 고대 신화인 오시리스의 재생과 자연종교의 반복적 산물로 간주하고, 예수 그리스도의 죽음과 부활은 대속적 사건이며 반복될 수 없는 일회적 사건이라는 주장은 기독교 전체에 대한 명예훼손이라 할 수 있다. 또한 무함마드와 예수를 동일한 선지자로 보는 것은 기독교의 핵심을 왜곡하고 예수 그리스도의 신성을 부인하는 것이다. 뿐만 아니라 기독교를 토착종교의 파괴자로 부각시킨 것은 유감스러운 일이다.

SBS의 '신의 길, 인간의 길'을 통해 기독교회는 적합한 기독교가 무엇인지를 이해하고, 프락시스의 의미와 중요성을 이해하며, 교인들로 하여금 선교경험(missionary experience)이 있도록 해야 한다. 선교경험의 핵심은 성령이다. 성령이 없으면 선교는 실패한다. 이러한 이유 때문에 하나님의 선교행위는 하나님과 선교사 간의 관계적인 의존을 만들어 내는 성경을 통해 종종 변화한다.[60] 하나님의 사람들이 하나님의 선교사들로서 자신들의 역할을 온전히 이해할 때, 하나님의 선교에 있어서 하나님의 방향을 이해하도록 하나님의 지도력이 주어진다는 사실을 깨닫고 프락시스에 집중해야 할 때다. 이제 한국교회는 사회적 비판의 대상에 올라 있다. 온유와 겸손, 사랑의 실천을 통해 다양한 문화에서 복음의 메시지를 전하는 삶을 살 때다. 무엇보다 그리스도인들은 SBS의 '신의 길, 인간의 길'을 비판적 시각에서 보는 것도 중요하지만 우리는 우리의 신앙 행위와 교회생활에서 고집스러운 부분을 제거하고 우주적인 신앙의 모델을 확립하도록 노력해야 할 것이다.

60) William R. Burrows, "A Seventh Paradigm: Catholics and Radical Inculturation," In Missions in Bold Humility. See: Willem A. Saayman and Kippies Kritzinger, eds. 1996. p.128.

참고문헌

김정위, 『이슬람 입문』 서울: 한국외국어대학교출판부, 2001.

김정위 편, 『이슬람 사전』 서울: 학문사, 2002.

Charles H. Kraft, *Appropriate Christianity*, 김요한 외 3, 서울: 생명의 말씀사, 2007.

Bosch, David J. *Transforming Mission: Paradigm Shifts in Theology of Mission*, Maryknoll, NY:Orbis Books, 1991.

Durkheim, *Les formes elementaires de la vie Profane*, 1912.

Evans, McGrath & Galloway, *The Science of Theology*, Grand Rapids, MI: Eerdmans, 1986.

Guthrie, Stanley M. " Nobili Robert de." In Evangelical Dictionary of World Missions, See: Scott Moreau, Harold A, Netland, Charles E. Van Engen, eds. 2000.; James A. Lewis, "Matteo Ricci," In Evangelical Dictionary of World Missions. See: Scott Moreau, Harold A, Netland, Charles E. Van Engen, eds. 2000.

Series of Islamic Literature 9 HADITH-APPENDIX:LIFE OF PROPHET MUHAMMAD, Kuwait, Scientific Research House, 1980,

Burrows, William R. "A Seventh Paradigm: Catholics and Radical Inculturation," In Missions in Bold Humility. See: Willem A. Saayman and Kippies Kritzinger, eds. 1996.

기독교대한 감리회 감독회장 신경하 외 11개 감독 회장, '신의 길 인간의 길에 대한 기독교대한 감리회의 입장' 기독교타임즈, 2008년 7월 10일.

김성영 특별기고, "불순한 제작의도를 규탄한다". 국민일보 2008년 7월 6일자.

김종서, "예수는 신화 곧 가공인물이다" 뉴스미션. 2008년 7월 8일.

고영민, 기독교연합신문 '신학검증-신의 길 인간의 길 무엇이 문제인가?', 2008년 7월.

국민일보 22면 기획특집 2008년 7월8일.

문병호, "SBS의 '신의 길 인간의 길'을 비판한다. 전제부터 잘못된 허망한 예수 탐험"

기독신문, 2008년 7월 14일.
소기천, "SBS 신의 길, 인간의 길"은 표절. 뉴스엔조이, 2008년 7월 1일.
송경호, "기독교 폄훼방송' 신의 길 인간의 길, 이달의 PD상 받아", 크리스천투데이 2008년 8월 27일.
정헌권, "진짜 예수 일어나시오", 시민의 소리(http://www.siminsori.com), 2008년 8월 2일(토).
조선일보, 2008년 1월 8일자 A 16면 보도 내용.
중앙일보, "이스라엘·팔레스타인 대립, 본질은 영토분쟁", 중앙일보, 〈한국인 무슬림이 말하는 가자사태]〉, 이주화 한국이슬람교중앙회 사무총장 2009년 1월 22일.
http://100.naver.com/100.nhn?docid=139830인용.

4
한국 기독교와 역사적 예수 탐구

이경직(기독교철학)

I. 한국 기독교의 현실

한국 개신교는 120여 년 동안 한국 국민과 함께 해 왔다. 초기 한국 개신교가 한국 역사에 긍정적 영향을 끼쳤다는 데는 이론의 여지가 없다. 조선시대가 저물어 가고 일본 제국주의가 한반도를 위협하던 시절 개신교는 한민족에게 일종의 등불과 같은 역할을 했다. 초기 선교사들은 병원과 학교를 세움으로써 한민족에게 질병으로부터의 해방과 무지로부터의 해방을 동시에 가져다 주었다. 선교사들은 서양의 신문물을 소개함으로써 한민족이 보다 발전된 문명을 누릴 수 있게 해 주었다. 무엇보다도 성경을 당시 양반들에게 무시되었던 한글로 번역함으로써 한글의 발전과 보급에 크게 이바지한 점도 빼놓을 수 없다.

또한 개신교는 왕정 시대에만 익숙했던 한민족에게 민주주의적 교회정치를 소개함으로써 민주주의에 눈을 뜨게 해 주었으며, 일본 제국주의에 맞서는 민족주의적 성향을 보여 주었다. 3.1운동의 많은 지도자들이 개신교인이었으며, 많은 지식인들이 변절했던 일제 강점기 막바지에 일본 제국주의에 저항하다가 순교한 개신교 지도자들도 있었다. 해방 후 한국 개신교는 수준 높은 정치와 문화를 사회에 보급했을 뿐 아니라 급속한 근대화 때문에 한국인이 겪었던 어려운 문제들을 해결하는 데 도움을 주었다. 급속한 도시화 과정에서 전통적 공동체의 연대감을 잃어버린 도시민들에게 개신교는 새로운 공동체를 제공함으로써 일종의 안정감을 제공하기도 했다.

하지만 한국 개신교는 급속한 성장을 경험하는 동시에 대체로 보수적 경향을 보이기도 했다. 정치와 교회는 분리되어야 한다는 정교분리 원칙을 문자 그대로 고수하면서 독재정권의 잘못에 대해 지적하지 못하는 사례가 생겨났다. 이는 한국 개신교의 일부 진영이 사회복음을 외치면서 반독재투쟁과 노동운동에 뛰어든 것과 대조를 이룬다. 이는 서양문물의 도입과 새로운 교육에 일찍 눈을 뜬 한국 개신교인들이 한국사회의 중산층을 형성한 것과도 무관하지 않을 것이다. 기독교 선교 초기 개신교가 가난한 서민들을 중심으로 전파된 것에 비해, 그들의 2세대, 3세대는 교회의 문화와 교육 덕분에 상대적으로 빨리 서양 문물에 눈을 뜨게 되었기에 사회적, 경제적 신분상승이 상대적으로 쉬웠던 것 같다. 이는 결국 한국 개신교의 보수화로 연결된다.

그런데 한국사회는 1987년을 기점으로 민주화의 길로 들어섰다. 1987년부터 한국사회는 시민사회로 접어들었으며 독재 정치와 결별하였다. 민주화가 진행되면서 한국사회는 다양한 목소리들을 인정하기 시작했다. 독재 정권에 맞서 민주화를 외쳤던 세력들이 한국사회의 주도권을 잡으면서 한국 개신교에 대한 시선도 달라지기 시작했다. 사회 정의에 목말랐던 젊은이들이 한국 개신교에 대해 실망감을 표현하기 시작했다. 젊은 개신교인들 상당수도 비록 교회를 떠나지는 않았지만 한국 개신교의 과거에 대해 자랑스러워하지 못했다.

또한 한국사회가 민주화로 접어들었지만 1990년대에 들어와서 세계가 글로벌 경제로 재편되면서 상대적 빈부격차가 더 커지기 시작했다. 이미 경제적 중산층을 형성하고 있던 개신교인들은 이 상황에서 유리한 자리를 차지하고 있었기에 분배 문제에 있어서 대체로 보수적인 태도를 취하게 되었다. 그 결과 사회적 약자에 대한 배려와 관심을 가르치는 성경 말씀과 한국 개신교인들의 보수적 태도 사이에서 갈등하는 기독청년들이 등장하기 시작했다. 그들 가운데 일부는 교회를 떠났고, 또 일부는 가톨릭으로 개종했으며, 또 일부는 교회 안에 남아 계속 고민하고 있다. 한국 개신교 안에서 중장년층이 청년층보다 두터운 것도 그 결과이다. 많은 교회들이 젊은이가 적은 한국교회의 미래를 걱정하고 있다.

교회에 여전히 남아 있는 사람들은 기독교 신앙은 버리지 않으면서도 한국 개신교의 보수적 태도를 바꿀 수 있는 길을 모색하기 시작했다. 신앙에 있어서는 보수적 태도를 취하면서 현실에 있어서는 진보적 태도를 취할 수 있는 길이 있어야 했다. 이들은 한국 개신교의 보수적 태도를 바꿀 수 있는 신학을 찾고자 노력하고 있으며, 올바른 신학을 평가하는 기준을 사회적, 경제적 진보성에서 찾는다.

그런데 1997년 IMF 위기를 겪은 한국이 야당으로의 정권교체를 이루면서 성장보다 분배를 강조하는 정부들이 정권을 잡았다. 이 정부들은 이전의 보수 정권들과는 다른 정책을 취하기 시작했으며, 그 결과 경제 문제에 있어서 보수적 태도를 취했던 대부분의 한국 개신교회와 마찰을 빚기 시작했다. 한국 개신교회 대부분이 이명박 대통령의 당선을 크게 반긴 것도 이와 무관하지 않다. 그 결과 대부분의 한국인들은 개신교를 정치적, 경제적 보수주의와 묶어서 생각하기 시작했다. 정치적, 경제적 진보진영은 한국 개신교를 보수주의의 든든한 후원자로 여겨 한국 개신교에 대한 공격을 보수주의에 대한 공격의 일환으로 여기게 되었다. 진보진영을 중심으로 한국 개신교를 '개독교'라고 부르기 시작한 것도 이와 무관하지 않다.

그 결과 정교분리를 내세워 정치에 참여하지 않았던 개신교가 기독교 정당을 만들어 정치에 참여하게 되었다. 하지만 그동안 주장해 왔던 정교분리를 포기해야 하는 신학적 이유를 분명하게 제시하지 않은 채 이루어진 기독교 정당 운동은 개신교인들에게조차 외면을 받았다. 또한 한국 개신교가 진보적 정권들의 정책에 맞서 '시청 앞 기도회'와 같은 공개적 항의집회를 할 때 많은 사람들이 한국 개신교에 대해 의문을 품기 시작했다. 이전 독재정권에 대해 침묵했던 이유와 관련해서 정교분리 원칙을 내세웠던 한국 개신교가 진보 정권들에 대해 항의집회를 함으로써 정교분리 원칙을 깬 것은 아닌가라는 의문이었다. 그 결과 한국 개신교 스스로 이전 독재정권에 대해 침묵했던 이유가 정교분리 원칙이 아니라 개신교의 보수주의임을 스스로 보여 준 것이 아닌가라는 의문이었다. 그 결과 한국 개신교는 보수주의의 온상이라는 혐의를 벗을 수 없게 되었다. 특히 미국 복음주의 진영이 미국 보수당의 든든한 후원자 역할을 해 왔다는 사실이 알려짐에 따라 많은 사람들은 한국 개신교도 같은 범주에 넣어 이해하게 되었다. 2차 대전 당시 독일 교회 대부분이 정교분리 원칙을 내세워 히틀러의 독재를 방치한 결과 끔찍한 재앙이 있었다는 사실에 대한 인식도 한국 개신교에 불리하게 작용했다. 언젠가부터 한국 개신교는 진보주의의 적이 되고 말았다.

선교 초기부터 도덕적 우위를 유지했던 한국 개신교가 어느 순간부터 그 도덕적 우위를 민주화 세력에게 내어 주었으며, 이제는 극복되어야 하는 보수진영이 되고 말았다. 기독교윤리실천운동과 바른교회아카데미, CBS, 국민일보, 〈목회와 신학〉이 2008년 10월 23일부터 27일 동안 만 20세 이상의 남녀 1,000명을 대상으로 글로벌리서치에 의뢰해서 실시한 전화설문조사 결과 한국교회의 사회적 신뢰도 수준은 90점 만점에 40.95 점으로 C-학점 정도에 불과한 것으로 나타났다.

특히 나이가 젊을수록 교회를 불신하는 경향이 두드러진 점에 주목할 필요가 있다. "그리스도인들의 말과 행동에 믿음이 간다는 말에 동의한 응답자의 비중은 14.4%에 불과했다." 특히 비그리스도인들의 평가가 그리스도인들의 평가보다 훨씬 낮다는 사실을 확인할 수 있다. 가톨릭교회와 불교, 개신교회 가운데 개신교회의 신뢰도가 가장 낮은 것도 충격적이다. 가장 신뢰하는 종교기관으로 가톨릭이 35.2%를 차지한데 반해 개신교회는 7.6%에 불과했다. 교회가 신뢰받기 위해 열심히 해야 할 활동으로 봉사 및 구제활동이 47.6%로 나타난 것은 한국사회의 빈부 격차와 관련해서 의미 있는 결과이다. 개신교에 대해 호감을 갖고 있는 비그리스도인의 비중은 매우 낮았다.[61] 한국 개신교가 한국사회를 향해 도덕적 메시지를 주기 이전에 스스로 도덕적이어야 하는 상황이 되었다. 박찬욱 감독의 영화 '친절한 금자씨'에서 교도소 문을 나서는 금자는 하얀 두부를 건내 주는 전도사에게 "너나 잘 하세요."라고 말한다.

2008년 6월 29일 SBS가 방영한 '신의 길, 인간의 길' 4부작 기획방송도 바로 그러한 것으로 이해될 수 있다. 한국사회에 대해 훈계하는 개신교를 향해 한국 매스컴이 개신교가 올바로 되려면 이러해야 한다는 메시지를 보낸 것이다. SBS의 이 기획방송에 대해 한기총(한국기독교총연합회)에서 항의집회를 하는 모습도 이 기획방송에 들어갔으며 이 모습은 SBS의 편집에 의해 새로운 자료가 된다.

2008년 7월 12일과 13일에 있었던 한기총 소속 개신교인들의 항의 집회에서 엄신형 목사는 "내가 널 위해 죽음으로 너희가 살았으니 나를 위해 죽을 각오가 되어 있냐고 묻고 계십니다."고 발언했는데, SBS는 이를 계기로 예수의 죽음 문제를 다른 종교들과 비교해서 다룸으로써 상대화한다. 또한 세계 곳곳에서 테러를 행하는 이슬람 근본주의자가 많은 시아파에서 자신들의 지도자의 죽음을 예수의 수난과 죽음과 마찬가지로 슬퍼하고 기념한다는 사실을 지적함으로써 엄신형 목사와 한기총의 항의가 폭력적임을 암시한다. 그런 편집에는 방송이 "너나 잘 하세요."라고 지적했는데도 한국 개신교가 아직도 정신 차리지 못했다는 암시가 들어 있는지 모른다.

---

61) 김병연, 「한국교회의 사회적 신뢰도는 C-」, 『목회와 신학』(2008년 12월호).

II. '신의 길, 인간의 길', 그리고 기독교적 대답

1. '신의 길, 인간의 길'을 다루어야 하는 이유

이제 한국 개신교를 향해 주어지는 "너나 잘 하세요."라는 지적이 어떤 지적인지 살펴보는 것이 의미 있으리라 생각한다. 이 장에서는 SBS의 '신의 길, 인간의 길'의 내용을 중심으로 그 지적을 살펴보고자 한다. 이미 한참 지나서 시의성을 잃어버린 방송 내용을 자세히 다룰 필요가 있겠느냐는 지적도 있을 수 있다. 하지만 많은 사람이 사용하는 인터넷은 한 번 방영된 방송을 언제든 다시 볼 수 있게 해 주기 때문에 방송의 영향은 지속된다.

영국 신학자 제임스 던(James D. G. Dunn)이 『예수를 옹호하는 증거』[62]라는 책을 출판한 것도 1984년 한 영국 TV 방송국이 〈예수: 그 증거〉 (Jesus: The Evidence)라는 시리즈를 방영했기 때문이었다. 신학자들의 연구와 평신도들의 이해 사이에 있는 간격을 메우기 위해 시도한 이 방송은 일부 학자들의 견해에 기울어짐으로써 공정하지 못하다는 혐의를 받았으며 일반 그리스도인들에게 혼란만 가져다 주었다.[63]

SBS의 방송도 비슷한 경향을 띠기 때문에 그리스도인들을 위해, 그리고 일반인을 위해 입장 정리가 필요하다고 여겨진다. SBS 방송의 지적과 관련하여 신학적 문제, 특히 역사적 예수 탐구의 문제를 다루어야 하는 이유가 여기에 있다. SBS 방송을 기획한 프로듀서(PD) 스스로 크로산(Crossan)의 '역사적 예수 세미나'가 제작 동기가 되었다고 밝히기 때문이다. 다큐멘터리로는 이례적으로 4부작 모두 9%가 넘는 시청률을 보였다는 점에서 이 프로그램에 대한 기독교의 대답이 필요하다고 여겨진

---

62) James Dunn, *The Evidence for Jesus* (Philadelphia: The Westerminster Press, 1985).
63) 임낙형, 「예수 부활의 역사적 실재성과 그 윤리적 의미」, 『개혁신학』 14 (2003), pp.383, 387-388.

다. 이 방송은 미국을 제외한 선진국에서 기독교가 퇴조하고 있다고 여기지만, 최근 기독교를 공격하는 글과 책이 서양에서 쏟아져 나오는 것은 역설적으로 기독교의 부흥에 기인한다. 예전에 무신론자들은 기독교가 죽어간다고 생각해서 기독교를 공격할 필요도 느끼지 않았지만 21세기로 접어들면서 기독교가 다시 부흥하고 자신들의 세계관을 위협할 정도가 되었다고 느끼자 기독교를 본격적으로 공격할 필요를 느끼게 되었던 것이다. 물론 SBS 방송은 기독교 전체를 공격하기보다 복음주의 내지 근본주의적인 기독교를 공격하려는 것 같다. 김경재 교수나 배철현 교수를 주요 인터뷰 대상으로 삼고 복음주의나 보수주의 계열의 신학자들을 인터뷰 대상에서 제외한 것에서 이를 잘 읽어낼 수 있다.

그런데 때로 어떤 사람에게 문제가 있더라도 이를 지적하기보다 덮어 주고 대신 해결해 주고 싶을 때가 있다. 상대를 사랑하거나 존경할 때 그러하다. 상대가 의도적으로 잘못하지 않을 때 그러하다. 그런데 상대가 어떻게 하더라도 계속 지적하고 싶을 때도 있다. 상대가 마음에 들지 않을 때이다. 따라서 SBS와 많은 한국인들의 지적에 대해 이론적으로, 논리적으로 대답하는 것만으로 충분하지 않다는 점이 중요하다.

많은 한국인들이 한국 개신교를 향해 손가락질 하는 마음과 동기를 헤아리는 것이 중요할 것이다. 일부 한국인들은 한국 개신교가, 특히 보수주의 계열의 개신교가 보수정권을 옹호하고 반민주적 모습을 보인다고 여겨 크게 반발하고 있다. 여러 가지 이유에서 생긴 반기독교적 정서가 해소되지 않는 한 이론적 반박만으로는 기독교에 대한 공격을 해결할 수 없다.

기독교에 대한 비판은 '예수는 좋은데 교회가 싫다'는 말로 요약될 수 있다. 그러하기에 교회가 역사적 예수를 왜곡했다고 주장하는 역사적 예수 세미나는 이 비판의 이론적 근거로 잘 활용될 수 있었다. 그런데 지금 교회가 예수의 모습을 왜곡하지 않았다는 이론적 반박을 한다 해도 기독교 비판가들은 교회로 나오지 않을 것이다.

도리어 그런 예수는 싫다고 하면서 예수 자신을 부정할지도 모른다. 한 마디로 말하자면 그들은 지금처럼 어려운 현실을 외면하는 반개혁적인 "개신교 교회라는 집단에 소속되기 싫다."는 마음을 표현하고 있다. 개신교가 이 마음을 바꾸기 위해서는 이론적 대답뿐 아니라 실천적 대답도 해야 할 것이다.

하지만 부득이 이론적인 차원을 다루는 이 글에서는 그 작업을 할 수는 없다. "너나 잘 하세요."라는 지적에 대해 "네, 잘 하겠습니다."라고 대답하는 것이 상대방의 마음을 헤아리는 첫 단계일 것이다. 하지만 그 지적에 잘못된 부분이 있으면 그것을 밝히고 스스로 올바른 지적으로 바꾸는 것도 한국 개신교의 해야 할 몫이다.

2. '신의 길, 인간의 길' 분석

1) 기획의 목적

우선 SBS의 '신의 길, 인간의 길'의 내용을 나름대로 정리해 보고자 한다. 이 기획프로그램의 목적은 '종교 간의 대화와 화해를 모색'하는 데 있었다. 종교다원주의를 인정하는 불교와 가톨릭을 고려한다면 종교 간의 대화와 화해에 힘쓰라는 메시지는 결국 한국 개신교를 겨냥한 것임을 알 수 있다. 예루살렘 통곡의 벽에 있는 이스라엘 사람에게 '이스라엘과 팔레스타인 간의 문제로도 기도를 올렸느냐'라는 질문을 하고 "이 세상에 평화가 있게 하고 우리가 평화롭게 살게 해 달라고요."라는 대답을 방송 첫머리에 올린 것도 바로 이러한 이유에서이다.

평화를 추구하면서도 배타적 종교 교리 때문에 여전히 팔레스타인과 전쟁 상태에 있는 이스라엘을 염두에 둔 질문과 대답이다. 일반인은 이렇게 평화를 원하지만 이어지는 인터뷰에서 유대교 랍비는 팔레스타인과의 관계에 대해 "평화는 없습니다. 이 땅은 하나님이 우리에게 약속한 땅입니다. 하지만 우리가 율법을 지키지 않으면 이 땅도 없어요. 그것이 하나님과 우리의 약속이죠."라고 대답하기 때문이다. 이와 관련하여 이 프로그램은 유대인 경찰이 유대인의 안식일 율법에 따라 유대인 안식일과 무관한 아랍 여성의 운전을 제지하는 모습을 보여 줌으로써 한 종교의 교리를 그 종교를 믿지 않는 사람에게 강요하는 것의 폭력성과 문제를 부각시키고자 한다. 그래서 이 프로그램은 1부 '예수는 신의 아들인가'에서 예수의 신성 문제를 다룬다. 기독교의 배타성을 확보해 주는 예수의 신성이 부정되어야 비로소 종교다원주의로 넘어가는 길이 열리기 때문이다.

그러나 유대 경찰의 제재는 단순한 문제가 아니다. 이는 종교를 공적 영역에 둘 것인가 아니면 사적 영역에 둘 것인가라는 근본적 문제와 연결된다. 일반적으로 다수 종교가 공존하는 다원화 사회에서는 종교 간의 평화를 유지하기 위해 종교를 사적 영역에 두는 경향이 있다. 종교를 일종의 개인적 취미 활동에 분류하는 것이다. 한국도 종교를 관할하는 기구를 문화관광부 안에 두고 있다.

하지만 대부분의 국민이 같은 종교를 믿는 국가의 경우는 사정이 다르다. 한 국가나 민족의 관습이 종교에 뿌리를 두는 경우가 많기 때문에 관습법이나 실정법이 그 국가나 민족의 종교문화를 반영하는 경우가 많다. 한국도 석가 탄신일과 크리스마스를 공휴일로 지키고 있다. 서구 여러 나라나 이슬람권 국가들의 공휴일도 많은 경우 종교적 축일과 일치한다. 독일의 경우도 종교적 이유로 오랫동안 일요일에 상업행위를 법률로 금지해 왔다. 기독교와 다른 종교를 가졌다는 이유로 일요일에 개점하는 것은 실정법 위반이 되는 셈이다. 유대 경찰의 단속은 특정 종교의 강요로 이해되기보다는 종교문화 내지 사회관습과 법률 제정의 관계라는 좀더 넓은 맥락에서 다루어지는 것이 바람직하다.

이 프로그램은 1부에서 유대 경찰의 단속과 연결해서 장원식 목사(명동거리선교)의 모습을 보여 준다. 이 프로그램은 "오직 예수 그리스도로 말미암아 구원을 얻는다"는 팻말을 들고 있는 장원식 목사를 통해 거리선교를 공격적이고 무례한 것으로 꼬집는다. 기독교에만 구원이 있다는 배타주의를 문제 삼는 것이다. 이는 2007년 8

월 인천 공항을 통해 귀국한 아프칸 피랍 인질들의 모습을 보여 주는 데서도 나타난다. 기독교의 배타주의가 이슬람에 대한 공격적 선교로 나타났으며 그 결과 아프간 인질사태의 책임은 기독교의 배타주의에 있다는 암시가 여기에 들어 있는 것 같다.

2) 예수의 신성을 부정

이 프로그램은 1부에서 순복음교회에서 마련한 '수능시험합격 대 기도회'의 장면을 보여 줌으로써 기독교가 본질을 잃어버리고 개인적 기복신앙에 빠졌다는 암시를 준다. 그리고 개인에게 복을 줄 수 있는 예수의 신적 능력을 부정하고 인간적인 역사적 예수를 회복할 때 기독교가 다원화 사회에서 갈등을 주지 않을 수 있다고 여기는 것 같다.

그래서 1부는 『예수는 신화다』의 저자 티모시 프리크와 인터뷰한 장면을 내보낸다. 그에 따르면, "이 모든 이야기는 기독교가 생겨나기 수천 년 전에 이미 고대에 존재했던 이야기들이다. 오시리스, 디오니소스, 미트라스 같은 신화 속 요소들이 나중에는 유대 신화의 죽었다가 부활하는 신 이야기가 되었다." 이와 관련하여 1부는 기원전 2세기경에 세워졌지만 '콥틱 교회' 교인들에 의해 호루스, 이시스, 오시리스 조각이 파손된 이집트의 '던데라' 신전을 보여 준다. 그 교인들이 예수 탄생과 비슷한 신화를 지닌 조각을 의도적으로 파괴했다는 이유에서이다. 1부는 플루타르크의 『모랄리아(*Moralia*)』에 나오는 "17일째 오시리스가 죽고 19일째 이시스가 오시리스를 다시 살려냈다"는 이집트 신화를 소개함으로써 예수의 부활이 일종의 신화임을 암시한다. 또한 에우리피데스의 『바카이(*Bacchae*)』에 소개되는 디오니소스 신이 포도주를 낸 신화와 물로 포도주를 만든 예수의 첫 번째 기적 사이의 유사성도 지적된다. 페르시아 태양 신 미트라스의 생일과 예수의 탄생일이 같다는 점도 지적되며, 초기 기독교 교부 테르툴리아누스도 기독교의 세례와 같은 입문의식이 다른 종교에도 있다는 사실을 알고 있었다는 점도 언급된다. 1부는 바티칸 로마교황청의 부활절 예배

가운데 성찬예식을 화면으로 보여 주면서 "내가 너와 더불어 하나가 되고, 너 또한 나와 더불어 하나가 되도록 내 피를 마셔라. 그러지 않는 자는 구원을 받지 못할 것이다"는 미트라스교의 비문을 소개한다. 이를 통해 성찬 예식도 이미 다른 종교에 있던 의식임을 보여 준다.

그런데 종교들 사이의 유사성이 설명되는 방식은 여러 가지이다. 또한 종교들 사이에는 유사한 부분뿐 아니라 서로 다른 부분도 있다. 각 종교의 본질을 이루는 것이 유사한 부분일 수도 있고 서로 다른 부분일 수 있다. 기독교의 경우 '예수가 그리스도이다'는 고백이 다른 종교와 다른 부분인 동시에 본질적 부분이다. 1부도 다른 맥락에서 잠시 언급하는 순교자 유스티누스가 『유대인 트뤼폰과의 대화』에서 보여 주고자 했던 점이 바로 그것이다. 1부가 소개하는 순교자 유스티누스의 『제 1변증서』도 당시 기독교와 타 종교 사이의 유사성에 대해 설명한다. 유스티누스의 『제 1변증서』가 로마 황제를 향한 서신의 형식을 띠지만 사실 당시 그리스도인들을 겨냥한 것이라는 학계의 평가를 받아들인다면, "사악한 악령들이, 그리스도가 올 것이라는 예언자들의 말을 듣고 신의 아들이라는 자들을 미리 만들어 냈다"는 그의 설명이 이해됨직하다. 이 설명은 이미 기독교 신앙을 전제하고 이루어지는 설명이기 때문이다. 이 전제에 동의하지 않는 사람에게 이 설명은 너무 일방적이라는 느낌을 줄 수 있지만, 이것은 학문의 세계에서도 마찬가지이다. 어떤 학파의 기본 전제를 동의하지 않는 사람이 그 학파의 구성원들이 그 전제를 동의하는 사람들을 대상으로 하는 강연이나 글을 대할 때 마찬가지 느낌을 받을 수 있다. 하지만 그 학파의 전제에 동의하지 않는 청중을 만날 때 그 학파의 구성원들은 그런 방식으로 글을 쓰지 않을 것이다. 이는 순교자 유스티누스도 마찬가지일 것이다. 1부는 유스티누스의 글을 인용하면서 이 점을 놓치고 있다.

이제 1부는 예수의 신성을 부정하는 입장을 향해 달려간다. 우선 1부는 유대 사제들이 로마 검찰관에게 넘긴 아나니아(Ananias)의 아들 예수에 대한 요세푸스의 『유대전쟁』 기록을 통해 유대교 대제사장들이 예수를 빌라도에게 넘긴 마가복음 15장 1절과 나란히 비교한다. 아나니아의 아들 예수가 채찍에 맞을 때마다 '오 슬프도다 예루살렘이여'라고 말했다는 『유대전쟁』 본문과 예수가 "예루살렘아, 예루살렘아, 너는 선지자들을 죽이고 하나님께서 보내신 사람들을 돌로 치는구나!"는 누가복음 13장 34절이 나란히 대조된다. 화면에는 '예수, 아나니아의 아들'(Jesus, son of Ananias)이라는 문구가 영문으로 계속 나타난다. 예루살렘에서 광신도들을 척결한 사이몬 바 기오라를 시민들이 인도자이자 수호자로 선언했다는 『유대전쟁』 본문은 예수가 예루살렘 성전에서 상인들을 쫓아내고 "주의 이름으로 오시는 임금이여, 찬미받으소서"라는 칭송을 받았다고 보고해 주는 누가복음 19장과 대비된다. 기원전 3세기 프톨레미 왕이 클레오메네스의 죽음을 확인하고 그의 시체를 채찍질하고 매달아 놓으라고 명령했다는 플루타르크의 『영웅전』은 빌라도가 예수를 채찍질한 다음 십자가에 매달도록 한 마가복음 15장과 나란히 소개된다.

지금까지 이야기는 예수에 대한 기록이 사실이 아니라 당시 신화나 사건들을 참조한 창작임을 암시한다. 이 과정에서 1부는 요세푸스의 『유대전쟁』 기록에 대한 학자들의 객관적 평가는 소개하지 않는다. 예수를 야고보의 형제로 기록한 요세푸스의 글에 대해 예수의 역사성을 부정하고 싶은 사람들은 의문을 품는 현실이다. 동일한 요세푸스의 글에 대해 자신의 입장에 따라 취사선택하는 것은 공정하지 못한 처사이다. 또한 죽은 시체를 매달아 놓는 일은 기원전 3세기에만 있었던 것이 아니라 1세기 팔레스타인에도 흔한 일이었다. 많은 사람들이 암으로 죽었다는 기록 때문에 특정인이 암으로 죽었다는 기록이 조작이나 신화가 될 수는 없는 일이다. 또한 1세기 팔레스타인에서 예수라는 이름이 한국의 철수나 영희, 미국의 폴이나 제임스처럼 흔한 이름이라는 사실을 고려한다면 아나니아의 아들 예수라는 인물의 존재 자체가 기독교의 예수를 대신할 수는 없는 일이다. 아나니아의 아들 예수를 풀어 준 총독이 빌라도가 아니라 알비누스(Albinus)였으며 풀려난 후 7년 동안 예언활동을 더 하다가 로마군이 예루살렘을 점령할 때 사망했다는 사실을 고려할 때 아나니아의 아들 예수가 기독교의 예수가 아님은 더욱 분명하다. 역사적 기록을 소개할 때는 유리한 부분만 편집해서는 안 된다. 또한 '아들'로 번역되는 히브리어 벤(ben)은 '손자'나 '증손자' 등 후손을 가리킬 수도 있다는 사실도 고려되어야 한다. 75년경에 기록된 『유대전쟁』과 거의 동시대에 기록된 마가복음과 누가복음, 마태복음은 『유대전쟁』의 독자들이 있는 시기에 예수에 대한 기록을 그렇게 왜곡시킬 수가 없을 것이다. 사이몬 바 기오라에 대한 기록도 이와 마찬가지이다. 또한 1세기 당시 예루살렘을 보면서 탄식하고 슬퍼한 사람은 한두 사람이 아니었을 것이다. 예루살렘을 보고 탄식했다고 해서 모두 동일인물이 되는 것은 아니다.

이제 1부는 '하나님의 아들'이라는 예수의 호칭을 문제 삼는다. "사람들은 클레오메네스에게 영웅과 신의 아들이라는 칭호를 부여했다"는 플루타르크의 『영웅전』 구절에 이어 예수의 십자가 처형을 지켜보던 백인대장(백부장)이 "이 사람이야말로 정말 하나님의 아들이었구나"라고 고백하는 마가복음 15장이 소개된다. 이어서 로마제국에서 로마 황제와 같이 매우 뛰어난 사람을 나타내는 은유인 '신의 아들'이라는 호칭을 그리스도인들이 유대인 농부에게 붙였다는 예수 세미나의 지도자 크로산의 인터뷰가 나온다. 이를 통해 1부는 예수의 신성을 뒷받침하는 호칭인 '하나님의 아들'의 의미를 약화시킴으로써 예수의 신성을 부정하고 인성을 부각시키는 방향으로 나아간다. 나중에 살펴보겠지만 이는 예수 세미나의 연구방향과 일치한다. 크로산의 인터뷰가 이 대목에서 등장하는 것도 우연은 아니다.

하지만 '하나님의 아들'이라는 호칭에 가장 민감했던 것은 로마인들이 아니라 유대인들이었다. 그들은 히브리 전통에서 '하나님의 아들'이라는 호칭이 그저 뛰어난 사람을 가리키지 않고 하나님을 가리킨다는 사실을 잘 알고 있었다. 최근 성서신학계는 신약성경이 철저히 히브리 전통 속에서 기록되었다는 사실을 인정하고 있다. 신약성경을 당시 로마의 문헌들과 비교함으로써 공통점을 추출해 내려는 시도는 이미 학계에서 한 물 간 시도이다. 그러하기에 1부의 시도는 학계의 충분한 검증을 거치지 않은 채 예수의 신성을 부정하려는 취지에 맞는 일부 소수의 의견과 글만 모았다는 혐의를 지우기 어렵다. 또한 1부는 20세기 중반에 나그함마디 문서 가운데 발견된 『도마복음서』가 역사적 예수의 어록으로만 구성되었다고 추정된다는 사실과 더불어 313년에 로마 콘스탄티누스 황제가 밀라노 칙령을 반포하여 기독교를 공인한 점을 강조함으로써 오늘날 우리에게 있는 4복음서(마태복음, 마가복음, 누가복음, 요한복음)가 정치적 필요에 의해 창작된 것이라는 암시를 준다. 1부가 인터뷰 대상으로 삼는 도미닉 크로산도 그러한 취지의 발언을 하고 있다.

"예수의 사상은 신의 이름으로 행해진 비폭력 저항입니다. 그 이후의 기독교의 역사는 그러한 예수의 사상을 침묵시키고 누그러뜨리고, 더 이상 발전하지 못하게 하려는 시도의 역사입니다. 우리가 마주치고 싶지 않은 것은 예수가 합법적, 공개적으로 처형된 것은 빌라도가 그런 예수의 사상을 똑바로 이해했기 때문이라는 사실입니다."

콘스탄티누스의 기독교 공인 언급은 4복음서가 모두 1세기에 기록된 글들임을 놓치고 있다. 크로산은 이 사실을 알고 있지만 4복음서가 역사적 예수를 제대로 반영하지 못한다고 주장하고 있다. 크로산의 역사적 예수 연구에 대해서는 따로 장을 할애해서 다루고자 한다. "오직 예수 그리스도로 말미암아 구원을 얻는다"는 팻말을 들고 있는 장원식 목사의 모습을 방영한 것은 오늘날 4복음서 기자들의 창작의 결과인 신화를 믿고 있는 사람의 모습을 대표적으로 보여 주기 위한 것이다. 1부를 시청한 일부 네티즌들도 예수가 신이 아니라 진짜 인간이라는 사실에 대해 공감을 나타냈다. 그 동안 한국 기독교가 예수의 신성을 강조하는 가운데 교회가 너무 높아져서 사회적 약자들의 어려움을 살피지 못한 것에 대해 반발하던 사람들에게 크로산의 역사적 예수 연구가 이론적 토대를 제공한 것으로 보인다.

3) 이슬람과의 비교: 선지자 예수

'신의 길, 인간의 길'은 1부에서 예수의 신성을 부정한 다음에 2부 '무함마드, 예수를 만나다'에서는 이슬람을 기독교와 연결해서 설명한다. "인간과 하나님과의 직접적인 대화와 접촉들을 막아 버리고 어떤 매개자를 통해서 하나님에게 도달할 수 있다."는 것이 문제라는 이희수 교수(한양대 문화인류학)의 지적이 핵심처럼 보인다. 이 교수에 따르면 테러 행위로 오해되는 지하드가 천국에 가는 지름길이라는 이슬람의 가르침은 "그들이 물러서지 아니하고 평화를 제안하지 아니하면 포획하여 살해하라. 이는 하나님이 그 권한을 부여하였노라."라는 코란 4장 니싸아(여인)장의 구절에 근거하지만, 이 구절은 일부 이슬람 급진세력들이 미국과 전쟁하면서 정치적 도구로 잘못 사용되는 것이다.[64] 이 교수에 따르면 여성들이 병에 걸려도 치료받지 못해 죽거나 빚에 팔려가는 일은 이슬람의 가르침을 문자적으로 받아들인 결과이며, 평화를 사랑하고 여성의 지위를 상승시킨 이슬람교를 왜곡한 것이다. 이 프로그램 2부는 이슬람의 이런 모습들을 통해 기독교를 꾸짖고 있다. 그리스도인들도 성경의 가르침을 문자 그대로 받아들이는 경우 평화 대신 갈등을 일으킬 것이라는 메시지가 여기에 담겨 있다. 모슬렘이 그리스도인으로 개종할 때는 사형될 수 있다는 내용의 소개는 모슬렘을 개종시키고자 한 기독교 선교사들에 대한 비난도 담고 있는 것 같다.

이 프로그램은 예수의 신성이 타종교에 대해 공격적이고 배타적이 되는 이유로 여기기에 2부에서 예수가 이슬람에서 신으로 인정받지 못한다는 사실을 강조한다. 이 방송은 이미 1부에서 역사적 예수에게는 신성이 없었다고 지적했기에 이 점에서 기독교와 이슬람교를 동일시하고 있다. 결국 이 방송에 따르면 현재 기독교는 이슬람교의 신론을 받아들여야 한다. "내가 곧 길이요 진리요 생명이니 나로 말미암지 않고는 아버지께로 올 자가 없느니라"(요한 14: 6)는 성경말씀에 따라 예수가 하나님임

64) 이슬람교의 신 알라를 하나님으로 번역하는 것은 시청자에게 혼란을 가져다 줄 수 있다. 이슬람교의 신과 기독교의 신은 같지 않기 때문이다. 이미 한국어로 하나님은 기독교의 신을 가리키고 있는 상황에서 그런 번역은 바람직하지 않다.

을 인정하는 한 종교다원주의로 나아갈 길은 없다고 보는 셈이다. 사람들 사이의 우월은 혈통이나 피부색에 있지 않고 좋은 언행 여부에 달려 있다고 보는 무함마드 마지막 연설에 대한 소개는 좋은 종교의 기준은 사회에 유익을 끼치는 데 있다는 전제를 깔고 있으며, 어떤 종교든 결과적으로 유익을 끼치는 종교면 좋다는 결과주의를 전제한다. 그 종교에 절대적 진리가 있는지는 중요하지 않은 셈이다. 역사적 예수에게 신성을 부여함으로써 기독교에만 절대적 진리가 있다고 주장하는 기독교는 역사적 예수를 자신의 목적을 위해 재해석하고 악용했다는 함축이 위의 언급들에 담겨 있는 것 같다.

4) 예수의 신성: 인간 소망의 투사

3부 '남태평양의 붉은 십자가'는 현대인들에게 종교가 무엇이어야 하는가를 보여주는 과정에서 예수의 신성이 인간 소망의 투사임을 암시한다. 팔레스타인에서 예수가 신성시된 것은 20세기 남태평양 탄화 섬의 원주민들이 영국 선교사들에 맞서 그들의 전통을 인정해 준 존 프럼이 신성시된 것과 마찬가지라는 암시가 여기에 담겨 있다. 존 프럼을 신성시하는 일은 우습지만 그의 메시지는 의미 있다. 이는 기독교의 예수에게도 마찬가지로 적용될 수 있다. 예수를 하나님으로 여기는 것은 우습지만 예수의 메시지는 우리에게 의미 있다. "신앙을 제대로 된 방식으로, 사람들에게 맞추어서, 그러니깐 일방적인 방식이 아닌 특정한 사람들에게 소개하는 최선의 방식이 어떤 것인지 알고서 전해야 하는 것입니다. 그리고 저는 우리가 그것을 충분히 해내지 못하고 있다고 생각합니다."라는 드렉 로클리프 주교(전 바누아투 선교사)의 발언도 이와 관련해서 언급된다.

이와 관련하여 3부는 남태평양 탄화 섬의 원주민들에게 기독교를 전했던 영국에서 기독교가 어떤 변화를 겪었는지 조명한다. 해외에 많은 선교사들을 내보냈던 영국에서 지금 기독교가 퇴조하고 있다는 점이 강조된다. 교회 건물이 이제 나이트클럽이 되었다. 그런데도 나이트클럽 사장이나 손님 모두 그리스도인인데도 큰 문제를 느끼지 않는다. "영국 내 47,635개의 교회 중 2005년 현재 1,315개의 교회가 다른 용도로 변경"되었다는 2005년 영국 성공회의 조사내용이 보도된다. 이어서 영국에서 기독교가 약화되는 가운데 이슬람교의 약진이 두드러지며 샤머니즘 등이 부활하고 있음을 보여 주는 인터뷰와 장면이 나온다. 결국 부처상과 십자가, 아프리카 토속신앙과 같은 조각들이 진열된 가게를 통해 영국 사회가 종교다원화 사회로 넘어갔음을 보여 준다. 신앙과 삶의 불일치에 염증을 느껴 결성된 영국세속주의 협회(National Secular Society)가 세례 취소 의식을 행하며 세력을 키워가는 것도 보도된다.

영국 기독교에 대한 방송은 영국이 이 방송이 추구하는 종교다원화 사회로 넘어갔음을 잘 보여 준다. 그런데 그런 모습이 바람직하다고 소개되지는 않는다. 영국 내 모슬렘 인구의 증가가 아시아 이민자들의 증가와 함께 이루어진다는 사실이 제대로 설명되고 있지 않으며, 이슬람교의 증가와 영국 기독교의 퇴조가 대조를 이루면서 이슬람교가 기독교보다 더 우월한 것처럼 묘사되고 있다. 도리어 크로산과 같은 학자들의 역사적 예수 연구 등을 받아들일 때 영국 기독교와 같이 될 수밖에 없다. "예수는 인간이었고 위대한 스승이었고 샤먼이었습니다. 우리만 우리를 구원할 수 있어요. 예수의 구원을 기다릴 수 없어요. 영국에서 '신'이라는 말은 이제 쓸모없는 단어예요."라는 제스 힐스의 인터뷰는 크로산의 역사적 예수 연구의 결론과 일치한다. 예수의 신성을 부정함으로써 예수를 우리가 따라야 할 모범으로만 이해할 때 기독교는 수행을 통해 구원에 이르고자 하는 불교와 근본적으로 아무 차이가 없을 것이다. 영국인들이 신을 쇼핑하는 이유도 바로 여기에 있다. 이슬람교든 기독교든 불교든 사실 아무 차이가 없으니 취향대로 종교를 택하며 다른 사람에게 자신의 취향을 강요하지 말라는 메시지가 여기에 숨어 있다. 결국 이 방송은 교회가 나이트클럽으로 바뀌는 현실을 긍정적으로 보고 있는 셈이다.

이어서 이 방송은 연평균 1인당 소득이 4만 달러인 미국에서 영국과 달리 기독교가 쇠퇴하지 않는 이유를 집중 조명한다. 이 현상은 경제적으로 어려운 나라일수록 종교성이 강하다는 리차드 와이크(퓨 리서치센터 연구원)의 인터뷰와 모순되기 때문이다.[65] 이 방송은 경쟁적인 미국시장에서 생존하기 위해 미국 기독교가 예배의 재미를 선택했다는 데서 그 이유를 찾는다. 그래서 이 방송은 엄숙한 종교행사라기보다 콘서트 장면에 가까운 미국 개신교의 예배 모습을 보여 준다. 엄숙하기보다 연극과 같은 세례 장면과 광적인 예배 장면을 방송한다. 레슬링 링 위에서 이루어지는 설교와 자동차 안에서 드리는 예배도 보여 준다. 또한 이 방송은 시장의 경쟁에서 이기는 미국 기독교가 미국인의 삶을 도덕적으로 만들지 못한다는 점을 부각시킨다. 그래서 성경을 문자 그대로 믿는 나라인 미국이 그렇지 않은 나라인 스웨덴과 영국, 프랑스보다 높은 살인율과 청소년 자살률, 임질 감염률, 청소년 낙태율을 보인다는 점이 그레고리 폴(저널리스트)의 인터뷰를 통해 강조된다.

이는 언뜻 보기에 타당해 보이는 주장이지만 자세히 살펴보면 논리적 허점이 있다. 성경을 문자 그대로 믿는 기독교 신자들은 미국뿐 아니라 영국과 프랑스, 스웨덴에도 많다. 또한 미국에서 높은 살인율과 자살률 등에 기여하는 것이 성경을 문자 그대로 믿는 사람들인지 정확한 통계를 통해 확인할 필요가 있다. 세계에서 가장 많은 민족들이 모여 사는 미국이기에 단민족국가들에 비해 사회적, 인종적 갈등이 높은 것이 자연스러우며, 그 결과 살인율과 자살률이 높을 수도 있다. 도리어 그리스도인들이 그 비율이 더 이상 높아지지 않도록 막는 데 기여하고 있다고 볼 수도 있다. 예를 들어, 한국인의 알코올 중독 비율이 타국인의 알코올 중독 비율보다 높다고 해서 그것이 한국 그리스도인들의 음주 때문에 그러하다는 결론을 바로 내릴 수는 없다. 음주를 금하는 한국교회 덕분에 그 비율이 더 높아지지 않은 것일 뿐이다.

---

65) 이 방송에서 미국 사회의 불안정성을 강조하기 위한 통계들을 제시할 때 영국이 미국보다 훨씬 더 안정적인 나라로 강조되며, 이것은 경제적 선진국인 영국에서 기독교가 쇠퇴한다는 암시를 준다. 하지만 사실 영국에서 기독교 교회가 문을 닫는 경우가 생기지만 이슬람교 사원이 늘어나고 있는 것은 이 인터뷰 내용과 통계 제시와 모순된다.

또한 종교적 의식이 언제나 진지하고 엄숙해야 한다는 것도 일종의 종교적 편견일 수 있다. 이미 구약성경에 다윗 왕이 하나님의 법궤 앞에서 찬양하면서 기뻐서 춤을 추다가 하의가 벗겨질 정도였다고 기록되어 있다. 일국의 왕이 어린아이처럼 하나님 앞에서 기뻐 춤을 출 수 있는 것이 바로 기독교의 예배이기도 하다. 미국 교회 예배의 건전성 여부는 우리에게 그것이 얼마나 진지하고 경건하게 보이느냐에 있지 않고, 그 예배의식이나 성례의식 등이 기독교의 가르침에 얼마나 잘 맞느냐에 달려 있다. 최근 예배학 등이 발전하면서 종래의 수직적 구조의 예배를 벗어난 수평적 구조의 예배가 추구되고 있으며, 그 일환으로 다양한 예배 의식과 성례 의식이 미국교회에서 시도되고 있다. 예수의 신성을 부정함으로써 수평적 사회를 추구하고 싶어 하는 이 방송이 수평적 구조의 예배를 시도하는 미국 교회를 매우 부정적으로 묘사하는 것은 일종의 모순이다. 겉으로 드러난 현상만 보고 비판할 때는 그 모순을 발견하기 어렵다.

또한 이 방송은 개인의 부가 신실한 개인에 대한 하나님의 축복이라는 미국 복음주의 교회 지도자들의 발언을 소개하며, 사회적, 제도적 문제에 대한 무관심이 결국 서민들이 아파도 병원에 가기 어려운 미국 민영의료보험의 폐해로 나타났다고 지적한다. 이와 관련하여 이 방송은 손가락 수술을 해야 하지만 돈이 모자라 결국 손가락 하나를 포기해야 하는 사람의 모습을 보여 준다. 이 방송은 "돈은 좋은 것이다. 그러나 돈은 인간을 이기적으로 만든다."는 존 프럼의 가르침을 소개하면서, 그 가르침이 예수와 부처, 마호메트가 전한 가르침과 본질적으로 다르지 않음을 강조한다. 이제 어떤 종교가 더 좋은 종교인지는 그 동일한 가르침을 누가 더 잘 따르고 실천하느냐에 달려 있다는 것이 이 방송의 3부의 결론이기도 하다. 이는 돈을 하나님의 축복으로만 여기는 미국 복음주의 교회를 비판하는 것이기도 하다. 이 방송에 따르면 미국 복음주의 교회의 십자가보다 남태평양의 붉은 십자가가 예수의 정신을 더 잘 나타낸 것이라 볼 수 있다.

미국 복음주의자들이 개인적 구원에만 초점을 맞춘 것은 반성해야 할 대목이다. 하지만 미국 교회 전체가 사회 제도 개선에 무관심한 것은 아니다. 도리어 미국의 민영의료보험 정책의 배후에는 약자를 배려하는 기독교적 가치보다는 개인의 자율성을 강조하는 개인주의와 이신론(deism)이 숨어 있다. 미국 헌법을 만드는 데 큰 영향을 끼친 제퍼슨(Jefferson)이 이신론자였으며, 기독교적 가치보다 자연주의에 따라 미국 제도를 만들고자 했다는 사실은 이제 상식이다. 따라서 이 방송이 미국 민영의료보험 정책과 기독교 복음주의를 인과관계로 연결한 것은 피상적 분석의 결과이다. 공적 영역에서 기독교를 배제하고자 한 무신론적 자연주의자들에게 그 화살을 돌려야 마땅했을 것이다. 또한 예수와 부처와 마호메트의 가르침들이 서로 일치하는 부분이 있다고 해서 그 가르침들이 모두 동일하다는 결론을 내릴 수는 없다. 그렇다면 한국과 미국은 국가라는 점에서 같다는 이유로 같은 나라가 될 수밖에 없을 것이다.

5) 천국의 현세화, 지옥의 부정

4부 '길 위의 인간'은 인간이 믿어야 할 신앙의 길을 보여 주고자 한다. 4부는 2007년 아프간 인질 사태와 관련해서 "(작년 아프간 인질 사태는) 한국교회의 경솔한, 단기선교를 향한 하나님의 꾸짖음이란 측면도 반드시 있다고 생각합니다. 그러나 여러분, 그것을 막기 위한 사탄의 울부짖음과 공격이 이 속에는 분명히 포함되어 있습니다."라는 교회 설교를 소개함으로써 선과 악, 천국과 지옥의 기원을 다룬다. 이 방송은 그리스도인들이 현 세상을 하나님과 사탄의 대결 장소로 문자 그대로 이해하고 있다고 지적하면서, 이것은 히브리 종교의 순수한 사상이 아니라 조로아스터교의 영향을 받은 이원론이라는 김경재 교수(한신대)의 인터뷰를 보여 준다. 이어서 방송은 조로아스터교 신자들이 지내는 제사상 가운데 불이 빛나고 있음을 보여 준다. 이어서 선한 신과 악한 신의 대립이라는 생각이 기원 전 7세기 페르시아에서 창시된 조로아스터교에서 나왔으며, 구약성경에서 나타나지 않는 천국 개념이 나중에 등장했으며 사탄도 악마가 아니었다는 배철현 교수(서울대 종교학과)의 인터뷰가 소개된다. 이어서 자동차 후면에 붙은 '예수천국 불신지옥' 스티커가 화면에 나타난다.

천국도 내세가 아니라 현세를 의미할 수 있다는 언급이 덧붙는다. 이 언급을 뒷받침하기 위해 역사적 예수 세미나의 창시자 크로산 교수의 인터뷰가 등장한다. "성경은 다음 생 혹은 천국에 관한 것이 아니라 이 세상이 어떻게 운영되기를 하나님이 바라는가에 대한 것이다.", "하루는 하나님의 아들들이 와서 여호와 앞에 섰고 사탄도 그들 가운데에 온지라. 여호와께서 사탄에게 이르시되……."(욥 1:6)가 사탄이 하나님의 대적자가 아니라 심부름꾼임을 나타내는 증거 구절로 제시된다. 광야에서 시험받는 예수의 그림이 화면에 제시되고, 배철현 교수는 악마에게 시험받도록 예수를 광야로 데려간 존재가 성령이라는 사실을(마 4:1) 강조한다. 이를 통해 배 교수는 기독교의 사탄이 조로아스터교의 악신 앙니마니우스와 다르다는 점을 강조한다.

이어서 4부는 원래 기독교에는 없다고 주장하는 사탄과 천국, 지옥의 개념이 유대교와 기독교에 나타난 과정을 살펴본다. 우선 4부는 구약 히브리 종교가 역사와 인간, 존재를 긍정하는 종교였지만 히브리인들이 바빌로니아 포로생활 하는 동안 자신들에게 닥친 고통에 대해 반성하는 과정에서 이원론적 세계관을 지닌 조로아스터교를 받아들이게 되었다는 김경재 교수의 분석을 그 대답으로 제시한다. 히브리인들에게 자유를 준 페르시아 고레스 왕이 하나님이 '내 목자'라고 표현한 사실도(이사야서 45: 1) 정황 근거로 제시된다. 배철현 교수에 따르면 조로아스터교의 이원론은 기독교와 유대교뿐 아니라 이슬람교에게까지 영향을 주었다. "우리는 사탄을 물리치고자 합니다"라는 한 이슬람 성지 순례객의 인터뷰가 제시되는 이유가 여기에 있다.

또한 4부는 SBS 기획방송에 항의하는 한기총이 항의시위를 예수를 위해 죽는 일로 이해하고 있음을 보여 준다. 이스라엘의 비아 돌로로사(고난의 길)에서 십자가를 지고 골고다 언덕으로 올라간 예수의 고난을 재현하는 행사를 이슬람 근본주의의 본산인 시아파의 신도들이 이맘 후세인의 죽음을 기리기 위해 자신의 가슴을 때리는 행위와 비교한다. 4부는 이맘 후세인의 머리에 후광을 그린 그림을 보여 주면서 시아파의 이 태도가 알라 외에는 누구도 신으로 인정하지 않는 정통 이슬람에서 벗어나 있음을 보여 준다. 이는 예수를 단순한 예언자로 보지 않고 하나의 신으로 보는 기독교 근본주의가 시아파와 마찬가지라는 암시를 준다. 4부는 시아파의 이맘 후세인과 기독교의 예수 사이의 유사성을 계속 보여 준다. 이맘 후세인이 사람들의 죄를 대신 짊어지고 죽었다고 하듯이, 예수도 십자가에서 죽고 3일 만에 부활하여 승천한 후 지옥에 가서 지옥까지 구원했다고 하는 이야기가 있음을 지적한다. 또한 예수가 재림할 것처럼 이맘 자먼이 재림할 것이라고 믿는 이맘 자먼 사원 방문객의 인터뷰를 보여 준다. 또한 "시아파 이슬람에서는 예수님은 살아서 하늘나라로 승천하셨다고 믿고, 이만 자먼이 강림하실 때 예수님도 같이 강림하실 것이고, 모든 사람이 예수님과 이맘 자먼이 동행하시는 것을 보게 될 것입니다."라는 세예드 호세이니(시아파 성직자)의 인터뷰도 방송한다. 그리고 천국이 오기 전에 구원자가 다시 온다거나 부처의 마지막 환생인 미륵불이 나타난다거나 존 프럼이 다시 온다는 것은 모든 종교의 공통된 신화라는 찰스 킴볼 교수(웨이크포레스트대 종교학[66])의 인터뷰가 소개된다.

예수의 신성을 부정해야 기독교가 건전해진다는 취지를 지닌 이 방송은 4부에서 기독교의 선교내용의 핵심(천국과 지옥 등)이 일종의 신화임을 부각시키고자 한다. 신화를 문자 그대로 이해하는 데서 문제가 생겼다고 보는 것이다. 히브리 종교와 기독교의 차이를 지적하고 있는 김경재 교수의 인터뷰는 기독교가 히브리 종교와 다르다는 점을 지적하고 있을 뿐인데, 이 방송에서는 마치 기독교가 조로아스터교의 영

66) 김승욱이 2005년에 에코리브르에서 번역 출판한 『종교가 사악해질 때』(*When religion becomes evil*, New York: HarperSanFrancisco, 2000)의 저자이다. 이 책에서 그는 종교적 갈등 때문에 생기는 분쟁을 염두에 두고서 주요 종교에 나타나는 다섯 가지 타락 현상을 지적하면서 참된 종교의 의미를 추구하려 한다. 그에 따르면, 절대적 진리가 있다는 주장, 맹목적 복종, 이상적 시대의 확립, 목적에 의한 수단의 정당화, 거룩한 전쟁 선포가 다섯 가지 타락 현상이다.

향을 받아 히브리 종교가 왜곡된 것에 불과하다는 인상을 준다. 이는 편집에 따라 발언자의 의도가 바뀔 수 있음을 잘 보여 준다. 기독교 신학자들은 기독교가 신약성경을 정경으로 인정하지 않는 유대교와 본질적으로 다르다는 데 모두 동의한다. 조로아스터교에 대한 배철현 교수의 인터뷰도 조로아스터교가 기독교와 유사한 점을 지닌다는 사실만 보여 줄 뿐, 기독교가 조로아스터교의 이원론을 받아들였다는 증거가 될 수는 없다. 성경에 충실하고자 했던 초기 기독교교부들이 플라톤적 이원론을 물리치기 위해 얼마나 노력했는가가 이를 뒷받침한다.

천국이 내세가 아니라 현세를 의미할 수 있다는 언급은 마치 기독교가 현세 부정적이라는 인상을 주기 싶다. 하지만 기독교가 내세뿐 아니라 현세도 강조하며, 현실도피적이기보다 현실개혁적인 성격을 지니고 있다는 사실은 상식에 속한다. 마르틴 루터나 존 칼빈이 종교개혁을 일으킨 배경이나 존 칼빈이 제네바에서 성경에 입각해서 사회정치체제를 개혁하려 한 시도는 너무나 잘 알려져 있다.

또한 기독교 신학은 사탄을 하나님과 맞설 수 있는 존재로 여기지 않는다. 이 점에서 기독교의 사탄이 조로아스터교의 악신과 다르다는 배 교수의 지적은 옳다. 하나님과 맞서는 존재가 아니면서도 현실적으로 우리를 강하게 위협하는 악의 세력(사탄)의 존재를 어떻게 이해해야 하는가는 문제가 기독교 신학의 큰 과제였으며, 현재 신정론(theodicy)라는 이름으로 다루어지고 있고 여러 가지 대답이 모색되고 있다. 악의 세력이 하나님에 필적하는 능력을 지닌 존재가 아닌데도 어떻게 아우슈비츠 학살과 같은 악이 있을 수 있는가라는 문제를 놓고 기독교 신학은 계속 씨름하고 있다. 그런데 이 방송은 배 교수의 인터뷰를 통해 마치 기독교가 사탄을 하나님에 필적하는 능력을 지닌 존재로 여기고 있다는 오해를 심어 주고 있다. 이런 점에서 배 교수가 예수를 광야에서 시험받도록 인도한 존재가 성령이라는 사실을 강조한 것도 타당하다.

사탄과 천국, 지옥 개념이 조로아스터교가 기독교에 끼친 영향이라는 김경재 교수의 인터뷰는 그 개념이 기독교의 본질을 이루지 못한다는 결론에 이르지는 못한다. '영향'이 어떤 의미인지가 중요하다. 초기 기독교교부들은 성경의 내용을 헬라 철학들의 개념을 통해 설명하고자 했으며, 그런 점에서 헬라 철학들이 교부들의 신학에 영향을 주었을 수 있지만, 헬라 철학들이 교부들의 신학의 본질에 영향을 준 것은 아니었기 때문이다. 영어 텍스트를 한국어로 번역했다고 해서 영어 텍스트의 본질적 내용이 한국적 개념에 의해 왜곡되는 것은 아니다. 도리어 영어 텍스트의 내용이 한국적 개념을 통해 표현되었다고 보는 것이 더 정확할 것이다. 또한 예수의 고난과 죽음을 이맘 후세인의 죽음과 비교하면서 표면상의 유사성을 지적함으로써 예수와 이맘 후세인을, 기독교와 시아파를 동일시하는 것은 유비 논리를 억지로 적용한 것일 뿐이다. 현상적 유사성에서 본질의 동일성을 끌어내는 태도는 찰스 킴볼과 같은 일부 종교학자들이 보여 주는 잘못된 태도이다. 어떤 사람이 나와 닮았다고 해서 부모가 같다는 결론을 바로 끌어낼 수는 없다. 또한 기독교의 교리 내용과 다른 종교들의 교리 내용이 일부 유사한 점에 대해 기독교는 일반은총 교리를 통해 잘 설명하고 있다.

III. 역사적 예수 연구

'신의 길, 인간의 길'을 기획한 PD가 이 기획을 하도록 자극한 책은 1999년 프리크(T. Freke)와 갠디(P. Gandy)가 썼으며 2002년 한국어로 번역 출판된 『예수는 신화다(The Jesus Mysteries)』이다. 이 책에서 역사적 예수는 기독교의 신이 아니라 이방의 신이다. 이 책에 따르면 십자가에 못 박힌 예수는 초대교회가 오시리스-디오니소스라는 이방 신을 유대교적으로 각색한 것이며,[67] 예수의 부활과 관련된 빈 무덤도

67) 김영한, 「나사렛 예수의 역사적 실재성 – 역사적 예수의 신화론화 비판」, 『개혁신학』 14 (2003), pp.11-15.

빈 무덤에서 더 이상 예배를 드릴 수 없었던 초대교회의 창작물이다.[68] 또한 역사적 예수 세미나를 기획하고 이끈 도미닉 크로산도 이 프로그램의 방향을 정하는 데 영향을 주었다. 그리고 그 방향으로 논의를 전개하는 데 필요한 신학적 정황 설명은 김경재 교수와 배철현 교수가 제공했다. 이제 이 장에서는 역사적 예수 세미나 등이 나오게 된 배경에 대해 우선 논의한 다음, 역사적 예수와 관련된 연구들의 역사를 간략하게 살펴보고자 한다. 이어서 역사적 예수 연구에 대한 기독교의 입장을 정리함으로써 '신의 길, 인간의 길'에 대한 근본적인 대답을 해보고자 한다.

1. 역사적 예수 연구의 배경

1) 신학과 교회의 분리

오늘날 기독교 신학자들과 일반 신도들 사이의 신학적 인식의 차이는 상대적으로 큰 편이다. "오늘날 한국 기독교의 교인들은 몰라서 그러지 주기도문에서 그것을 확인할 수 있습니다."라는 김경재 교수의 발언도 그 차이를 잘 드러내 준다. 20세기에 걸쳐 기독교 신학은 역사적 예수 연구를 중심으로 다양한 입장을 밝혀왔다. 하지만 일반 기독교 신자들은 그 논의에서 배제되었으며, 신학자들의 논의는 학교와 학회 안에만 머무는 경향을 보여 왔다. 그래서 특히 자유주의 신학 계열의 신학교에서 공부한 목회자들은 학교에서 배운 신학을 목회 현장에서 그대로 전달할 수 없었다. 현대 신학은 일반 기독교 신자들이 받아들이기 어려울 정도로 파격적인 내용까지 발전해가기도 했다. 특히 목회자를 양성하는 신학대학원이 아니라 일반 종합대학교에서 가르치는 학자들은 학문성을 추구하는 과정에서 교회를 위한 학문이라는 신학의 본질을 소홀히 하게 되었다. 따라서 그들의 연구 결과도 목회 현장에 도입하기 어려운 것이 되는 경우도 있었다.

---

68) 임낙형, 「예수 부활의 역사적 실재성과 그 윤리적 의미」, p.388.

신약학계를 살펴보더라도 신앙고백으로서의 신학과 학문으로서의 신학 사이에 갈등과 긴장이 있다. "신학과 교회의 분리, 신학자와 목회자의 분리, 신학자와 일반 성도의 분리"가 있다는 지적도 있다. "신학이 발전하면 교회가 문을 닫는다."는 말도 양자의 긴장과 갈등을 반영해 준다. 이와 관련해서 양자의 분리를 인정한 상태에서 목회 현장에서는 침묵하는 태도를 취하는 사람들도 있으며, 자신의 신학을 솔직히 밝힘으로써 목회 현장을 떠나거나 기존의 패러다임과는 다른 목회를 지향하는 사람들도 있다.

후자의 경우 심할 때는 정통 기독교의 교리에서 너무 벗어나기에 일반 기독교 신자들에게 파괴적 영향을 주기도 한다. 후자에 해당되는 사람들 가운데 김준우와 같은 사람은 "역사적 예수가 교회의 예수와 매우 다르다는 점에서 대다수 설교자들과 교인들에게 엄청난 신앙적 충격과 갈등을 초래한다"는 사실을 인정한다. 하지만 김준우는 역사적 예수 연구가 옳다면 교회 현장에서 그대로 설교하고 목회해야 하지 않느냐고 묻는다. 김준우는 '예수의 십자가와 부활의 복음'이 역사적 예수가 가르친 복음이 아니라 성경기자들이 신앙고백을 위해 '신학적으로 창작한 예수'라면 그렇게 설교하고 가르쳐야 한다고 주장한다. 그는 역사적 예수를 연구하는 신학자들이 아직까지 목회현장에서 그런 시도를 하지 않았다고 지적한다. 그에 따르면 역사적 예수 연구에 기초한 목회는 (1) 교인들이 겪는 고통을 신앙적으로 위로하고 상처들을 치유하는 일, (2) 교인들의 무디어진 심령을 일깨워 신앙적으로 양육하는 일, (3) 교인들의 자기중심성을 하나님 중심으로 바꾸어 헌신하도록 만들어 '대항 문화적 대항공동체'를 세우는 일'로 요약된다.[69] 하지만 역사적 사실이 아닌 일부 성경기자들의 창작이 어떻게 고통당하는 사람들을 위로하고 그들에게 신앙을 줄 수 있겠는가?

물론 신학과 교회 사이의 간격을 좁히려는 시도들도 있다. 1984년 4월 영국의 한 방송사가 '예수: 그 증거'라는 시리즈를 방영한 취지도 신학자들의 연구와 일반 기독

69) 김준우, 「역사적 예수에 기초한 설교 패러다임의 변화」, 『신학과 세계』 54 (2005), pp.427-428.

교 신자들 사이의 인식의 격차를 좁히려는 데 있었다.[70] 물론 '신의 길, 인간의 길'처럼 그 방송도 일부 관점과 일부 학자들의 의견에 기댐으로써 균형을 잃어버렸으며 신학적 훈련을 받지 못한 일반 기독교 신자들에게 큰 혼란만 가져다 주었다. 물론 이론적 논의를 무시하는 풍토 때문에 신학자들의 논의가 교회 현장에 큰 영향을 주지 못한 점에서 기독교 신학자들과 목회자들의 잘못도 크다.[71]

크로산의 역사적 예수 세미나가 그들의 학문적 논의를 곧바로 TV와 잡지 등의 매스컴을 통해 일반인에게 알리려 한 것도 일반인도 학자들의 논의를 공유하도록 하려는 데 있었다. 하지만 이는 일반 기독교 신자들의 신학적 성숙도를 전제해야 했다. 성경에 대한 전문적 지식이 없는 사람들에게 대중매체를 통해 특정 입장을 홍보할 때 그들을 잘못 인도할 수 있기 때문이다. 의학의 경우도 충분한 임상실험을 거친 치료법만이 의료현장에서 시행되는데, 하나의 가설과 이론에 불과한 입장을 바로 일반 기독교 신자들에게 소개하는 신학자는 임상실험을 통해 검증되지 않는 치료법을 환자에게 적용하는 의사와 같을 수 있다. 역사적 예수 세미나에 참여한 학자들이 기독교 신앙인들의 신앙을 강화하기보다 그들의 신앙에 충격을 주는 듯 한 인상을 주는 것도 이와 맥락을 같이 한다.[72] 역사적 예수를 둘러싼 신학계의 다양한 논의를 접할 기회가 없었던 한국 그리스도인들에게 이 논의를 자세히 다루는 것은 무의미할 수 있을지 모르지만,[73] '신의 길, 인간의 길'을 통해 공개적으로 문제가 제기된 상황에서는 그 논의를 다루는 것이 의미 있으리라 여겨진다.

로마는 하루아침에 망하지 않았다. 겉으로 보기에 로마가 어느 날 갑자기 망한 것 같지만 사실 역사가들은 로마의 멸망의 원인을 그보다 훨씬 이전에서 찾는다. '신의 길, 인간의 길'과 같은 프로그램을 뒷받침하는 논의는 어느 날 갑자기 나타난 것

70) 임낙형, 「예수 부활의 역사적 실재성과 그 윤리적 의미」, p.383.
71) 이은재, 「성서에 대한 역사비평 방법론의 전개와 그 과제」, 『개혁신학』 14 (2003), pp.94-95.
72) 송봉모, 「예수 세미나의 역사적 예수 탐구와 이에 대한 비판」, 『신학과 철학』 4 (2002), p.41.
73) 변종길, 「첨단 기술 사회와 "역사적 예수"에 대한 논평」, 『개혁신학』4 (1997), p.271.

이 아니다. 기독교 신학계 안에서는 이미 오래 전부터 이와 관련된 논의가 있어 왔다. 이제 처음으로 거슬러 올라가서 그 논의를 살펴보고자 한다. 이를 위해 이와 관련된 주제를 다룬 국내외 학자들의 글을 많이 참조하고자 한다.

2) 몸에 대한 강조

20세기 신학의 주제 가운데 하나는 역사적 예수였다. 역사적 예수가 신학적 논의의 전면에 나서게 된 이유는 여러 가지이다. 20세기에 자연주의 내지 물질주의가 지배적 사조를 이루면서 물질, 특히 인간의 몸에 대해 관심이 높아졌다. 철학에서도 인간의 몸이 중요한 담론 주제가 되었다. 특히 70년대 이후 본격적으로 등장한 페미니즘이 남성과 여성의 관계를 밝히는 과정에서 몸의 중요성이 부각되었다. 가령 여성신학자 메리 데일리(Mary Daly)는 교회사에서 몸보다 정신을 강조하는 서양사상의 영향을 받은 기독론이 예수의 신성만 강조함으로써 대부분 가현설에 빠졌다고 지적한다. 그녀에게 역사적 예수 연구의 목적은 그리스도 우상주의(Christolatry)의 해체에 있다. 달리 말하자면 그녀에게 역사적 예수는 인간이지 신의 아들이 아니다.[74]

3) 성경에 대한 해석학적 평가의 변화

역사적 예수 연구가 등장한 또 다른 이유로 성경에 대한 해석학적 평가의 변화를 들 수 있다. 19세기부터 역사-비평적 방법이 등장하면서 성경신학이 발전했으며, 그 결과 복음서 기자들을 단순한 기록자로 보기보다 독창적 신학자로 보는 시도들이 이루어졌다.[75] 일단 복음서 기자들이 나름의 신학적 해석을 지닌 신학자로 평가되자 복음서 기자들의 해석을 넘어선 순수 역사적 예수의 정체를 밝히는 일이 의

---

74) 이은선, 「페미니즘 몸 담론과 역사적 예수, 그리고 다원주의적 여성 기독론」, 『조직신학논총』 6 (2001), pp.34-35.

75) 박수암, 「20세기 한국 신약학의 회고와 전망」, 『한국기독교신학논총』 22 (2001), p.122.

미 있게 되었다.

달리 말하자면 1세기 팔레스타인에서 활동했던 예수와 그 후 복음서 기자들에 의해 해석된 예수를 구분하는 일이 가능하게 된 것이다. 그 결과 복음서에 나타난 예수 대신 역사적 예수를 재구성하는 작업이 이루어지기 시작했으며, 그 결과는 일반 그리스도인들이 전통적으로 믿어왔던 내용과 상당한 차이를 보이게 되었다. 특히 예수께서 행하신 기적들은 역사적 사건이 아니라 신학적 창작물로 여겨지게 되었다.[76]

특히 계몽주의 시대에 들어서 이성의 자율성이 강조되면서 부활과 승천 등과 같은 기적은 이성적으로 이해될 수 없는 일로 여겨져 부정되었다. 기독교가 초자연적 성격이 제거된 이신론이 됨에 따라 예수의 신성은 부정되고 예수의 인성이 강조되었다.[77]

18세기 합리주의는 고대 그리스 작가들의 문학작품과 같은 텍스트에 접근하는 방법으로 기독교의 성경에 접근할 수 있다고 여겼다. 복음서는 정경으로 읽히기보다 다른 문서와 같이 읽힌다.

20세기 중반에 발견된 문서 도마복음서를 기존의 4복음서보다 더 역사적 가치가 있다고 여기거나,[78] 역사적 예수 세미나에서 베드로복음서를 기독교의 경전 4복음서와 똑같이 취급하는 것도 같은 맥락에서 이해될 수 있다.[79] 그 결과 역사비평적 연구가 기독교의 성경에 적용되었다.[80]

복음서가 하나의 신학적 해석이라는 주장은 복음서의 사건들을 역사 안에 실제로 일어난 사건들로 믿는 입장을 근본주의 내지 순진한 문자주의라고 비판한다. 가령 송봉모에 따르면 "예수 전승 가운데 일부가 초대교회에 의해 창작되었거나 재해

76) 장호광, 「판넨베르크에 있어서의 역사적 예수」, 『개혁신학』 15 (2004), p.185.
77) 이은재, 「성서에 대한 역사비평 방법론의 전개와 그 과제」, pp.68-69.
78) 송봉모, 「예수 세미나의 역사적 예수 탐구와 이에 대한 비판」, p.23.
79) 송봉모, 「예수 세미나의 역사적 예수 탐구와 이에 대한 비판」, p.24.
80) 이은재, 「성서에 대한 역사비평 방법론의 전개와 그 과제」, p.77.

석 각색되었다는 사실을" 받아들여야 한다. 이와 관련하여 송봉모는 몇 가지 사례를 제시한다. 성경이 동일한 사건을 서로 다르게 기술하는 경우가 많다. 가령 골리앗을 죽인 사람은 사무엘상 17장 48-50절에서 다윗으로 묘사되지만, 사무엘하 21장 19절에서는 엘하난으로 기록된다. 송봉모는 다윗이 골리앗을 죽였고 엘하난이 골리앗의 아우를 죽였다는 역대상 20장 5절을 두 구절의 모순을 해결하기 위한 일종의 신학적 해석으로 여긴다. 마태복음과 누가복음에 나타난 예수의 족보가 서로 다른 점도 하나의 예로 제시된다. 복음서가 기록된 목적은 신앙을 위한 것이지 역사적 사실을 제공하는 것이 아니라는 것이 그 근거로 제시된다.[81]

하지만 송봉모의 지적처럼 예수가 그리스도이시며 하나님의 아들이심을 믿어 생명을 얻도록 하는 데 복음서 기록의 목적이 있다면 일부 역사적 예수 연구의 주장처럼 예수가 그리스도이심이 부정되어서는 안 될 것이다. 역사적 예수 연구의 문제는 신앙과 역사가 서로 배타적 개념이라는 전제에 있다. 역사적 사실이 아닌 것이 어떻게 우리에게 신앙을 가져다 줄 수 있겠는가? 예수 그리스도의 죽음과 부활이 사실이 아니라 일종의 창작이라면 어떻게 우리가 그 분을 믿을 수 있겠는가?[82]

사실 빈 무덤을 발견한 사람들은 모두 여인들이다. 복음서 기자들이 예수의 부활을 창작해서 당시 사람들을 속이고자 했다면 당시 팔레스타인의 관습으로는 증인이 될 수 없는 사람들인 여인들을 빈 무덤의 목격자로 기록했을 리 없다. 또한 예수의 부활을 부정하는 당대 로마 병사들의 증언을 복음서 기자들이 기록해 놓았을 리도 없다. 부활에 대해 상반되는 증거들을 모두 기록한 것이 도리어 복음서의 정직성을 반영한다. 특히 유대 관리들은 무덤이 비었느냐 여부에 대해 이야기하지 않고 무덤이 어떻게 비게 되었는지에 대해 관심을 두고 있다. 이는 이미 빈 무덤을 전제하는 이야

81) 송봉모, 「예수 세미나의 역사적 예수 탐구와 이에 대한 비판」, pp.14-15.
82) 역사적 사실과 신앙 사이의 밀접한 관계를 잘 설명한 책으로는 로날드 내쉬, 『기독교와 역사: 믿음과 이해』(서울: CLC, 2001)가 있다.

기이다.[83] 바울 서신에서 사도 바울은 평소에 사용하지 않는 원시적 용어인 '열두 제자'와 '사흘', '다시 살아나셨다' 등의 표현을 사용해서 부활을 설명한다. 바울이 역사적 사실이 아닌 부활을 이야기한다면 옛 표현을 사용했을 리 없다.

또한 모어랜드(J. P. Moreland)의 지적처럼 제자들은 예수의 부활에 대한 신앙 때문에 순교까지 했는데 자신의 창작물을 위해 목숨을 버리기는 쉽지 않다. 게다가 예수의 사역에 대해 회의적이었던 동생 야고보도 예수의 부활 이후 회심했다. 특히 유대인들이 1500여 년간 지켜왔던 안식일 대신 주일에 그리스도인들이 예배를 드리는 일은 엄청나게 파격적인 일이어서 예수의 부활이 역사적 사실이 아닌 경우 이해하기 어렵다. 특히 예수가 죽으신 지 10년도 되지 않아 예수를 하나님으로 예배하는 기독교 의식과 성찬과 세례 의식이 행해졌다는 것은 역사적 예수를 기억하는 사람들이 많은 상황에서 초대교회가 자신의 창작물이 아니라 역사적 예수를 예배했다는 증거이기도 하다.[84]

또한 복음서 기록들 가운데 무엇을 창작물로 여길 것인가에 대해 역사비평학자들 사이에 의견이 서로 다르기에, 결국 역사적 예수 연구의 결과들은 "오류로 가득한 가설들의 정글"이 된 것은 아닌지 물어볼 수 있다.[85]

어쨌든 역사-비평적 연구를 시작한 라이마루스(H. S. Reimarus, 1694-1768)가 예수의 가르침과 예수에 관한 사도들의 가르침을 구분한 것이 역사적 예수와 복음서의 예수를 구분하는 시발점이 되었다.[86] 일반 그리스도인들은 역사적 예수 연구의 성과를 받아들이기 힘들었으며, 그 결과 신학과 교회 사이에 큰 간격이 생기게 되었

---

83) 임낙형, 「예수 부활의 역사적 실재성과 그 윤리적 의미」, pp.389-392. 그리스도인이 된 아내의 변화를 이해하기 위해 13명의 복음주의 변증가들에게 반대 심문함으로써 예수의 부활의 역사적 실재성을 인정하고 그리스도인이 된 무신론자 리 스트로벨(Lee Strobel)의 책을 참조하면 좋다. Lee Strobel, *The Case for Christ: A Journalist's Personal Investigation of the Evidence for Jesus* (Grand Rapids: Zondervan, 1998).

84) 임낙형, 「예수 부활의 역사적 실재성과 그 윤리적 의미」, pp.389-400.

85) 이은재, 「성서에 대한 역사비평 방법론의 전개와 그 과제」, p.90.

86) 이은재, 「성서에 대한 역사비평 방법론의 전개와 그 과제」, p.91.

다.[87] 가령 역사적 예수 세미나의 분석결과는 정통적 기독교 신앙의 내용과 많이 달랐다. 예수의 생애에 대한 기본 정보는 대부분 역사적 정보가 아닌 초대교회 작품으로 간주되었다. 가령 백부장의 종을 치유한 이야기(마 8:10-11)는 이방인 선교의 정당성을 확보하기 위한 초대교회의 창작으로 간주되었다.[88]

'신의 길, 인간의 길'이 크게 의지하는 역사적 예수 세미나가 시작된 동기도 성경의 기록들이 "반드시 진리를 포함하고 있거나 역사적 사실을 담고 있는 것은 아님을" 그리스도인들에게 알리려는 데 있다.[89] 역사적 예수 세미나 참가자들은 기존 신학 작업이 역사적 근거 없이 주관적으로 진행되거나 교단의 입장에 좌우되었다고 여기며, 새로운 성과를 내놓은 신학자들이 그들의 학문적 연구 성과를 일반 그리스도인에게 알리지 않은 이유를 교단의 제재에 대한 두려움에서 찾는다.[90] 역사적 예수 세미나 참가자들은 신앙의 그리스도와 구분되는 역사적 예수를 밝힘으로써 일반 그리스도인들의 그릇된 시각, 즉 예수의 신성을 인정하는 근본주의를 제거하고자 했다. 그들이 보기에 일반 그리스도인들은 신학자들의 작업과 상관없는 신조주의에 묶인 종교적 문맹을 경험하고 있다. 그들에 따르면 종교적 문맹은 종말에 재림해서 세상을 심판할 신으로서 예수를 이해하는 것이다. 그들에 따르면 역사적 예수를 하나님의 계획에 충실히 따른 겸손한 갈릴리의 현자로 이해해야 그리스도인은 외부적 구원을 기대하기보다 자력에 의한 구원을 추구할 수 있다.[91] 그들에 따르면 예수는 "메시아라는 자의식을 품을 만큼 과대망상증 환자가 아니라 매우 겸손했다." 그들에 따르면 그런 예수를 신격화한 것은 "교육을 받은 현대인들이 이해하고 정직하게 고백할 수 없는 복음"이다.[92] 그들에 따르면 이제 우리에게 필요한 복음은 "자기성찰과 몸 관리양

87) 이은재, 「성서에 대한 역사비평 방법론의 전개와 그 과제」, p.65.
88) 송봉모, 「예수 세미나의 역사적 예수 탐구와 이에 대한 비판」, pp.23-24.
89) 송봉모, 「예수 세미나의 역사적 예수 탐구와 이에 대한 비판」, pp.14-15.
90) 송봉모, 「예수 세미나의 역사적 예수 탐구와 이에 대한 비판」, p.13.
91) 이은선, 「페미니즘 몸 담론과 역사적 예수, 그리고 다원주의적 여성 기독론」, p.52.
92) 김준우, 「역사적 예수에 기초한 설교 패러다임의 변화」, pp.422-424.

식을 포함하는 수행적 성격의 종교 의미체계"이다.[93]

결국 역사적 예수 세미나 참가자들은 예수의 복음이 현대인의 이성에 의해 완전히 파악되고 이해될 수 있는 것이어야 한다는 전제를 하는 셈이다. 그들은 "우리는 십자가에 못 박힌 그리스도를 전하니 유대인에게는 거리끼는 것이요 이방인에게는 미련한 것이로되"(고전 1:23)라는 말씀을 기억할 필요가 있다. 예수 그리스도의 십자가 죽음은 메시아가 수치의 죽음을 당할 수 없다는 당시 유대인들의 종교적 이해에 맞지 않는 것이었으며, 신은 불멸한다는 헬라인에게는 어리석은 것이었다. 하지만 사도 바울은 예수를 유대인과 헬라인이 이해할 수 있는 분으로 만들기 위해 예수에 관한 진실을 왜곡할 수는 없었다. 예수를 현대인이 이해할 수 있는 존재로 만들기 위해 예수에 관한 진실을 왜곡할 수는 없는 법이다.

또한 역사적 예수 세미나 참가자들은 교회 안에서 교회를 위한 신학을 추구한 신학자들을 교단의 입장에 얽매어 학문의 자유를 잃어버린 사람들로 여기고 있다. 그들은 교회 밖에서, 교회의 영향에서 벗어난 대학교에서 신학을 연구하면서 교회를 위한 신학 대신 학문 자체를 위한 신학을 추구해 왔다. 그런 점에서 최갑종의 지적처럼 "신학은 생명력을 상실한 종교학이나 인문학으로 전락할 위험에 처하게 되었고, 생명력 있는 신학을 잃어버린 많은 교회들은 교인들을 점점 잃었다."[94]

4) 신학의 인간중심적 경향

또한 20세기 중반 2차 세계대전과 아우슈비츠 대학살과 같은 비극을 겪으면서 가장 비극적인 상황에서 침묵하며 인간의 고통을 덜어 주지 못하는 신에 대한 반성이 일어났다. 어려운 일이 있을 때 개입해서 인간의 문제를 해결해 주는 전능한 하나님

93) 이은선, 「페미니즘 몸 담론과 역사적 예수, 그리고 다원주의적 여성 기독론」, p.50.
94) 최갑종, 「20세기 서구 신약학에 대한 반성과 제언 – "역사적 예수연구"와 관련하여–」, 『성경과 신학』 30 (2001), pp.58-59.

에게서 문제의 해결을 찾기보다는 인간 스스로 고통 가운데 견디고 일어서야 한다는 생각이 대두되었다. 그 생각은 예수가 어떤 분인가를 다루는 기독교의 기독론에 영향을 주어 예수의 신성을 강조하는 '위로부터의 기독론'보다 예수의 인성을 강조하는 '아래로부터의 기독론'이 발전되게 되었다. 특히 여성신학자들은 남성 예수를 외부적 구원자로서의 신으로 여길 때, 여성에게 영원히 남성이 구원자가 될 수밖에 없다고 지적하면서, 예수의 신성을 부정함으로써 남성 예수를 여성과 하나님 사이의 중보자로 삼지 않을 때 여성 스스로 하나님 앞에서 독립적 존재로 설 수 있다고 주장했다. 그들에 따르면 이는 하나님의 영에 사로잡혀 중보자 없이 하나님과 인격적 관계를 형성했던 역사적 예수를 닮는 일이기도 하다. 이은선은 이런 기독론을 인간 스스로의 노력으로 이루어가는 '수행적 성격의 기독론'이라고 표현한다.[95]

일부 현대 신학의 인간중심적 경향을 반영해서 역사적 예수 연구가들은 예수의 신성을 부정하고 예수의 인성에서 출발한다. '아래로부터의 기독론'은 하나님이 인간 예수를 양자로 삼으셨고 이와 마찬가지로 자신의 삶에서 인간 예수의 삶을 재현하는 사람들도 양자로 삼으신다고 주장한다. '위로부터의 기독론'은 하나님의 양자인 인간 예수를 신격화함으로써, 다른 모든 사람들과는 다른 높은 존재론적 지위를 인간 예수에게 부여함으로써 히브리의 은유적 이해로부터 헬레니즘의 존재론적 이해로 왜곡된 것으로 여겨진다.[96]

2. 역사적 예수 연구의 역사

이제 역사적 예수에 대한 연구가 어떻게 진행되어 왔는지 간략히 살펴봄으로써 '신의 길, 인간의 길'이 이론적 뒷받침으로 삼는 역사적 예수 세미나가 신학적 논의

95) 이은선, 「페미니즘 몸 담론과 역사적 예수, 그리고 다원주의적 여성 기독론」, pp.36-37.
96) 서창원, 「역사적 그리스도의 그리스도론적 의미」, 『신학과 세계』 42 (2001), pp.70-71.

에서 어떤 자리를 차지하고 있는지 드러내고자 한다. 서창원에 따르면 18-19세기의 역사적 예수 연구에서 역사 비평적 방법이 우세했다면 20세기 불트만의 케리그마 신학은 방법론으로 역사적 예수를 알 수 없음을 부각시켰으며, 불트만 이후의 역사적 예수 연구는 복음서 이전의 예수를 직접 연구함으로써 신학과 방법론을 분리시키지 않는다.[97]

1) 역사적 예수 연구란?

우선 역사적 예수 연구란 어떤 연구 활동을 가리키는지 살펴볼 필요가 있다. 넓은 의미에서 역사적 예수 연구는 예수의 삶, 그리고 예수 시대에 대한 모든 역사적 연구를 뜻하며, 좁은 의미에서 역사적 예수 연구는 복음서를 넘어 과학적 역사연구를 통해 발견될 수 있는 예수를 연구하는 활동을 뜻한다. 이런 의미에서 역사적 예수는 복음서의 예수와 구분되기도 한다.[98] 가치중립적인 관찰자가 과학적 역사탐구를 통해 객관적으로 파악한 예수가 역사적 예수가 되며, 신앙을 전제하는 사람이 주관적으로 인식하는 예수가 복음서의 예수, 즉 신앙의 그리스도가 된다.[99] 역사적 예수 연구의 핵심 질문은 십자가에 달려 죽기 전의 역사적 예수와 신앙을 통해 고백되는 그리스도가 같은 인물이냐이다. 이 질문을 다룰 때 신앙적 편견을 배제해야 한다는 것이 역사적 예수 연구의 일반적 경향이었다.[100]

역사적 예수와 복음서의 예수라는 구분에 따르는 경우 가령 갈릴리의 역사적 예수가 로마제국의 헬레니즘에 반대한데 반해 "선교적 효율성과 교회 생존 및 팽창이라는 전략적 차원에서" 역사적 예수를 축소 약화시켜 놓은 복음서의 예수는 헬레니즘

---

97) 서창원, 「역사적 그리스도의 그리스도론적 의미」, pp.80-81.
98) 서인선, 「첨단기술사회와 "역사적 예수"」, 『개혁신학』 4 (1998), pp.236-237.
99) 서창원, 「역사적 그리스도의 그리스도론적 의미」, p.80.
100) 김회권, 「예수의 역사적 실재성과 그 의미 - 구약신학의 관점에서」, 『개혁신학』 14 (2003), pp.36-37.

에 반대하지 않는 모습으로 그려진다는 해석도 나온다.[101] 예수의 죽음과 부활은 "역사적 예수의 다양한 유산 가운데 핵심적인 사건을 부각시켜 신학화"한 결과이다.[102] 이 해석에 따르면 "메시아적 혁명가로 낙인찍혀 십자가에 처형된" 예수는 반헬레니즘적 태도를 보여 주지만, 복음서 저자들은 로마 공권력을 자극하지 않으려는 선교적 전략 때문에 유대인들의 책임을 부각시킨다.[103]

역사적 예수와 복음서의 예수라는 구분에 따르는 경우 복음서는 더 이상 예수 생애에 관한 "사실을 그대로 보도하기보다는 신앙고백과 함께 진술"한다. "복음서 저자는 예수 전승 자료를 수정하거나 주석을 달았고, 신학적 강조점에 따라 한 사건을 고의적으로 다른 맥락에다 배치하기도 하였다." 학자들이 역사적 예수와 신앙의 그리스도를 구분하는 이유가 여기에 있다. 여기서 역사적 예수는 부활 체험을 하기 이전의 예수를 가리키고, 신앙의 그리스도는 부활 체험을 한 이후의 예수를 가리킨다. 이와 관련해서 일부 역사적 예수 연구가들은 부활 체험을 하기 이전의 예수에게 메시아적 자의식이 없었다고 주장한다.[104]

2) 옛 탐구: 역사의 예수

이제 이런 역사적 예수 연구가 어떻게 시작되었는지 살펴보고자 한다. 역사적 예수 연구를 둘러싼 신학의 발전은 여러 단계로 나누어진다. 첫 번째 단계는 옛 탐구(1778-1906)로 불리는 시기이다. 신앙의 예수와 역사의 예수를 구분함으로써 복음서의 해석을 넘어선 역사의 예수를 찾고자 했던 라이마루스에게서 옛 탐구는 시작된다. 라이마루스에 따르면 고난당하는 영적 구원자로서의 예수는 예수 제자들

101) 차정식, 「예수의 반헬레니즘과 탈식민성」, 『한국기독교신학논총』 24 (2002), pp.103-104.
102) 차정식, 「바울 서신에 나타난 예수의 수난 전승 - 그 신학적 해석 모델을 중심으로 -」, 『한국기독교신학논총』 21 (2001), pp.27-30.
103) 차정식, 「예수의 반헬레니즘과 탈식민성」, pp.114-115.
104) 송봉모, 「예수 세미나의 역사적 예수 탐구와 이에 대한 비판」, p.7

의 창작이며 역사적 예수는 유대교의 윤리와 종교 관례를 따르는 분이었다. 슈트라우스(D. F. Strauss)는 예수의 독특한 인격과 행위 등이 그에 관한 메시아적 신화를, 특히 부활 신화를 낳았다고 주장했다.[105] 기독교 교리에 의해 채색되지 않은 순수 예수를 복원해 내는 일이 옛 탐구의 목적이었다. 르낭(E. Renan)과 홀츠만(H. J. Holtzmann)도 역사적 예수를 하나님의 아들 메시아로 보기보다 보편타당한 도덕규범을 구현한 모범사례로 제시한다.[106] 경험주의 철학의 영향을 받은 홀츠만 등은 최초의 복음서 마가복음이 신학적 해석이 배제된 순수 역사적 기록이라고 여겼다. 옛 탐구에서 찾아낸 예수는, 가령 하르낙(Adolf von Harnack)이 찾아낸 예수는 비종말론적이고 비유대적이었다.

하지만 브레데(W. Wrede)는 마가복음이 메시아 은폐사상을 담고 있기에 매우 신학적이라고 주장함으로써 옛 탐구를 방법론적으로 비판했으며, 슈바이처(A. Schweitzer)는 근대 역사-비평 방법이 순수한 역사의 예수를 찾아낸 것이 아니라 근대 사상에 의해 재구성된 예수를 제시했을 뿐이라고 내용적으로 비판했다. 슈바이처는 옛 탐구가 무시한 종말론적이고 유대적인 요소를 예수에게서 찾아내었다.[107] 하르낙은 예수가 하나님의 보편적 윤리 규범을 제시하고 보지만,[108] 슈바이처는 역사적 예수를 지상에 하나님 나라를 세우고자 한 메시아로 소개한다.[109] 그래서 그는 1세기 유대교의 종말론적인 예수상을 제시하고자 했다. 그에 따르면 예수는 지상의 하나님 나라 도래를 위해 십자가에서 영웅적으로 죽은 유대인 예언자였다.[110]

---

105) 서인선, 「첨단기술사회와 "역사적 예수"」, pp.241-243.
106) 최갑종, 「20세기 서구 신약학에 대한 반성과 제언 - "역사적 예수연구"와 관련하여-」, pp.59-60.
107) 서창원, 「역사적 그리스도의 그리스도론적 의미」, p.77.
108) 최갑종, 「20세기 서구 신약학에 대한 반성과 제언 - "역사적 예수연구"와 관련하여-」, pp.59-60.
109) 임낙형, 「예수 부활의 역사적 실재성과 그 윤리적 의미」, pp.382-383.
110) 최갑종, 「20세기 서구 신약학에 대한 반성과 제언 - "역사적 예수연구"와 관련하여-」, pp.60-61.

3) 무탐구: 실존적 예수 이해

옛 탐구는 합리주의의 영향 아래 예수를 객관적 역사적 시각에서 이해하려 한 자유주의 신학자들에 의해 주로 수행되었다는 평가를 받는다. 그런데 불트만(R. Bultmann)이 역사적 예수를 발견하는 일이 방법론적으로 불가능하지만 다행히 불필요하다고 주장함에 따라 옛 탐구의 시기는 끝났다. 불트만에 따르면 역사적 예수 연구는 방법론적으로 불가능하다. 공관복음서의 전승 자료들이 모두 초대교회에 의해 형성된 것이며 그래서 예수의 탄생과 죽음, 부활 외에 역사적 예수에 관해 알려 주는 자료가 없기 때문이다. 일종의 방법론적 회의주의이다. 또한 불트만에 따르면 역사적 예수 연구는 불필요하다. 그리스도에 대한 신앙의 근거를 역사적 사실에서 찾으려는 것 자체가 불신앙의 표현이기 때문이다.[111] 그에 따르면 역사는 이해의 대상이며 케리그마는 신앙의 대상이다.[112] 불트만이 보기에 중요한 것은 예수의 메시지, 즉 케리그마(kerygma) 뿐이다. 불트만은 1세기 신화로 덮여 있는 케리그마를 찾기 위해 성경의 신화적 언어를 재해석하는 작업을 해야 한다고 주장했다. 그에 따르면 1세기 복음서 기자들이 당대 신화적 틀로 예수의 메시지를 해석했다면, 오늘날 현대인은 현대 과학적 세계관에 따라 그 메시지를 실존적으로 재해석해야 한다. 이 점에서 불트만의 연구는 변증적이고 실존적이며 종교사적이다.[113] 그에 따르면 신학의 과제는 역사적 예수를 찾는 데 있지 않고 신약성서의 진술의 의미를 실존적으로 해석하는 데 있다.

예수가 역사적으로 어떤 분이냐가 중요한 것이 아니라 초대교회 그리스도인들이 예수를 어떻게 이해하고 받아들였느냐가 중요하다. 그리고 초대교회 그리스도인들의 신앙 고백을 오늘날 우리의 신앙고백으로 받아들일 것인지를 결정하는 것은 예

111) 송봉모, 「예수 세미나의 역사적 예수 탐구와 이에 대한 비판」, p.8.
112) 서창원, 「역사적 그리스도의 그리스도론적 의미」, pp.77-78.
113) 이은재, 「성서에 대한 역사비평 방법론의 전개와 그 과제」, p.92.

수가 역사적으로 어떤 분이었느냐에 대한 지식이 아니라 우리의 실존적인 신앙의 결단이다.[114]

그런데 불트만의 신학은 역사적 예수의 신성을 부정하고자 한 옛 탐구를 무너뜨린 점에서 그 공헌이 있지만 우리가 예수에 관해 신화적으로만 알 수 있으며 역사적으로는 알 수 없다고 주장한 점에서 문제가 있다. 불트만은 복음서를 초대교회 공동체의 창작물로 여긴다는 점에서 옛 탐구와 다르지 않다.[115] 그는 오늘날 우리가 실존적으로 의미 있게 사는 데 창작물로도 충분하다고 주장한 점에서만 옛 탐구와 다르다. 하지만 복음서 외에도 인간의 수많은 정신적, 영적 창작물들이 있는데 왜 하필이면 복음서인가라는 물음이 제기될 수 있다. 이 물음에 대해 다른 창작물들의 실존적 의미 부여도 인정한다고 대답한다면 종교다원주의로 넘어가며 우리와 하나님 사이의 유일한 중보자로서의 예수를 제거하게 된다.

또한 그의 신학은 신약의 복음을 현대인이 이해할 수 있는 언어로 전달하고자 애쓴 점에서 공헌이 있지만, 복음서 기록들을 허구(fiction)라는 의미의 신화로 여기는 것은 지나치다. 가령 삼층 하늘에 대한 묘사는 단순한 허구라고 보기보다는 하나님 나라에 대한 상징적 표현이라고 보아야 마땅하다. 상징과 허구는 서로 다르다.[116] 이와 관련해서 신화 개념을 허구라는 의미로 사용하지 않으려는 루이스의 태도에 주목할 필요가 있다. 루이스는 복음서 이야기를 '진정한 신화'라고 규정한다. 그에 따르면 거짓 신화는 우리에게 영향을 주지만 실제로 일어나지 않은 신화인데 반해, 진정한 신화는 우리에게 영향을 주면서도 역사적으로 실제 일어난 신화이다.[117] 루이스에 따르면 불트만은 역사와 신화를 상호배타적 개념으로 사용하고 있는 셈이다. 루이스는

---

114) 김영한, 「나사렛 예수의 역사적 실재성 – 역사적 예수의 신화론화 비판」, pp.15–18.
115) 최갑종, 「20세기 서구 신약학에 대한 반성과 제언 – "역사적 예수연구"와 관련하여–」, pp.61–62.
116) 서인선, 「첨단기술사회와 "역사적 예수"」, pp.245–249.
117) 송태현, 「C.S. 루이스를 통해 본 신화와 기독교의 관계」, 『신앙과 학문』 12권 3호 (2007, 12), p.158.

신화를 역사 속에서 일어난 '거룩한 이야기'로 이해하자고 제안한다.[118]

또한 불트만은 눈에 보이는 역사적 예수와 눈에 보이지 않는 그리스도를 분리함으로써 예수의 인성과 신성을 분리시키며, 그리스도를 역사적 예수보다 높게 평가함으로써 예수의 인성을 무시했다는 비판을 받을 수 있다.[119] 불트만이 기독교를 일종의 가현설에 빠뜨렸다는 비판도 같은 맥락에서 이해될 수 있다.[120] 예수의 몸과 인성을 부정하는 가현설은 '아래로부터의 기독론'을 경계하다가 '위로부터의 기독론'만 지나치게 강조한 결과일 수 있다.

4) 새로운 탐구: 역사적 예수 연구의 복권

불트만 신학의 영향 아래 지속되던 무탐구(No Quest) 시대는 불트만의 제자들에 의해 무너졌다. 케제만(E. Käsemann)이 1953년 행한 『역사적 예수의 문제』는 새로운 방식의 역사적 예수 연구의 가능성을 열었다. 그래서 케제만 이후 시기는 새로운 탐구(New Quest) 시기라고 불린다. 케제만은 역사적 예수 연구가 신학적으로 필요하다고 주장했다. 역사적 예수가 필요 없다면 기독교는 가현설에 빠지기 때문이다.[121] 케제만은 가현설에 빠질 수 있는 불트만 신학을 극복하기 위해 초대교회가 높여지신 예수와 낮아지신 예수를 동일한 분으로 인식하고 고백했다는 사실을 강조한다. 따라서 초대교회 공동체의 기록인 복음서에서 낮아지신 예수를 발견할 수 있는 가능성이 방법론적으로 열린다. 그러하기에 초대교회 공동체가 그리스도로 고백하는 예수에게서 지상의 역사적 예수를 발견할 수 있다. 특히 예수의 십자가 처형을 역사적 사실로 받아들임으로써 십자가 처형이라는 역사적 사실이 그리스도에 대해 신앙 고

---

118) 송태현, 「C.S. 루이스를 통해 본 신화와 기독교의 관계」, pp.161-164.
119) 김영한, 「나사렛 예수의 역사적 실재성 - 역사적 예수의 신화론화 비판」, pp.15-18.
120) 최갑종, 「20세기 서구 신약학에 대한 반성과 제언 - "역사적 예수연구"와 관련하여-」, pp.62-63.
121) 송봉모, 「예수 세미나의 역사적 예수 탐구와 이에 대한 비판」, p.9.

백하는 그리스도인들에게 실존적 의미가 될 수 있도록 했다.[122]

불트만의 다른 제자들도 복음서 안에 역사와 케리그마가 함께 있다는 전제 아래 역사적 예수에 관한 새로운 탐구를 진행시켰다. 가령 쉬어만(H. Schuermann)은 부활절 이전에 예수가 제자들을 부르시고 교육시키시고 파송한 사례들을 토대로 복음전승이 이미 부활절 이전에 시작되었다고 주장한다. 그러하기에 복음 전승은 이미 역사적 예수를 반영하고 있다. 특히 복음서보다 훨씬 이전에 기록된 바울서신에서도 이미 복음전승이 있었음이 드러난다(고전 15:1-3절 등).[123] 따라서 그들에 따르면 복음전승은 옛탐구나 불트만의 주장처럼 예수의 부활을 경험한 초대교회 공동체의 역사와 무관한 창작물일 수는 없다. 또한 역사적 실체에 근거하지 않고서 초대교회 공동체의 신앙고백이라는 현상이 나올 수는 없다.[124] 그래서 쿨만(O. Kullmann)은 구속사적 관점에서 역사적 예수의 모습을 복원하고자 했으며, 베츠(O. Betz)는 역사적 예수에게 메시아 의식이 있었다고 인정한다. 베츠에 따르면 제자들의 메시아 신앙은 그들에 의해 만들어진 것이 아니라 그들에게 주어진 것이다.[125]

불트만의 제자들은 역사적 예수 연구를 복원시켰지만, 푹스(E. Fuchs)에 따르면 그들의 연구는 만족스럽지 못하다는 평가를 받는다. 불트만의 이분법, 즉 역사적 예수와 신앙의 그리스도라는 이분법을 여전히 전제하기 때문이다. 그 결과 그들은 복음서를 통해 역사적 예수를 복원시킬 수 있는 가능성을 인정한 점에서 불트만과 의견을 달리하지만 부활절을 기점으로 역사적 예수와 신앙의 그리스도 사이에 여전히 불연속성이 있다고 인정하는 점에서 여전히 불트만의 전제를 받아들이고 있다. 가령 케제만이나 슈바이처(Edward Schweizer)에 따르면 메시아라는 호칭은 역사적 예수

122) 서인선, 「첨단기술사회와 "역사적 예수"」, pp.250-252.
123) 최갑종, 「20세기 서구 신약학에 대한 반성과 제언 - "역사적 예수연구"와 관련하여-」, pp.63-65.
124) 서창원, 「역사적 그리스도의 그리스도론적 의미」, p.78.
125) 김영한, 「나사렛 예수의 역사적 실재성 - 역사적 예수의 신화론화 비판」, pp.19-31.

가 사용한 것이 아니라 초대교회 공동체의 케리그마 내지 신앙고백이다. 불트만의 제자들 가운데 요아킴 예레미야(Joachim Jeremias)와 같은 학자는 예수의 메시아적 권능의 근거를 세례 받을 때 받은 부르심과 성령 임재에서 찾음으로써 역사적 예수에게도 메시아라는 기독론적 호칭을 부여하며, 이를 통해 역사적 예수와 신앙의 그리스도 사이의 불연속성을 해소하고자 한다. 하지만 그 결과 옛 탐구에서 강조되었던 예수의 인성 부분을 강조하기 위해 부각되었던 예수의 유대교적 배경이 약화되는 대가를 치러야 했다.[126] 불트만의 제자들은 불트만과 달리 예수의 역사성을 강조했지만 실제로는 예수의 공생애 기간과 관련하여 예수의 신성을 강조함으로써 1세기 유대교적 배경에 대해 관심을 두지 않았다는 비판을 받는다.[127]

이 비판을 극복하는 과정에서 1960년대 조직신학에서 판넨베르그(Pannenberg)는 종말론적 선취가 역사적 예수에게 이미 있다고 주장함으로써, 몰트만(Moltmann)은 역사적으로 부활하신 그리스도가 역사적 예수가 미래에 성취할 소망으로 선재했다고 주장함으로써 역사적 예수와 신앙의 그리스도를 연결하고자 했다. 그런데 판넨베르그는 역사적 예수에게서 선취되는 종말론적 선취가 역사적 예수에게뿐 아니라 모든 사람에게 보편적으로 적용된다고 주장함으로써 역사적 예수를 많은 사람들 가운데 한 사람 대표자로 생각하는 것 같다. 그에 따르면 나사렛 예수의 사역과 운명을 현대인들이 오늘날의 지평 안에서 합리적으로 이해하고 증명해야 한다. 결국 그는 역사적 예수의 메시아적 자의식을 인정하지 않는 셈이다.[128]

이와 관련해서 틸리케(Thielicke)는 역사적 예수가 성령을 통해 이미 공생애 기간에 메시아적 자의식을 지닐 수 있었다고 주장함으로써 신앙의 그리스도와 역사적 예수를 연결하고자 했다. 이들에 따르면 신앙의 그리스도란 역사적 예수 안에 숨겨져

126) 이은재, 「성서에 대한 역사비평 방법론의 전개와 그 과제」, p.92.
127) 서인선, 「첨단기술사회와 "역사적 예수"」, pp.250-252.
128) 장호광, 「판넨베르크에 있어서의 역사적 예수」, pp.192-193, 196, 201-202, 207.

있다가 예수의 부활 이후에 제자들에 의해 명료하게 고백되는 분이다. 이 주장은 가장 오래된 복음서인 마가복음과 당대 여러 자료들, 그리고 부활절 이전과 부활절 이후 제자들이 동일하다는 사실에 근거한다.[129] 이와 관련하여 예수의 역사성이 의미와 분리된 사실이 아니라 이미 의미를 포함하고 있는 사실이라는 점이 강조된다.[130]

여기서 예수의 메시아적 자의식이 중요한 요소라는 사실을 확인할 수 있다. 부활 이후 제자들에게 분명하게 의식된 예수의 메시아 됨이 부활 이전에 역사적 예수에게 분명하게 의식되었느냐에 따라 부활하신 그리스도가 역사적 예수로 선재했느냐는 문제가 대답되기 때문이다. 그래서 위의 맥락에서 연구를 진행하는 학자들은 복음서, 그리고 복음서보다 이전에 기록된 바울서신 등에서 제자들의 예수 이해를 통해 역사적 예수의 메시아적 자의식을 찾아내고자 한다. 가령 김회권이 "신약성경 사도들의 예수 이해를 중심으로 '역사적 예수의 자기이해'의 실마리를 역추적해보고자" 하는 까닭도 바로 여기에 있다. 김회권에 따르면 "쿰란 공동체 창설자인 의의 교사의 자의식과 사후 제자들이 그에게 고백했던 내용 사이에 강하고 명시적인 연속성이 발견"되듯이 십자가 죽음을 대속적 죽음으로 이해하는 예수의 메시아적 자의식과 제자들의 예수 이해 사이에 강한 연속성이 있다고 보는 것이 자연스럽다. 따라서 김회권에 따르면 사도들의 고백을 통해서도 역사적 예수의 자의식을 찾아낼 수 있다.[131]

또한 예수는 자신의 죽음의 의미를 단지 당대 유대인들과의 갈등에서 찾지 않았다. 비록 예수가 죄인을 용서한 사건이나 세리들이나 죄인들과 함께 식사한 일, 예수 제자들이 안식일 규정과 금식 규정, 음식 규정을 어긴 일 등이 예수와 당시 유대인들 사이에 갈등을 낳았을 수 있지만, 정작 예수를 체포하고 재판에 넘긴 사람들은 이 갈등의 당사자였던 바리새인이 아니라 대제사장들과 서기관들, 장로들이었

---

129) 김영한, 「나사렛 예수의 역사적 실재성 – 역사적 예수의 신화론화 비판」, pp.19–31.
130) 장호광, 「판넨베르크에 있어서의 역사적 예수」, pp.191–192.
131) 김회권, 「예수의 역사적 실재성과 그 의미 – 구약신학의 관점에서」,pp.59–60.

기 때문이다.[132]

5) 제 3의 탐구: 유대적 예수

1970년대 중반 이후 새로운 탐구에 이어 역사적 예수와 관련하여 제 3의 탐구가 이루어졌다. 새로운 탐구가 역사적 예수와 신앙의 그리스도를 연결하는 데 중점을 두었다면, 제 3의 탐구는 역사적 예수의 목적을 1세기 유대교 배경에서 타당하게 파악하고자 한다.[133] 불트만의 제자들을 중심으로 한 새로운 탐구에서 역사적 예수와 신앙의 그리스도를 연결하려다 보니 역사적 예수의 1세기 유대교적 배경이 상대적으로 소홀히 다루어졌다는 인식이 생겼기 때문이다. 제 3의 탐구를 비롯한 최근의 역사적 예수 연구는 불트만 제자들의 새로운 탐구에 대한 일종의 반발인 셈이다.[134]

① 제 3의 탐구의 특징

불트만의 제자들이 일종의 학파를 이루어 연구한 것과는 달리 제 3의 탐구는 다양한 곳에서 다양한 학자들에 의해 시작되었다. 서인선이 다음과 같이 정리한 제 3의 탐구의 특징이 매우 유익하다. 새로운 탐구와 달리 제 3의 탐구는 1세기 유대교 자료들을 많이 연구하고 활용한다. 가령 크로산은 1세기 봉건농경사회의 구조 연구를 활용하여 역사적 예수를 탐구하며, 호르슬리는 예수 전승을 1세기 유대의 사회의 맥락에서 파악하고자 한다. 제 3의 탐구에 참여하는 학자들은 이 자료들을 통해 역사적 예수, 즉 나사렛 예수에 대해 많은 정보를 얻을 수 있다고 믿는다. 역사적 예수 세미나에 참여한 학자들은 복음서나 신약성경 전체보다 도마복음이나 베드로복음과 같은 1세기 다른 문서들에 역사적 예수의 어록들이나 비유들이 사실 그대로 더

132) 최갑종, 「20세기 서구 신약학에 대한 반성과 제언 – "역사적 예수연구"와 관련하여–」, pp.87–91.
133) 서인선, 「첨단기술사회와 "역사적 예수"」, p.239.
134) 서인선, 「첨단기술사회와 "역사적 예수"」, p.240.

잘 담겨 있다고 여기기 때문에 그러한 입장을 취할 수 있다.[135]

하지만 역사적 예수 세미나 참가자들은 역사적 예수의 인성을 찾는 과정에서 영지주의적 성격을 띠고 있는 도마복음 등에 깊이 의존하는 아이러니를 저지른다. 또한 도마복음이나 베드로복음이 복음서나 바울서신보다 역사적 예수의 어록들이나 비유들을 더 잘 보존한다고 보는 것은 각 글들의 집필연대를 고려하지 않은 처사이기도 하다. 바울서신이 복음서보다 먼저 기록되었으며, 도마복음이나 베드로복음은 바울서신보다 뒤에 기록된 것이기 때문이다.[136] 후대에 기록되었을수록 역사적 진실에서 멀어진다고 전제하는 학자들이 바울서신보다 뒤에 기록된 도마복음이나 베드로복음에 더 기대는 것은 그들이 얻고 싶은 역사적 예수의 모습이 그들에게 이미 전제되어 있기 때문이다.[137]

그런데 합리주의의 영향을 강하게 받았던 옛 탐구가 초자연적인 것을 배제하려는 경향을 보인데 반해 제 3의 탐구는 초자연적인 것을 배제하지 않는다. 또한 역사적 예수에 관한 정보로 판정할 수 있는 진정성의 기준은 제 3의 탐구의 경우 새로운 탐구에서보다 덜 엄격하다. 또한 제 3의 탐구는 구전 전승을 높게 평가함으로써 복음서가 역사적 예수에 대한 역사적 정보를 담고 있음을 인정함으로써 복음서에서 역사

135) 최갑종, 「20세기 서구 신약학에 대한 반성과 제언 – "역사적 예수연구"와 관련하여–」, pp.65–68.

136) 이와는 달리 크로산(Crossan)은 도마복음과 Q 문서가 50년경에 기록되었으며 베드로복음이 공관복음보다 이전에 기록되었다고 주장하면서, 공관복음은 70년대 중반에서 후반 정도에 가서야 기록되기 시작했다고 여긴다. 그에 따르면 마가복음이 먼저 기록되었고 누가복음이 90년대에 기록되었다. 그는 요한복음의 일부가 2세기 초엽에 기록되었고 나머지 일부는 2세기 중엽에 기록되었다고 주장한다. John Dominic Crossan, *The Cross That Spoke: The Origins of the Passion Narrative* (Eugene, OR.: Wipf & Stock Publishers, 2008) 참조.

137) Daniel L. Akin, "Divine Sovereignty and Human Responsibility," SBC (Southern Baptist Convention) Life (April 2006). Craig Blomberg, *The Historical Reliability of the Gospels*, 2 edition (Downers Grove, IL.: IVP Academic; 2008)는 복음서를 불신하는 것은 초대교회 공동체가 예수의 말씀을 완전히 잊어버리는 집단적 기억상실에 걸렸다는 전제 아래 가능하다고 지적한다. Craig A. Evans, *Fabricating Jesus: How Modern Scholars Distort the Gospels* (Downers Grove, IL.: IVP Books, 2008)도 예수 세미나 참가자들이 복음서 외의 텍스트들을 무비판적으로 수용한다고 비판한다. "Jesus Seminar," in http://en.wikipedia.org/wiki/Jesus_Seminar 참조.

적 예수에 대한 정보를 찾을 수 없다고 여긴 옛 탐구나 불트만 신학과 입장을 달리한다. 역사적 예수를 1세기 팔레스타인 유대교의 맥락에 놓여 있는 유대인으로 본다는 점에서 제 3의 탐구는 예수를 비유대적인 보편적인 인간의 대표자로 그린 옛 탐구와 입장을 달리하며, 예수의 신성만 강조한 불트만 신학과 입장을 달리하며, 1세기 유대교적 배경의 중요성을 상대적으로 덜 강조한 새로운 탐구와도 입장을 달리한다.[138]

서창원에 따르면 새로운 탐구가 신앙의 그리스도가 역사적 예수에 선재해 있었다는 점을 강조한다면, 제 3의 탐구는 역사적 예수의 구체적 사역이 기독론의 내용을 나중에 담을 수 있는 그릇이 된다고 강조한다. 달리 말하자면 새로운 탐구는 그리스도가 역사적 예수 안에 이미 존재하고 있었다고 여기는데 반해 제 3의 탐구는 역사적 예수의 사역을 소급해서 살펴보니 그리스도의 요소를 부여할 수 있다고 여기는 셈이다. 새로운 탐구가 역사적 예수와 신앙의 그리스도를 존재론적으로 연결하고자 했다면, 제 3의 탐구는 역사적 예수와 신앙의 그리스도를 인식론적으로 연결하고자 하는 셈이다. 역사적 예수와 신앙의 존재론적 연결을 부정하고 인식론적 연결만 긍정한다는 점에서 제 3의 탐구는 역사적 예수와 신앙의 그리스도를 존재론적으로 동일시하지 않는 옛 탐구와 의견을 같이 하며, 역사적 예수와 신앙의 그리스도 사이의 인식론적 연결을 인정하지 않는 무탐구와 의견을 같이 한다.[139]

제 3의 탐구는 예수가 1세기 유대교라는 오늘날과 다른 상황 속에 놓인 역사적 인물이라는 전제에서 출발해서 역사적 예수와 신약의 관계를 학문적으로 연구하고자 한다. 이 점에서 제 3의 탐구는 슈바이처의 연구를 다시 이었다고 볼 수 있다. 제 3의 탐구가 중요하게 여기는 질문들은 주로 예수와 유대교의 관계, 예수의 사역 목적, 예수 죽음의 이유, 초대교회의 시작의 원인과 과정, 복음서 기록의 경위에 집중된다. 결국 예수와 유대교의 관계와 예수와 초대교회의 관계라는 양 축이 제 3의 탐

138) 서창원, 「역사적 그리스도의 그리스도론적 의미」, pp.83-84.
139) Ibid.

구의 과제이다.[140] 이 과제를 해결하는 과정에서 제 3의 탐구는 예수와 그리스도 사이에 연속성을 확보하는 동시에 에큐메니칼한 차원에서 기독교와 유대교 사이의 대화를 시도하고자 한다.[141] 제 3의 탐구는 역사적 예수에 대한 정보를 많이 얻을 수 있다고 여긴다는 점에서 새로운 탐구와 입장을 달리한다.

② 예수 세미나

A. 예수 세미나의 설립 목적

다양한 방식으로 전개된 제 3의 탐구 가운데 '신의 길, 인간의 길'과 밀접하게 관련되는 것은 펑크(R. Funk)와 크로산(J. D. Crossan)이 1981년에 창립된 성서문학회(Society of Biblical Literature, SBL)에서 1983년 만든 역사적 예수 분과(Histori-cal Jesus Section)를 발전시켜 펑크와 크로산이 웨스타 연구소(Westar Institute)[142]의 후원을 받아 1985년에 만든 예수 세미나(The Jesus Seminar)[143]이다. 예수 세미나는 복음서 등 초기 기독교 문서에서 헬레니즘 철학의 영향을 제거하여 역사적 예수를 복원하고자 한 독일 신학자 하르낙(Adolf von Harnack)을 좇아 예수의 도덕적 교훈에서 역사적 예수의 모습을 찾으려 한다.[144] 예수 세미나의 목적은 "역사적 예수의 탐구를 더 많은 사람들에게 보고하려는" 데 있었으며, 예수가 역사적으로 진짜

140) 서인선, 「첨단기술사회와 "역사적 예수"」, p.253.
141) 이은재, 「성서에 대한 역사비평 방법론의 전개와 그 과제」, p.93.
142) 연구소 홈페이지 주소는 http://www.westarinstitute.org이다. 2009년 3월 20일에도 세인트루이스(St. Louis)의 이든 신학대학원(Eden Theological Seminary) 신약교수이며 예수 세미나 회장인 스티븐 페터슨(Stephen J. Patterson)이 『예수를 재설정하기』(Re-Locating Jesus)라는 제목의 기조 강연을 하는 세미나가 열릴 예정이다. 도마복음이 4복음서와 달리 예수의 죽음과 부활, 신앙에 대해 거의 언급하지 않는 이유를 장소와 맥락의 차이에서 찾으면서 기독교 신앙이 꼭 예수의 죽음과 부활, 신앙에 근거를 둘 필요가 없다는 논지를 발표를 한다. "Jesus Seminar," in http://en.wikipedia.org/wiki/Jesus_Seminar 참조.
143) 송봉모, 「예수 세미나의 역사적 예수 탐구와 이에 대한 비판」, p.9, n.7.
144) 최갑종, 「20세기 서구 신약학에 대한 반성과 제언 - "역사적 예수연구"와 관련하여-」, p.67.

한 말씀이 무엇인지 결정하는 것이 주된 과제였다.[145]

그러나 예수 세미나는 역사적 예수의 말씀을 평가하는 기준으로 비유사성을 도입한 결과 역사적 예수를 초대교회가 예배한 예수와 전혀 다른 인물로 만들었을 뿐 아니라 역사적 예수를 당대 유대교라는 배경과 무관한 존재로 만드는 잘못을 저지른다. 그 결과 예수 세미나는 유대적 배경을 제거하는 과정에서 역사적 예수를 헬레니즘 철학의 영향을 받은 지혜자로 만드는 잘못을 저지른다.

예수 세미나는 무엇보다도 역사-비평적 방법을 도입해서 4복음서에 나타난 예수의 말씀들을 비판적으로 보기에 그 말씀이 정말 역사적 예수의 말씀인지가 증명되어야 할 과제로 여겼다. 이전에 복음서의 예수 말씀이 예수 말씀이 아니라고 주장하는 사람이 있다면 그 사람이 그 사실을 증명해야 하는데, 이제 증명의 부담은 복음서의 말씀이 예수의 말씀이라고 주장하는 사람에게 넘어간 셈이다. 예수 세미나의 연구 결과 복음서에서 예수의 말씀으로 결정된 말씀이 상대적으로 적은 이유도 바로 여기에 있다. 이는 예수 세미나가 이미 4복음서를 역사적 사실을 제대로 반영하지 않는 제자들의 창작물이라는 전제에서 출발하기에 가능한 태도이다.[146]

예수 세미나는 라이마루스(H. S. Reimarus)와 스트라우스(D. Strauss)의 입장을 받아들여 역사적 예수와 신앙의 그리스도를 구분한다. 또한 19세기 독일 신학의 고등비평을 받아들여 공관복음들이 요한복음보다 역사적으로 더 정확하다고 여긴다. 또한 마가복음이 마태복음과 누가복음보다 앞서 기록되었다는 마가복음 우선설을 인정한다. 또한 공관복음의 원 자료로 여겨지는 Q문서의 존재를 인정하며, 구전 전승과 기록 전승을 구분한다. 사실 최갑종의 지적처럼 Q문서가 있다고 주장하는

145) 서인선, 「첨단기술사회와 "역사적 예수"」, p.257.

146) 예수 세미나에 대한 대표적 비판으로는 Michael J. Wilkins & J. P. Moreland (eds.), *Jesus Under Fire: Modern Scholarship Reinvent the Historical Jesus* (Grand Rapids: Zondervan, 1995); Dale C. Allison, Jesus of Nazareth: *Millenarian Prophe*t (Minneapolis, MN.: Augsburg Fortress Publishers, 1998)을 참조하시오. "Jesus Seminar," in http://en.wikipedia.org/wiki/Jesus_Seminar 참조.

학자들이 재구성한 Q문서는 다양하기에 Q문서를 통해 역사적 예수를 찾을 수 있는 길은 없다고 볼 수 있다.[147]

B. 집단적 연구

예수 세미나는 집단적이고 조직적이라는 점에서 이전 연구들과 다른 점을 보여준다. 우선 복음서 기록 가운데 역사적 진정성이 있는 기록을 결정하기 위해 투표를 택했다. 예수 세미나는 여러 차례 모였는데 한 번이라도 참석한 사람을 포함하면 약 200여 명이, 정기적 참석자를 고려하면 150여 명이 1년에 2번 모여 약 500개의 문장들의 진정성에 대해 투표 했다. 송봉모에 따르면 예수 세미나 참가자들은 프로그램 위원회가 결정한 논의 주제에 대한 논문에 대해 토론을 한 후 비밀투표를 실시했다. 회원 각자에게 평등하게 한 표가 주어졌으며 역사적 진정성 여부와 관련하여 긍정에서 부정 사이에 빨간색(확실한 긍정, 3점)과 분홍색(가능한 긍정, 2점), 회색(가능한 부정, 1점), 검정색(확실한 부정, 0점)이 놓였다. 부활 사건을 기점으로 그 이전의 예수의 어록이라고 판단되면 빨간색 구슬을, 전혀 아니라고 판단되면 검정색 구슬을 넣어야 했다. 투표 결과는 다수결에 의해 결정되지 않고 평균에 의해 결정되었다. 평균값인 투표 결과뿐 아니라 몇 사람이 어떤 선택을 했는지도 기록에 남겼다.

C. 예수 말씀의 진정성의 기준

예수 세미나 참가자들은 복음서에서 예수의 진정한 말씀을 찾기 위한 기준에 합의하지 못했지만 각기 여러 가지 기준을 사용했다. 첫째, 당대 사람들을 당혹(embarrassment)하게 하는 말씀이면 역사적 예수의 말씀일 가능성이 높다. 둘째, 짧은 인용구일수록 역사적 예수의 말씀일 가능성이 높다. 복음서들은 예수가 죽고 난 지

147) 최갑종, 「20세기 서구 신약학에 대한 반성과 제언 – "역사적 예수연구"와 관련하여–」, pp.74–75.

몇 십 년이 지나 기록되었기에 구전 전승에서 원래의 말씀이 그대로 보존되기 위해서는 짧은 인용구이어야 한다고 여겨졌기 때문이다. 셋째, 선한 사마리아인의 비유처럼 반전이 일어나거나 독자의 기대를 좌절시키거나 "네 원수를 사랑하라"처럼 아이러니가 나타나는 구절이면 예수의 진정한 말씀으로 간주된다. 넷째, 하나님에 대한 신뢰를 가르치는 말씀은 예수의 진정한 말씀으로 여겨진다. 그런데 가장 중요한 기준은 비유사성의 원리였다.

예수 세미나 참가자들이 예수의 진정하지 않은 말씀을 결정하는 기준으로 삼은 것도 몇 가지 있다. 첫째, 예수가 자신을 스스로 언급하는 말씀은 예수의 진정한 말씀이 아닌 것으로 여겨진다.[148] 둘째, 예수의 진정한 말씀일 수 있는 다른 자료를 소개하거나 설명하거나 그 틀을 제공하는 구절은 예수의 진정한 말씀이 아닐 수 있다. 가령 선한 사마리아인의 비유는 예수의 진정한 말씀으로 여겨지지만 그 비유의 틀을 이루는 말씀들은 예수의 진정한 말씀이 아닌 것으로 판정된다. 셋째, 초대교회 공동체의 문제들을 다루는 말씀들은 예수의 진정한 말씀이 아니라 초대교회 편집자의 아젠다를 반영한다.[149]

투표에 참여하는 사람들은 서로 다른 진정성 기준을 가지고 투표에 임했는데, 대체로 비유사성(dissimilarity)이란 기준이 가장 중요했다.[150] 비유사성이란 기준은 복음서의 예수 말씀 가운데 1세기 유대교와도 다르고 초대교회와도 다른 것이 역사적 예수의 말씀으로 판정될 수 있다는 것이다. 가령 모든 맹세를 금지시킨 예수의 말씀은[151] 일부 맹세를 허용한 유대교의 가르침과 다르기에 역사적 예수의 진정한 말씀으

---

148) "나는 길이요, 진리요, 생명이니"(요 14:1-14)가 그 예이다.
149) "Jesus Seminar," in http://en.wikipedia.org/wiki/Jesus_Seminar.
150) 송봉모, 「예수 세미나의 역사적 예수 탐구와 이에 대한 비판」, pp.28-29.
151) 마태복음 5장 33-36절: "또 옛 사람에게 말한 바 헛 맹세를 하지 말고 네 맹세한 것을 주께 지키라 하였다는 것을 너희가 들었으나, 나는 너희에게 이르노니 도무지 맹세하지 말지니 하늘로도 하지 말라. 이는 하나님의 보좌임이요. 땅으로도 하지 말라. 이는 하나님의 발등상임이요, 예루살렘으로도 하지 말라. 이는 큰 임금의 성임이요. 네 머리로도 하지 말라. 이는 네가 한 터럭도 희고 검게 할 수 없음이라."

로 여겨질 수 있다. 종교적 의무로서 금식을 무조건적으로 해야 한다고 여긴 유대교와 달리 금식을 상황에 따라 하지 않을 수도 있는 것으로 여긴 예수의 말씀도[152] 같은 맥락에서 진정한 말씀으로 간주된다.[153] 이들이 유대교와 역사적 예수 사이의 비유사성을 중요하게 여기는 이유는 역사적 예수가 유대교 지도자들에게 강한 적대감을 일으켰다는 데 있다.[154]

그런데 투표에 참여하는 사람들이 동일한 기준에 따라 투표하지 않는다는 것은 투표 결과의 학문적 엄밀성이 보장되지 못한다는 것을 잘 보여 준다. 가령 갑돌이와 갑순이는 양립할 수 없는 두 세계관에서 출발해서 같은 주장을 때로 '우연히' 할 수 있다. 두 사람은 서로 다른 기준 내지 근거 위에서 동일한 주장을 하며, 그 주장이 상대방의 기준 내지 근거 위에서만 나올 수 있는 것임을 깨닫는 경우 그 주장을 포기할 수 있다. 학문이 결론뿐 아니라 과정과 근거도 중시한다는 점을 고려할 때 투표에 의해 연구결과를 확정짓는 일은 학문적이지 못하다. 또한 서로 다른 기준들 사이에 상충이 일어날 때 어떤 기준을 우선적 기준으로 삼아야 하는가도 문제이다. 가령 복음서에 죽고 나서 불 형벌을 받는 곳을 게헨나(Gehenna, 지옥)와 하데스(Hades, 음부)로 표현할 때 예수의 진정한 말씀으로 여기지 않지만, 나사로와 부자의 비유처럼 반전이 일어나는 말씀은 예수의 진정한 말씀으로 판정받았다.

또한 투표를 통해 예수 말씀의 진정성을 결정하는 일은 증거와 논증을 통한 설득을 택하는 학문세계에서는 이례적인 일이다. 이렇게 참가자들의 투표에 의해 예수의 진정한 말씀들이 결정되지만 그 결과 전부를 모든 참가자가 받아들일 수 있는 것은

---

152) 마가복음 2장 18-20절: "요한의 제자들과 바리새인들이 금식하고 있는지라. 사람들이 예수께 와서 말하되 요한의 제자들과 바리새인의 제자들은 금식하는데 어찌하여 당신의 제자들은 금식하지 아니하나이까. 예수께서 그들에게 이르시되 혼인 집 손님들이 신랑과 함께 있을 때에 금식할 수 있느냐. 신랑과 함께 있을 동안에는 금식할 수 없느니라. 그러나 신랑을 빼앗길 날이 이르리니 그 날에는 금식할 것이니라."

153) 송봉모, 「예수 세미나의 역사적 예수 탐구와 이에 대한 비판」, p.30.

154) 신현우, 「역사적 예수 연구와 비유사성의 원리」, 『신약연구』 4 (2005), pp. 4-6.

아니다. 송봉모가 이 점을 다음과 같이 잘 지적한다. 참가자들은 어디에 분류해야 할지 모를 때 회색 주사위를 던지는 경향을 보였다. 또한 참가자들의 의견이 크게 다를 때 그 결과는 회색으로 나오는 경우도 있다. 또한 예수의 진정한 말씀이 없다고 보는 일부 참가자들은 무조건 검정 주사위를 선택했다. 또한 "자기 목숨을 얻는 자는 잃을 것이요 나를 위하여 자기 목숨을 잃는 자는 얻으리라"(마태 10: 39)는 말씀은 투표 결과 분홍색으로 평가되었지만, 참가자 가운데 분홍색 주사위를 던진 사람은 아무도 없었다. 이는 모든 참가자의 투표를 반영한 결과이지만 그 결과에 대해 아무도 동의하지 못하는 사례이다.[155]

또한 신현우가 잘 지적하듯이 "비유사성의 원리는 예수 전승의 진정성을 증명하기 위해 사용될 수는 있으나, 진정성을 부정하기 위해서는 사용될 수 없는 원리이다." 비유사성의 원리에 호소하는 것은 이미 그리스도인들이 받아들일 수 없는 전제, 즉 신약성경의 기록을 다른 문서들의 기록보다 신뢰할 수 없는 것으로 여기는 태도에 기댄다[156]. 또한 비유사성이라는 기준이 작동하려면 1세기 유대교와 초대 기독교회에 대한 정보가 정확해야 하는데, 학자들은 아직 완전한 정보를 제공하지 못하고 있다. 예수 당시의 유대교를 정확히 재구성해 내는 일은 쉽지 않다. 예수 당시 유대교에는 바리새교와 묵시론, 지혜 전승, 랍비 유대교, 예언자 전승, 에세네 분파주의, 갈릴리의 카리스마적 하시디즘, 젤롯인들 등 다양한 분파가 있었다.[157] 이렇게 70년 이전의 유대교 자료가 획일적이지 않았다. 또한 그 자료도 당시 유대교를 재구성하기에 충분하지 않기에 당시 유대교의 다양한 버전을 충실하게 반영하기 어렵다. 그런데 학자들이 재구성한 유대교의 모습 가운데 어떤 정보를 택하느냐에 따라 역사적 예수의 진정한 말씀은 다르게 그려진다.[158]

155) 송봉모, 「예수 세미나의 역사적 예수 탐구와 이에 대한 비판」, pp.29-30.
156) 신현우, 「역사적 예수 연구와 비유사성의 원리」, pp.9-11.
157) 서인선, 「첨단기술사회와 "역사적 예수"」, p.238.
158) 신현우, 「역사적 예수 연구와 비유사성의 원리」, pp.12-13.

또한 예수의 말씀을 듣던 청중들이 1세기 팔레스타인 사회의 문화와 언어의 영향을 받던 사람들이라는 점을 고려할 때 예수의 말씀과 1세기 유대교의 가르침 사이의 불연속성 내지 비유사성을 예수 말씀의 진정성을 결정하는 절대적 기준으로 삼는 것은 위험하다. 예수의 가르침과 활동이 유대교가 수용할 수 있는 경계를 반드시 넘어섰다고 볼 수는 없는 일이다. 독특성은 불연속성에 있지 않고 독창적 재해석에 있는 경우가 많다. 또한 독특한 점이 반드시 본질을 이루는 것도 아니다.[159] 예수와 유대교의 관계, 예수와 당대 사회의 관계, 예수와 초대 기독교의 관계에 대해 어떻게 대답하느냐에 따라 역사적 예수의 모습이 다르게 나타난다. 그런데 당대 유대교와 당대 사회에 대한 정보가 충분치 못하며, 당대 유대교와 사회에 대한 학자들의 의견이 서로 다르다는 점을 고려한다면 비유사성의 기준에 의지해서 역사적 예수를 재구성하는 일은 쉽지 않다.[160]

유대교와 예수 사이의 연속성과 관련된 예수 세미나의 입장은 예수의 말씀과 초대교회의 예수 이해 사이에도 똑같이 적용된다. 예수 세미나는 유대적 문화 배경으로부터 분리된 예수를 만들어 내었을 뿐 아니라 제자들과도 분리된 예수를 만들어 낸 셈이다. 예수와 같이 유대인이었던 제자들이 기독교의 출발점인 예수와 무관한 전통을 세웠다고 보는 것이 더 이상하다.[161] 특히 유대교가 이전에 주어진 말씀을 틀림없이 보존하는 구전 전승을 지녔기에 초대교회 역시 그러하다고 보는 것이 더 자연스럽다. 초대교회의 예수 이해는 역사적 예수의 진정한 말씀에 토대를 둔다고 보는 것이 더 자연스럽다. 또한 구전은 짧은 어록이나 문장으로만 이루어진다고 여기는 예

159) 좀 더 자세한 논의를 보려면 신현우, 「역사적 예수 연구와 비유사성의 원리」, pp.14-17 참조.
160) 서인선, 「첨단기술사회와 "역사적 예수"」, p.238.
161) 이와 같은 비판으로는 애즈버리 신학교(Asbury Theological Seminary) 교수 마티아스 자나이저의 책을 참조하시오. Matthias Zahniser/ J. Ed Komoszewski, *Reinventing Jesus: what the Da Vinci code and other novel speculations don't tell you* (Grand Rapids: Kregel, 2006), p.49; J. Ed Komoszewski/ Robert M. Bowman, *Putting Jesus in his place: the case for the deity of Christ* (Grand Rapids: Kregel, 2007). "Jesus Seminar," in http://en.wikipedia.org/wiki/Jesus_Seminar 참조.

수 세미나의 전제도 의심스럽다. 고대에 유대인들과 그리스인들뿐 아니라 모든 문화에서 장문의 서사시를 구전으로 정확하게 전승해 왔기 때문이다.[162] 특히 복음서에서 사실적 진술과 사실에 대한 해석, 즉 신학적 진술을 구분해서 후자를 초대교회의 창작으로 돌리는 태도는 잘못이다. 자신의 말과 행위에 대해 해석을 할 수 있는 능력이 역사적 예수에게 없다고 전제하기 때문이다. 어떤 의미에서 볼 때 로고스이신 예수는 가장 참되고 완전한 신학자이시기도 하다. 역사와 신학, 사실과 가치, 사건과 의미를 상호배타적인 개념으로 여기는 것 자체가 잘못된 것이다.[163]

그런 점에서 4복음서뿐 아니라 바울서신들도 역사적 예수의 진정한 말씀을 기초로 한 것이라 여겨야 한다. 신학적 성격이 강하게 나타난다고 해서 역사적 사실에 바탕을 두지 않는다는 결론을 내려야 하는 것은 아니다. 도리어 바울서신들이 4복음서보다 더 이전에 기록되었다는 사실을 고려한다면, 예수의 죽음 이후 그리 오래되지 않은 시점에 기록되었다는 사실을 고려한다면 바울서신들이 예수의 진정한 말씀을 담지 않았다는 결론은 타당하지 못하다. 그런 결론은 기독교가 예수의 종교가 아니라 바울의 종교라는 강한 선입견에서 나오는 결론에 불과하다. 송봉모가 잘 지적하듯이, "내가 받은 것을 먼저 너희에게 전하였노니"[164]라는 사도 바울의 고백을 진지하게 받아들여야 한다. 역사적 예수와 함께 지냈던 제자들이 대다수 살아 있는 상황에서 바울이 예수의 말씀을 왜곡할 수는 없는 일이다. 사도 바울은 그가 전하는 것이 그의 창작이 아니라 예수의 말씀으로 받은 것임을 강조하고 있다.[165]

---

162) 송봉모, 「예수 세미나의 역사적 예수 탐구와 이에 대한 비판」, pp.38-39.
163) 송봉모, 「예수 세미나의 역사적 예수 탐구와 이에 대한 비판」, p.40.
164) 고린도전서 15장 3-8절: "내가 받은 것을 먼저 너희에게 전하였노니 이는 성경대로 그리스도께서 우리 죄를 위하여 죽으시고 장사 지낸 바 되셨다가 성경대로 사흘 만에 다시 살아나사 게바에게 보이시고 후에 열두 제자에게와 그 후에 오백여 형제에게 일시에 보이셨나니 그 중에 지금까지 대다수는 살아 있고 어떤 사람은 잠들었으며 그 후에 야고보에게 보이셨으며 그 후에 모든 사도에게와 맨 나중에 만삭되지 못하여 난 자 같은 내게도 보이셨느니라."
165) 송봉모, 「예수 세미나의 역사적 예수 탐구와 이에 대한 비판」, pp. 37-40.

D. 예수 세미나의 작업 결과

투표 결과 복음서의 대부분의 말씀은 예수의 말씀이 아닐 가능성이 있는 것으로 판정되었으며, 확실히 예수의 말씀으로 인정된 말씀[166]은 거의 없었다. 예수의 진정한 말씀이거나 진정한 말씀일 가능성이 있다고 판정된 것은 복음서 말씀의 18퍼센트 정도이다.[167] 예수 세미나에 따르면 복음서에 나타나는 예수의 말씀은 대부분(82퍼센트 정도) 역사적 예수의 말씀이 아니라 요한 공동체 등의 신학을 반영한다. 종교적 제도에 반대한 예수가 주기도문을 만들었을 리 없다는 이유에서 주기도문조차 예수의 확실한 말씀이 아니라고 판정되었다. 구약성경을 인용하는 성취 구절들도 모두 초대교회의 작품으로 판정되었다.[168]

그러나 대부분의 격언을 예수의 진정한 말씀을 선택할 때 예수 세미나는 예수를 종말론적 예수보다 현 세계에 대해 지혜를 지닌 분으로 생각해야겠다는 그들의 전제

166) 예수 세미나가 예수의 진정한 말씀으로 결정한 사례는 15개이다. 득표율에 따라 다섯 개만 제시하면 다음과 같다. 1. 오른뺨을 때리면 다른 뺨을 돌려대라(92%). 마태복음 5장 39절, 누가복음 6장 29절 상반절. 2. 겉옷을 달라하면 속옷을 주어라(또는 속옷을 달라하면 겉옷을 주어라): 마태복음 5장 20절(92%), 누가복음 6장 29절 하반절(90%). 3. 가난한 자에게 복이 있도다! 누가복음 6장 20절 하반절(91%), 도마복음 54(90%), 마태복음 5장 3절(63%). 4. 오리를 가자하면 십리를 가라(90%): 마태복음 5장 41절. 5. 원수를 사랑하라: 누가복음 6장 27절 하반절(84%), 마태복음 5장 44절 하반절(77%), 누가복음6장 32절, 35절 상반절(56%). "Jesus Seminar," in http://en.wikipedia.org/wiki/Jesus_Seminar 참조.

167) 예수의 진정한 말씀일 가능성이 있는 것으로 판정된 말씀은 , 득표율에 따라 네 구절만 소개하면 다음과 같다. 16. 염려하지 말라(75%), 도마복음36; 누가복음12장 22-23절, 마태복음 6장 25절. 17. 잃어버린 동전(75%): 누가복음 15장 8-9절. 18. 여우에게 굴이 있다. 누가복음 9장 58절(74%), 마태복음 8장 20절(74%), 도마복음 86 (67%). 19. 선지자가 고향에서 환영받지 못한다. 도마복음 31장 1절(74%), 누가복음 4장 24절(71%), 요한복음 4장 44절(67%), 마태복음 13장 57절(60%), 마가복음 6장 4절(58%). "Jesus Seminar," in http://en.wikipedia.org/wiki/Jesus_Seminar 참조.

168) 송봉모, 「예수 세미나의 역사적 예수 탐구와 이에 대한 비판」, pp. 18-21. 이런 까닭에 근본주의 복음주의 연합회(FEA, Fundamental Evangelistic Association, 홈페이지 http://www.fea-site.org/)와 〈워치만 펠로우십〉(Watchman Fellowship: A Christian Research and Apologetics Ministry)이 발행하는 〈워치만 에스포지터〉(Watchman Expositor, 홈페이지 http://www.watchman.org/)가 예수 세미나를 크게 비난했다. 〈기독교적 무장〉(The Christian Arsenal, 홈페이지 http://www.christianarsenal.com/index.htm)은 성경의 믿음들을 훼손했다는 이유를 들어 예수 세미나를 사탄의 도구라고까지 표현했다. "Jesus Seminar," in http://en.wikipedia.org/wiki/Jesus_Seminar 참조.

에 의해 지나치게 큰 영향을 받는다.[169] 그래서 그들은 하나님 나라의 현재성을 강조하는 말씀들을 역사적 예수의 말씀으로 돌리고, 하나님 나라의 미래성을 강조하는 말씀들을 모두 초대교회의 창작으로 돌렸다.[170] 하지만 역사적 예수가 어떤 분인지에 대해 미리 그림을 그려놓고 그 그림에 맞지 않는 것은 무조건 잘라내는 것은 학문적 태도가 아니다. 예수 세미나 참가자들은 역사적 예수의 객관적 모습을 찾는다는 목적과는 달리 그들이 보고 싶은 모습만 역사적 예수에게 투사한 셈이다.[171]

송봉모에 따르면 예수 세미나는 1986년에서 1991년까지 300년까지 기록된 기독교 문헌들 가운데 예수 말씀을 담았다는 1,500개의 자료를 점검해서 1993년에 기존 성경과는 다른 번역용어를 담은 『다섯 복음서: 예수의 진정한 말씀을 찾기』[172]를 출판했으며 학자용 버전(Scholars Version)을 만들었다. 새로운 번역의 원칙은 고상한 학자의 용어 대신 1세기 팔레스타인 지역의 일상적 표현을 선택한다는 것이었다. 이를 통해 오늘날 독자도 1세기 팔레스타인 지역의 독자들과 같이 예수의 말씀을 듣고 느낄 수 있도록 하려 했다. 가령 "화있을진저"(woe to you)가 "빌어먹을"(damn you)로 새롭게 번역되었다. 반전의 충격을 더하기 위해 산상수훈의 "가난한 자는 복 있도다"(blessed are the poor)가 "축하합니다. 여러분 가난한 분들이여!"(congratulations, you poor!)로 번역되었다.[173]

또한 예수 세미나는 기독교의 정경인 4복음서(마태복음, 마가복음, 누가복음, 요

---

169) Luke Timothy Johnson, *The Real Jesus: The Misguided Quest for the Historical Jesus and the Truth of the Traditional Gospels* (SanFransisco: HarperOne, 1997)는 예수 세미나 참가자들이 결론을 이미 내려놓고 작업에 들어갔다고 비판한다. "Jesus Seminar," in http://en.wikipedia.org/wiki/Jesus_Seminar 참조.

170) 송봉모, 「예수 세미나의 역사적 예수 탐구와 이에 대한 비판」, pp. 21-22.

171) 서인선, 「첨단기술사회와 "역사적 예수"」, p.263.

172) Robert W. Funk, *The Five Gospels: The Search for the Authentic Words of Jesus* (New York: Scribner Book Company, 1993).

173) 누가복음 6장 20-21절. "Congratulations, you poor!/ God's domain belongs to you./ Congratulations, you hungry!/ You will have a feast./ Congratulations, you who weep now!/ You will laugh."

한복음) 외에 나그 함마디(Nag Hammadi) 문서인 도마복음을 다섯 번째 복음서로 추가하고 도마복음이 역사적 예수의 진정한 말씀을 기존의 4복음서보다 더 담고 있다고 여긴다. 예수 세미나 참가자들은 도마복음에만 나타나는 예수 어록 등이 4복음서들의 원형이라는 Q복음서와 같은 시기에 기록되었다고 전제하기 때문이다. 그러나 송봉모가 지적하듯이 이 전제는 도마복음에만 나오는 기록들이 도마복음과 함께 나그 함마디에서 발견된 다른 자료들처럼 영지주의적 경향을 보이며 150년경에 그리스어로 기록되었다가 훗날 콥트어[174]로 번역되었다는 사실과 맞지 않는다.[175] 게다가 기독교의 정경인 4복음서보다 위서인 도마복음을 더 중시하는 이 입장은 그런 순수 학문적 탐구를 통해 구성한 역사적 예수를 기독교 신앙의 대상으로 삼아야 하는가는 물음에 대해 제대로 답변하지 못할 것으로 보인다. 위경을 정경보다 더 우위에 두는 사람은 더 이상 역사적 기독교에 속했다고 주장할 수 없기 때문이다. 또한 최갑종의 지적처럼 예수께서 죽으신 지 30여 년 뒤에 기록되었다고 여겨지는 4복음서와 50-60년대에 기록되었다고 여겨지는 바울서신 등은 도마복음서나 베드로복음서보다 훨씬 이전에 기록된 문서이다. 도리어 도마복음서나 베드로복음서가 2세기 영지주의의 영향을 받아 정경복음서에 나타난 예수의 말씀과 행위를 재구성했을 가능성이 높다.[176] 바울과 복음서 저자만큼이나 역사적 예수를 잘 아는 사람도 없었을 것이라는 사실이 편견 없이 고려되어야 한다. "역사와 신학, 신앙과 역사, 복음서의 본문과 역사적 실제 등과 같은 이분법이나 양자 간의 분리는 역사적 비평의 산물이지 1세기의 크리스천들이나 복음서 저자들의 산물은 아니다."[177]

---

174) 고대 이집트어의 마지막 단계에 해당하는 함셈어로서 2세기경부터 이집트에서 사용되었다. 콥트어는 초기 이집트어의 종교 용어를 그리스어에서 차용한 낱말로 대체했다.

175) 송봉모, 「예수 세미나의 역사적 예수 탐구와 이에 대한 비판」, pp.33-34.

176) 최갑종, 「20세기 서구 신약학에 대한 반성과 제언 - "역사적 예수연구"와 관련하여-」, pp.71-74.

177) 최갑종, 「20세기 서구 신약학에 대한 반성과 제언 - "역사적 예수연구"와 관련하여-」, pp.82-83, n.66.

특히 예수 세미나는 초대교회의 신학을 반영하는 신약성경이 그리스 철학의 영향을 받아 예수의 원래 말씀이 변형되었다고 여기는 하르낙의 신학을 좇아 요한복음의 역사성을 크게 무시한다. 하르낙에 따르면 요한복음은 4복음서 가운데 가장 신학화된 복음서로서 역사적 사실을 크게 기대할 수 없는 책이다. 예수 세미나 참가자들도 이 점에서 하르낙의 입장을 좇는다. 하지만 송봉모가 잘 지적하듯이 요한복음에 기록된 사건 가운데 고고학을 통해 역사성이 증명된 것들이 있다. 가령 요한복음 5장에서 베데스다 연못에는 행각이 다섯 개 있다고 기록되어 있는데, 기원전 2세기에 5개의 기둥과 함께 만들어진 이 연못은 예루살렘 동쪽 성문 스테반 문에서 가까운 성 내부에서 1978년에 발견되었다[178].

예수 세미나가 1992년부터 1997년까지 수행한 2차 작업은 초기 기독교 복음서들에 나타난 예수의 사역이 1차 작업에서 재구성한 예수의 진정한 말씀들과 일치하는지 확인했다. 그 결과가 1998년에 출판된 『예수 행전: 예수의 진정한 행위들을 찾아서』[179]이다. 그 책에 따르면, 그들이 발견한 예수는 전통적 기독교의 우상과 아주 달랐다: 나사렛 예수는 헤롯 대왕 통치 기간에 태어났으며, 어머니는 마리아였지만 아버지는 요셉이 아니었을 수도 있다. 예수는 베들레헴에서 태어나지 않고 나사렛에서 태어났다. 예수는 사회에서 버림받은 사람들과 식탁을 같이 하는 순회 지혜자(itinerant sage)였다. 예수는 약품이나 마술을 사용하지 않고서도 병자들을 치유했다. 예수는 물 위를 걷지 않았고 보리떡 5개와 물고기 2개로 5천 명을 먹이지 않았고, 물을 포도주로 만들지 않았으며, 나사로를 부활시키지도 않았다. 예수는 하나님의 아들이라고 주장해서가 아니라 공적 불법방해죄로 예루살렘에서 체포되어 로마인들에 의해 십자가에서 처형되었다. 예수는 육체적 부활을 하지 않았으며 빈 무덤

---

178) 송봉모, 「예수 세미나의 역사적 예수 탐구와 이에 대한 비판」, pp.35-37.
179) Robert W. Funk (ed.), *The Acts of Jesus: The Search for the Authentic Deeds of Jesus* (San Francisco: HarperSanFrancisco, 1998).

은 허구이며, 초대교회의 부활 신앙은 바울과 베드로, 막달라 마리아의 환상 속의 경험에 근거를 둔다.[180] 예수 세미나에 따르면 부활 신앙은 후대 기독교의 신화 내지 창작이다. 역사적 예수에게 구원이란 지금 여기에 있는 하나님 나라로 사람들을 안내할 수 있는 지혜와 지식을 나눈 일이었다. 따라서 역사적 예수는 그 지혜와 지식을 전파하는 자였지 전파되어야 하는 진리 자체가 아니었다.[181]

하지만 예수 세미나가 예수의 십자가 처형의 원인을 공적 불법방해죄에서 찾는 데는 문제가 있다. 예수가 로마에 대한 대항 때문에 십자가 처형을 당했다면 예수를 따랐던 제자들도 같은 이유로 십자가 처형을 받아야 했는데 그렇지 않았기 때문이다. 또한 예수를 먼저 체포하여 재판에 회부한 사람은 로마 군인들이 아니라 유대교 지도자들이었다. 복음서에서는 예수가 로마 제국에 반발한 사례가 기록되어 있지 않다.[182] 물론 이 비판은 복음서의 진실성에 근거하는 것인데, 예수 세미나는 복음서 자체를 일종의 창작으로 보기에 이 비판을 피할 수 있다고 여길 것이다. 결국 복음서를 어떻게 이해할 것이냐가 관건이 된다.

예수 세미나의 2차 작업은 복음서에 나타난 예수의 행위 가운데 10개를 예수의 진정한 행위로 판정했다. 10개를 투표율에 따라 소개하면 다음과 같다. (1) 바알세불 논쟁(눅 11:15-17), (2) 광야의 소리: 막 1:1-8, 마 3:1-12, 눅 3:1-20, 에비온 복음서(Gospel of the Ebionites) 1. (3) 요한이 예수에게 세례를 주다(막 1:9-11, 마 3:13-17, 눅 3:21-22. 에비온 복음서 4), (4) 예수가 복음을 선포하다(막 1:14-15), (5) 죄인들과의 식사(막 2:15-17, 마 9:10-13. 옥시링쿠스 복음서들(Oxyrhynchus Gospels) 1224 5:1-2), (6) 헤롯이 요한을 목 베다(막 6:14-29, 마 14:1-12, 눅 9:7-9), (7) 십자가 처형, (8) 예수의 죽

180) "Jesus Seminar," in http://en.wikipedia.org/wiki/Jesus_Seminar.
181) 서인선, 「첨단기술사회와 "역사적 예수"」, pp.256-260.
182) 최갑종, 「20세기 서구 신약학에 대한 반성과 제언 - "역사적 예수연구"와 관련하여-」, pp.84-86.

음,[183] (9) 부활 후 나타나신 첫 번째 목록: 예수가 게바에게 나타나시다(고전 15:3-5), (10) 예수의 탄생: 예수의 부모 이름은 요셉과 마리아이다(마 1:18-25, 눅 2:1-7). 예수의 진정한 행위일 가능성이 있는 것으로 판정된 행위는 19개인데, 그 가운데 상위 순위 3개를 들면 다음과 같다. (1) 베드로의 장모를 고치심(막 1:29-31, 마 8:14-15, 눅 4:42-44), (2) 나병환자를 고치심(막 1:40-45, 마 8:1-4, 눅 5: 12-16 , 에거턴 복음(Egerton Gospel) 2:1-4), (3) 중풍병 환자와 네 친구(막 2:1-12, 마 9:1-8, 눅 5:17-26)[184]. 예수 세미나의 3차 작업은 1, 2차 작업에서 예수의 진정한 말씀과 행위로 판정된 구절들을 해석하는 일이다. 그 결과가 『예수의 복음: 예수 세미나에 따라』[185]이다.

E. 매스 미디어의 활용

또한 예수 세미나 참가자들은 그들의 논의과정과 논의 결과를 대중매체를 통해 의도적으로 일반 대중에게 알렸다.[186] 신학과 교회, 학문과 대중 사이의 간격을 좁혀야 한다는 것이 그들의 의도였다. 하지만 아직 학계에서 충분히 검증되지 않는 논의 결과를 전문지식과 전문적 비판능력이 없는 대중에게 홍보 방식으로 알리는 것은 위험한 일이다. 가령 의학계에서는 다양한 치료요법들이 가설로 제시될 수 있고 의학 학술대회에서 논의될 수 있지만, 정작 병원에서 환자를 대상으로 사용되는 치료요법은 충분한 시간과 토의를 거쳐 검증된 요법이다. 의학계가 가장 경계하는 것은 어떤 점에서 좋다는 가설이나 논문에 기대어 임상을 통해 검증되지 않은 치료법을 일반인들이 스스로 선택하는 것이다.

모든 사람이 새로운 논의에 대해 알 권리가 있다는 주장이 나올 수도 있다. 하

183) (7)과 (8)은 예수의 진정한 행위로 판정되지만, 그 행위에 대한 복음서 보고들은 예수의 진정한 말씀이 전혀 아니라고 판정되었다.

184) "Jesus Seminar," in http://en.wikipedia.org/wiki/Jesus_Seminar.

185) Robert W. Funk (eds.), *The Gospel of Jesus: According to the Jesus Seminar* (Santa Rosa, CA.: Polebridge Press, 1999).

186) 송봉모, 「예수 세미나의 역사적 예수 탐구와 이에 대한 비판」, p.12.

지만 평등한 권리를 보장하는 자유민주주의 원리가 제대로 작동하는 것은 올바로 투표하고 올바른 여론을 형성하는 데 필요한 최소한의 정치적 지식이다. 이런 점에서 아직 대부분의 학자들이 동의하지 않는 결과를, 제 3의 탐구를 수행하는 학자들 사이에서도 아직 공유되지 않은 결과를 대중매체를 통해 대중에게 홍보하고 알림으로써 일종의 세력을 형성하려는 것은 일반 그리스도인들을 배려하지 못하는 일이기도 하다.

같은 비판은 예수 세미나에게 내용적으로뿐 아니라 형식적으로도 기대고 있는 '신의 길, 인간의 길'에도 해당된다. 학계의 다양한 목소리를 대변하지 못하고 특정 입장의 학자들을 집중 인터뷰한 것이 그 예이다. 실제로 자유주의 신학을 따르는 학자들이 예수 세미나에 참여했으며 보수주의 신학자들은 초청받지 못했다. 또한 참가자들은 독일 학자 한 사람을 제외한다면 모두 북미의 백인 남자 신학자들이었다는 점에서 세계 신학계의 다양한 관점들을 반영하지 못했다. 더군다나 미국 주류신학교에 소속된 성경학자들이 이 세미나에 참여하지 않았기에 예수 세미나의 연구 성과를 신약학자들이 공인하는 성과로 보기 어렵다.[187] 윌리엄 레인 크레이그(William Lane Craig)에 따르면『다섯 개의 복음서』(The Five Gospels)에 수록된 74명의 학자 가운데 14명만 신약학 분야에서 두드러진 인물이며 반 이상은 2-3개의 논문을 발표한 무명의 사람들이며, 18명은 논문발표실적이 전혀 없다.[188] 또한 예수 세미나 참가자들은 자유주의 신학을 지향하는 하버드(Harvard) 대학교와 클레몽(Claremont) 대학교, 밴더빌트(Vanderbilt) 대학교의 출신들로 뭉쳐 있어 학문적 편향성을 보인다.[189]

187) 송봉모,「예수 세미나의 역사적 예수 탐구와 이에 대한 비판」, pp.28-29.

188) William Lane Craig, "Rediscovering the Historical Jesus: Presuppositions and Pretensions of the Jesus Seminar," (2005), in http://www.leaderu.com/office/billcraig/docs/rediscover1.html

189) Craig A. Blomberg, "*Where Do We Start Studying Jesus?*," *in Jesus Under Fire: Modern Scholarship Reinvents the Historical Jesus* (Grand Rapids: Zondervan 1995), p. 20. "Jesus Seminar," in http://en.wikipedia.org/wiki/Jesus_Seminar n. 33에서 재인용.

F. 예수 세미나의 예수상

그런데 예수 세미나가 그리는 역사적 예수는 기존 그리스도인들이 전통적으로 믿어왔던 내용과 크게 달랐다.[190] 그 예수는 죄인들을 위해 대속물로 죽지 않았으며 부활하지도 않았다. 충격적인 비유와 격언들을 통해 일종의 '사회복음'을 가르친 헬레니즘적 유대인 지혜자였다. 그 예수는 종말론적 인물이 아니라 체제 전복적 지혜자였다. 예수 세미나에 따르면 역사적 예수는 하나님 나라를 종말에 올 것으로 여기지 않고 이 세상 안에 이미 있지만 보이지 않는 것으로 가르쳤다. 그는 가르침과 행위를 통해 당시 기존의 유대교의 신학적 도그마와 사회 관습을 파괴한 우상파괴자였다. 역사적 예수는 당시 사회의 잘못된 전통에 대해 비판했지만 구체적 처방이나 행동을 보이지는 않았다. 그의 십자가 죽음은 축제 기간에 예루살렘 성전에서 선동을 한 죄 때문이었다. 이와 관련하여 위더링턴 3세(Ben Witherington III)[191]는 예수의 비유들을 통해 예수를 인종적 편견에 반대하고 경제적 부정의에 대해 분노하지만 타락한 사회에서 생존하는 법을 터득한 체제전복적 지혜자로 그린다.[192]

김준우에 따르면 역사적 예수 연구는 예수의 종교가 예수에 관한 종교로 신화화되는 과정을 밝혀 준다. 예수가 하나님의 아들인 것은 우리가 하나님의 아들인 것과 같다. 역사적 예수 연구에 따르면 우리는 예수처럼 하나님의 영에 사로잡혀 하나님을 믿고 하나님의 창조와 구원의 사역에 헌신해야 하며, 예수를 하나의 신으로 예배해서는 안 된다.[193] 전체적으로 예수 세미나가 그리는 역사적 예수는 유대적이기보다 헬레니즘적이었다.

이은선에 따르면 로버트 펑크(Robert W. Funk)[194]도 기독교 신앙의 토대를 예수

---

190) 송봉모, 「예수 세미나의 역사적 예수 탐구와 이에 대한 비판」, p.12.
191) Ben Witherington III, *The Jesus Quest: The Third Search for the Jew of Nazareth* (Downers Grove, IL.: Inter Varsity Press, 1997).
192) 송봉모, 「예수 세미나의 역사적 예수 탐구와 이에 대한 비판」, pp.24, 26-27.
193) 김준우, 「역사적 예수에 기초한 설교 패러다임의 변화」, pp.425-426.
194) 로버트 펑크, 『예수에게 솔직히: 새로운 밀레니엄을 위한 예수』(서울: 한국기독교연구소, 2006).

를 하나님과 인간 사이의 중보자인 그리스도로 고백하는 베드로나 바울의 신앙에서 찾지 않으려 한다.

펑크에 따르면 인간이 중보자 없이 하나님을 직접 만나기 위해서는 역사적 예수에게 메시아적 중보자라는 존재론적 지위를 부여해서는 안 된다. 그런 존재론은 다른 종교들에게는 구원의 길을 허용하지 않기 때문에 그 존재론을 제거하는 순간 기독교의 절대성이 제거됨으로써 모든 종교들은 상대화되고 종교 간의 공격적 선교는 불가능해지기 때문이다. 그 경우 특정 종교의 특정 교리가 다른 종교의 다른 교리들에 대해 우월성을 주장할 수 없게 된다. 펑크에 따르면 역사적 예수의 소명은 하나님 왕국에 대한 비전에 의해 주어지며, 이 비전은 모든 사람이 품을 수 있는 것이기도 하다. 따라서 펑크에 따르면 신앙의 그리스도의 십자가 죽음을 통한 구원이라는 의존적이고 외적인 구원관은 포기되어야 하며 인간 스스로 윤리적 수행을 통해 스스로에게 상벌을 주는 자율적이고 내적인 구원관이 받아들여져야 한다. 펑크에게 예수는 체제 전복적 지혜자이며, 다른 지혜자들과 비교될 수 있는 존재이다. 펑크의 목적은 기독교로부터 현세가 아니라 내세에서 정의가 실현되는 내세지향적, 종말론적 요소를 제거하는 데 있다.

이를 위해 펑크는 기독교의 정경인 성경을 해체하고 도마복음이나 베드로 복음서와 같은 1세기 다른 문헌들까지 포함해서 자신의 입장에 맞는 텍스트를 만들어 새로운 정경으로 삼으려고까지 한다[195]. 특히 펑크는 자신의 연구를 다시 새롭게 하는 탐구(the reNEWed quest)로 부름으로써 역사적 예수와 복음서의 예수 사이의 연속성을 여전히 인정하는 제 3의 탐구와 자신의 탐구를 구분한다. 결국 이 점에서 펑크는 역사의 예수와 신앙의 그리스도 사이의 철저한 불연속성을 인정하는 옛 탐구로 돌아간 셈이다. 펑크는 자신이 기존의 제도화된 종교를 전복한 현자인 역사적 예수처럼

195) 이은선, 「페미니즘 몸 담론과 역사적 예수, 그리고 다원주의적 여성 기독론」, pp.55-58.

자신의 탐구를 통해 기존의 기독교를 전복하는 역할을 수행할 수 있다고 믿는다.[196]

기독교의 정경 확립도 종교의 제도화 과정의 일환이므로 그는 복음서의 정경성을 부정함으로써 자신이 원하는 기독교를 재구성할 수 있는 자유를 얻는다. 하지만 그는 복음서의 정경성을 부정하기 때문에 더 이상 자신이 그리스도인이라고 해서는 안 될 것이다. 자신이 얻고 싶은 입장을 구성하기 위해 텍스트를 해체하는 일은 텍스트를 빌어 자기 이야기를 하고 있는 것일 뿐이다. 스스로 다른 이름의 종교를 만들 수는 있을지 모르지만, 역사적 기독교가 사용해 온 '기독교'라는 브랜드 내지 개념을 임의적으로 다르게 정의함으로써 자신의 것으로 삼을 수는 없는 일이다. 하지만 펑크가 역사적 예수에서 기존의 종교를 전복하는 지혜자의 모습을 찾고 싶어 하고 그것이 일부 호응을 얻는 이유는 단순히 이론적 차원에만 있는 것 같지 않다. 기독교의 기존 교회와 제도에 대해 불만을 품는 사람들이 있기에 그 연구가 일부 호응을 받는 것이다. 이는 SBS 기획방송 '신의 길, 인간의 길'이 한국 기독교의 반발에 직면했음에도 불구하고 일부 사람들에 의해 환영받은 것과 맥락을 같이 한다. 특히 펑크 등이 세대주의적 종말론을 비판하고 있다는 점도 눈여겨 볼만하다.[197] 따라서 펑크와 같은 학자들의 연구가 호응을 받을 수 있는 여지를 없애는 것도 중요하다고 여겨진다. 이는 한국 기독교의 도덕성 회복과 밀접하게 연결될 것이다.

또한 예수 세미나 참가자들이 대부분 이해하는 예수는 세상의 종말을 준비해야 하는 묵시적 종말론 대신 이 세상을 개선해야 하는 지혜적 종말론(sapiential eschatology)을 주장한다. 이는 교단이 설립한 신학교의 신학자들보다 일반 대학교 등의 신학자들이 예수 연구를 주도하면서 등장한 제 3의 탐구가 대체로 예수를 종말론적으로 이해하지 않으려는 경향과 일치한다. 이 시기부터 많은 학자들은 예수의 하나님 나라를 '실현된 종말'(realized eschatology)로 여겼다. 묵시적 종말론은 역사

196) 서인선, 「첨단기술사회와 "역사적 예수"」, pp.260-262.
197) 서인선, 「첨단기술사회와 "역사적 예수"」, p.263.

적 예수의 것이 아니라 세례 요한과 초대 기독교 공동체의 것으로 여겨졌다.[198]

그러나 펑크 등이 이해하는 '종말론적'이라는 개념은 좁아 보인다. 잘못 이해된 '종말론'은 현실을 완전히 부정하고 내세만 바라보는 입장이다. 시한부 종말론 등이 그러하다. 하지만 기독교의 종말론은 그렇게 평면적이지 않다. 내세를 이야기하면 할수록 현실 변혁적 요소를 더 지닌다. 유한하고 타락한 인간들이 현실 참여를 통해 왜곡된 현실을 완전히 바로잡을 수 없다는 것은 모든 사람들의 경험이다. "왜 정의가 구현되지 않으며, 왜 정의로운 사람은 고통을 받으며 왜 부정의한 사람은 더 성공하는가?"라는 일종의 신정론적 물음은 구약 이스라엘에서뿐 아니라 인류 역사 곳곳에서 발견된다. 모든 잘못을 바로 잡고 판정할 종말이 있다는 확신은 도리어 아직 완전히 회복되지 못한 현실 가운데서도 사람들이 타협하지 않고 계속 이상을 추구할 수 있는 힘을 준다. 그런 의미에서 제대로 이해된 종말론은 현실을 부정하기보다 현실을 개혁하고자 하는 힘을 준다. 펑크는 역사 속에 나타난 잘못된 종말론을 겨냥하다가 건전한 의미의 종말론 자체를 포기하는 잘못을 저지른다. 목욕물을 버리려다 아기까지 버리는 격이다.[199]

제 3의 탐구를 수행하는 학자들이 발견한 역사적 예수는 매우 다양한 모습으로 나타나기에 그 예수가 과연 진정한 역사적 예수인지 의문이 든다.[200] 크로산에 따르면, 역사적 예수는 땅이 없는 농부 출신의 문맹의 '견유학파적 유대인'이다.[201] 보그

198) Marcus Borg, *Jesus in Contemporary Scholarship* (Philadelphia, PA.: Trinity Press International, 1994), p.36. 특히 1장「예수 연구의 르네상스」(A Renaissance in Jesus Studies) 참조.

199) Dale Allison, *Jesus of Nazareth: Millenarian Prophet* 참조. 특히 크로산(John Dominic Crossan)과 보그(Marcus Borg)에 대해 비판이 집중된다. "Jesus Seminar," in http://en.wikipedia.org/wiki/Jesus_Seminar 참조.

200) 최갑종, 「20세기 서구 신약학에 대한 반성과 제언 – "역사적 예수연구"와 관련하여–」, p.67.

201) John Dominic Crossan, *The Historical Jesus, The Life of a Mediterranean Jewish Peasant* (San Francisco: HaperSanFrancisco, 1991); God and Empire: Jesus Against Rome, Then and Now (San Francisco: HaperOne, 2008). 크로산에 따르면 역사적 예수는 하나님의 나라를

(M. Borg)는 역사적 예수를 하나님의 영, 즉 성령에 사로잡혀 1세기 팔레스타인 문화에 대안적 지혜를 제공한 문화 운동가, 카리스마적 치유자, 지혜자, 사회 예언자, 부흥 운동의 창시자로 이해한다.[202] 이은재는 예수 세미나 연구가들이 제시한 역사적 예수를 "정치적 혁명가, 엘리야와 엘리사의 전통을 잇는 1세기 대중적 주술사, 카리스마적 인물, 랍비, 유대교 갱신운동의 창시자, 헬렐 학파 또는 최초의 바리새파, 에세네파, 종말론적 예언자, 유대인 농민 철학자 등"으로 요약한다.[203] 제 3의 탐구를 수행하는 학자들이 내놓은 역사적 예수의 모습은 너무나 다양하고 때로 서로 상충하기까지 한다.[204]

최갑종이 잘 지적하듯이 제 3의 탐구를 수행하는 학자들이 제시하는 예수가 서로 다른 이유는 "서구의 신학자들이 제각기 그들 자신의 예수를 만들고 있기 때문"이다. 어떤 전제를 갖고 어떤 방법론을 사용해서 문제에 접근하느냐에 따라 대답이 달라지기 때문이다. 어떤 방법론을 선택하는 것 자체가 이미 특정 입장을 전제한다.[205] 제 3의 탐구를 수행하는 학자들은 이미 역사적 예수와 복음서의 예수(신앙의 그리

미래의 것이 아니라 이미 현재인 것으로 이해하고 당대 문화를 거부했다. 무료 치유와 공동 식사를 결합해서 유대교와 로마권력의 가부장적 위계질서를 부정했다. 역사적 예수는 하나님과 인간 사이의 중보자가 아니라, 하나님과 인간 사이에, 인간과 인간 사이에 그런 중보자가 없다고 선포한 사람이었다(John Dominic Crossan, The Historical Jesus, pp. 421-422). 그는 복음서를 문자 그대로 읽지 말고 의미만 살펴보라고 제안한다. 이와 관련하여 그는 예수가 십자가에 처형당한 후 무덤에 묻히지 않고 당시 십자가형을 받았던 죄수들처럼 짐승들의 밥이 되었을 가능성이 있다고 주장한다. "John Dominic Crossan," in http://en.wikipedia.org/wiki/John_Dominic_Crossan

202) 『예수 새로 보기, 영, 문화, 제자됨』(서울: 한국신학연구소, 1997). 보그는 역사적 예수, 즉 부활절 이전의 예수를 부활절 이후의 예수로 구분하고, 오늘날 그리스도인들이 인격적으로 경험하는 신적 존재는 부활절 이후의 예수라고 주장한다. 보그는 역사와 의미를 명확히 구분함으로써 사건이 실제로 일어났느냐가 중요하기보다 그 사건이 오늘날 어떤 의미를 지니느냐가 중요하다고 여긴다. 따라서 그에게 성경은 하나님의 말씀이기보다 하나님을 경험한 사람들의 기록이기에 중요하며, 특정 공동체에게 중요하기에 거룩한 책이다. Marcus Borg, *Reading the Bible Again for the First Time: Taking the Bible Seriously but not Literally* (San Francisco: HarperSan-Francisco, 2001), pp.28-29.

203) 이은재, 「성서에 대한 역사비평 방법론의 전개와 그 과제」, pp.92-93.

204) 서인선, 「첨단기술사회와 "역사적 예수"」, p.235.

205) 최갑종, 「20세기 서구 신약학에 대한 반성과 제언 - "역사적 예수연구"와 관련하여-」, pp.69-70.

스도)가 다르다는 전제에서 출발하며, 4복음서가 정경이기보다 하나의 문서 내지 초대교회의 신앙고백문서라는 인식에서 출발하기에 4복음서 이외의 문서들도 4복음서와 같은 권위를 지닌 문서로, 때로 그보다 더 권위가 있는 문서로 인정하는 방법론을 취한다. 역사-비평적 방법은 복음서를 성령의 감동으로 쓰인 정경으로 대하지 않고 인간 저자의 세계관과 전제에 의해 구성된 작품으로 대한다. 물론 학문적으로 복음서를 하나의 문서로 연구해 볼 수는 있지만, 그 연구 결과를 복음서에 관한 진실 전체로 받아들이는 것은 이미 복음서를 역사적 사실에 기초하는 정경으로 인정하지 않는 일이다. 최갑종의 지적처럼 우리는 "우리의 역사과학적 비평 방법 자체를 지나치게 맹신하지 않아야" 하며, "복음서 그 자체가 탐구자 자신과 그의 방법론 자체를 비판할 수 있는 여지를 만들어 두어야" 한다.[206]

제 3의 탐구의 대표적 학자 가운데 하나인 라이트(T. Wright)는 예수 세미나 연구자들과는 달리 슈바이처처럼 역사적 예수를 유대교의 종말론에 비추어 해석한다. 그에 따르면 자신들을 여전히 바벨론의 '포로 상태'와 같은 상태에 있다고 여기는 1세기 유대인들에게 예수는 이스라엘의 하나님 왕국을 선포하는 예언자인 동시에 "포로의 종식과 언약의 갱신, 죄의 용서를 가져오기 위해" 온 이스라엘의 대표자였다. 그에 따르면 역사적 예수는 "추상적인 속죄 신학을 제공하는 것이 아니라" 하나님의 왕국을 알리고 그 왕국을 이 땅에 실현하기 위해 죽는 "종말론적 예언자 내지 메시아"였다.[207] 라이트는 역사적 예수를 예수 당시의 유대교라는 정황 속에 둠으로써 종말론적 요소를 되살리는 동시에, 역사적 예수의 종말론을 이 땅에 '실현된 종말론'으로 여김으로써 묵시적 종말론을 배제한다. 따라서 그에 따르면 역사적 예수는 인류의 구속을 이루는 신적 존재가 아니라 이스라엘 백성의 포로귀환을 이루는 선구자

206) 최갑종, 「20세기 서구 신약학에 대한 반성과 제언 - "역사적 예수연구"와 관련하여-」, p.79.
207) 서인선, 「첨단기술사회와 "역사적 예수"」, pp.253-256.

내지 선지자이다.[208] 그런 점에서 라이트는 역사적 예수의 신성을 인정하지 않으려는 제 3의 탐구에 속한다고 할 수 있다.

제 3의 탐구를 수행하는 학자 가운데 맥(Burton L. Mack)[209]은 사회 집단의 형성이라는 관점에서 기독교의 기원을 다룬다. 그는 복음서를 역사와 대조되는 신화로, 역사적 예수에 대한 설명이 아니라 초기 기독교운동의 신앙고백 문서로 여긴다. 그는 역사적 예수가 그리스-로마의 견유학자 스타일처럼 방랑하는 지혜자였으며, 초기 '예수 운동'도 이와 비슷한 모델을 따랐다고 주장한다.

가톨릭 사제 존 마이어(John Paul Meier)는 역사비평적 연구방법을 통해 가톨릭 신자와 개신교 신자, 유대교 신자와 불가지론자가 모두 동의할 수 있는 역사적 예수를 찾고자 한다. 『주변적 예수』 1권에서 그는 역사적 예수와 복음서의 예수를 구분하며 역사적 예수가 1세기 지중해 세계에서 주변부에 위치한 팔레스타인에서도 주변적인 유대인이었다고 주장한다. 예수는 목수라는 안정된 직장을 버리고 떠돌아다님으로써 스스로는 당대 팔레스타인에서 주변인물로 만들었다.[210] 2권에서는 세례 요한을 역사적 예수의 멘토(mentor)로 소개하며 1권의 연구 결과를 복음서에 나타나는 기적 이야기들에 적용한다.[211] 마이어에 따르면 역사적 예수는 1세기 팔레스타인 시골에서 방랑하면서 복음을 전하고 이적을 행하다가 세례 요한의 묵시적 활동을 접한 다음 하나님의 임박한 왕국에 관한 자신의 메시지를 발전시켰다. 나사렛 예수는 우주적 그리스도도 아니고 구원자도 아니며, 종말론적 설교자였고 기적 행위자였다. 마

---

208) N. T. Right, *Jesus and the Victory of God* (Minneapolis: Fortress, 1996), 박문재 옮김, 『예수와 하나님의 승리』(서울: 크리스챤다이제스트, 2004).

209) Burton L. Mack, *The Lost Gospel: The Book of Q and Christian Origins* (San Fransisco: Harper One, 1994); *Who Wrote the New Testament?: The Making of the Christian Myth* (San Fransisco: Harper One, 1996). 맥은 클레몽 신학교(Claremont School of Theology)에서 초기 기독교를 가르치는 존 웨슬리(John Wesley) 석좌교수였으며 지금은 명예교수이다.

210) John Paul Meier, *Marginal Jew: Rethinking the Historical Jesus: The Roots of the Problem and the Person* vol. 1 (New York: Doubleday, 1991).

211) John Paul Meier, *Marginal Jew: Rethinking the Historical Jesus: Mentor, Message, and Miracles* vol. 2 (New York: Doubleday, 1994).

이어는 예수가 세례 요한의 가르침과 생각에 크게 의존한다. 3권에서 마이어는 제자들과 군중들, 경쟁자들의 맥락에서 예수를 이해하고자 한다.[212] 1세기 팔레스타인의 바리새인들과 사두개인들, 에세네파, 서기관들, 젤롯당 등이 예수의 경쟁자였다. 마이어는 4권에서 역사적 예수의 사역을 모세 율법, 가령 이혼과 맹세, 안식일 준수 등과 관련하여 다룬다. 4권에서는 할라카 미드라쉬(Halakhic Midrash)를 가르친 율법 선생으로서의 예수가 부각되며, 예수가 당대 유대교 안에 율법 선생으로서 완전히 자리 잡았다는 사실이 강조된다. 여기서 예수는 모세 율법을 당대 유대교와는 너무나 다르게 해석함으로써 주변 인물이 되었다.[213]

그런데 그는 예수가 당대 사회와 문화, 역사에서 주변적 인물이었다는 사실을 강조한다. 그에 따르면 예수의 주변성(marginality)은 예수 사후 서구 문화에서 예수가 차지한 중심된 위치와 크게 대조된다. 신성이 제거된 예수는 유대교인들도 받아들일 수 있는 예수가 될 것이다. 결국 예수 세미나 등 제 3의 탐구가들이 겨냥하는 것은 예수의 신성을 제거하고 예수를 우리가 닮아야 하는 하나의 모델로 제시함으로써 종교간의 화합을 이루는 데 있음을 알 수 있다. 유신론(theism)을 받아들이는 종교들 사이의 벽을 무너뜨리기 위해서는 위로부터의 기독론을 제거해야 하기 때문이다.

위더링턴 3세는 이전의 예수 세미나 학자들에 비해 학문적이라는 평가를 받는다. 그는 이전 학자들이 역사적 예수를 한 측면으로만 환원시키려 한 점을 비판하면서 다양한 측들을 모두 인정하지만, 역사적 예수를 지혜(chochmah)의 구현으로 보는 것이 가장 좋다고 여긴다.[214] 하지만 그에게도 역사적 예수는 우리와 같은 인간일 뿐이다.

---

212) John Paul Meier, *Marginal Jew: Rethinking the Historical Jesus: Companions and Competitors* vol. 3 (New York: Doubleday, 2001).

213) John Paul Meier, *Marginal Jew: Rethinking the Historical Jesus: Law and Love* vol. 4 (New York: Doubleday, 2009).

214) Ben Witherington III, *The Jesus Quest: The Third Search for the Jew of Nazareth*.

일반적으로 제 3의 탐구 가운데 보그와 크로산, 피오렌자(Elizabeth Schussler Fiorenza)가 급진적이며, 라이트와 마이어, 위더링턴 3세가 보다 전통적이라는 평가를 받는다. 하지만 위에서 살펴본 것처럼 역사적 예수의 신성을 부정한다는 점에서는 그들 모두 공통점을 지닌다.

III. 나가는 말

제 3의 탐구는 기독교의 핵심인 기독론과 관련된 연구를 많이 촉진시킴으로써, 특히 1세기 팔레스타인에 대한 연구와 당대 다른 문서들에 대한 연구를 통해 예수와 예수의 사역에 대한 이해를 깊이 하는 데 도움을 주는 자료들을 많이 발굴한 공헌이 있다. 하지만 연구의 부산물이 연구 자체를 정당화할 수는 없는 일이다. 제 3의 탐구는 기본적으로 역사의 예수와 신앙의 그리스도를 구분하고 역사의 예수에게서 신성을 부정해야 한다는 잘못된 전제에서 출발한다. 예수 그리스도에 대한 신앙고백이 객관적, 역사적 현실과 무관하지 않아야 하기 때문이다.[215] 예수 그리스도의 신성을 인정하지 않는 한 기독교는 성립할 수 없다.[216] 또한 제 3의 탐구는 역사적 예수를 1세기 유대적 배경 속에서 파악하는 과정에서 역사적 예수를 너무 유대교적으로 묘사하면서 예수 죽음의 구속적 성격을 충분히 인정하지 않는 것처럼 보인다.[217]

또한 제 3의 탐구는 역사적 예수를 1세기 유대교 배경에서 파악하고자 함으로써 예수의 신성만 강조하고 예수의 역사성을 무시한 불트만 신학의 약점을 잘 보완해 주었다. 역사성을 배제한 케리그마는 실제 우리에게 영향을 끼치는 케리그마가 될 수

215) 서창원, 「역사적 그리스도의 그리스도론적 의미」, p.66.
216) 이은재, 「성서에 대한 역사비평 방법론의 전개와 그 과제」, p.66.
217) 변종길, 「첨단 기술 사회와 "역사적 예수"에 대한 논평」, pp.270-274.

없다. 이 점에서 제 3의 탐구는 예수의 역사성을 강조하는 판넨베르그와 맥락을 같이 한다.[218] 하지만 예수의 역사성을 강조하는 과정에서 예수의 신성을 부정한 점은 지적되어야 할 부분이다. 특히 예수의 부활을 역사적 사실로 여기기보다 초대교회 공동체의 신앙고백의 대상으로만 이해한다는 점에서 제 3의 탐구 역시 초자연적인 것을 부정하는 현대 계몽주의의 영향을 그대로 받고 있다. 제 3의 탐구의 전제 자체가 가치중립적이지 않다는 이야기이다. 제 3의 탐구는 기적과 같이 초자연적인 것을 인정하는 기독교의 전제보다 초자연적인 것을 배제하는 현대 자연주의(naturalism)라는 전제를 선택하며, 신약성경을 정경으로 여기기보다 다른 문서들과 동일한 문서들로 여긴다. 성경의 상대화가 이루어진 셈이다.[219]

이 점에서 제 3의 탐구는 객관적인 과학적 방법을 사용한다고 자처하지만 사실 기독교가 허용하지 않는 입장을 전제로 삼아 출발하고 있는 셈이다. 제 3의 탐구는 역사적 예수를 찾는 과정에서 역사에서는 초자연적 개입이 가능하지 않다는 실증주의적, 자연주의적 역사관을 전제한다.[220] 이는 제 3의 탐구를 수행하는 신학자들이 자연주의라는 전제를 받아들이는 세속화된 대학교에서 연구를 수행하는 것과도 무관하지 않다. 사실 제 3의 탐구를 수행하는 신약 학자들은 객관적 연구방법을 사용한다고 하면서도 사실 자신들이 전제하고 기대하는 예수를 만들어 내는 데 그쳤다고 할 수 있다. 우리 가운데 오신 예수를 발견하기보다 우리 시대와 관련하여 우리가

218) 권호덕, 「그리스도와 신비한 연합의 시각으로 본 '예수의 역사적 실재성과 그 의미」, 『개혁신학』 14 (2003), pp.100-128. 권호덕은 판넨베르그와 관련하여 예수의 역사적 삶을 모범으로 삼는 오늘날 그리스도인들의 삶을 통해 역사적 예수의 삶을 역으로 찾아볼 수 있다고 제안한다.

219) 최갑종, 「20세기 서구 신약학에 대한 반성과 제언 - "역사적 예수연구"와 관련하여-」, pp.94-95.

220) 피오렌자(Elisabeth Schussler Fiorenza)가 1980년대 시작된 역사적 예수 연구가 레이건과 대처의 정치적 보수주의를 반영하여 해석이 제거된 역사적 사실에 집착하는 역사실증주의 입장을 취한다고 비판할 수 있는 이유는 페미니즘이라는 다른 시각을 가졌기에 가능했다. Elisabeth Schussler Fiorenza, *Jesus: Miriam's Child, Sophia's Prophet: Critical Issues in Feminist Christology* (New York: Continuum, 1995), p.87. 이은선, 「페미니즘 몸 담론과 역사적 예수, 그리고 다원주의적 여성 기독론」, p.63 참조.

발견하고 싶어 하는 예수를 발견한 셈이다.[221] 시대에 따라 변하는 것은 하나님의 아들 예수가 아니라 우리 자신과 우리 자신의 생각이다.[222]

역사를 살펴보면 각 시기마다 학자들은 당대 지배적인 세계관을 반영하는 전제에서 출발하여 학문 연구를 수행해 왔으며, 세계관이 바뀔 때마다 이전의 학문성과를 부정하거나 수정해야 했다. 포스트모더니즘이 등장함에 따라 18세기부터 20세기까지 학문 세계를 지배했던 객관주의와 자연주의는 이제 더 이상 힘을 발휘하지 못하고 있다. 하지만 학문의 지체 현상 때문에 아직도 많은 학자들은 과거 계몽주의 시대의 전제들 위에서 학문 작업을 수행하고 있다. 제 3의 탐구도 마찬가지 맥락에서 이해될 수 있다. 칼 포퍼(Karl Popper)의 지적처럼 과학(학문)은 언제나 수정 가능한 것이지 최종적인 것은 아니다. 이와는 달리 우리는 성경은 하나님의 말씀이라고 고백한다. 신앙과 무관하게 학문적 차원에서 성경을 하나의 텍스트로 여겨 연구해볼 수는 있다. 하지만 그리스도인이라면 성경이 하나님의 말씀이라는 고백 위에서, 그 전제로부터 시작해서 자신의 신학 내지 학문을 전개해야 할 것이다. 가령 앨빈 플랜팅가(Alvin Plantinga)나 니콜라스 월터스토프(Nicholas Wolterstorff)와 같은 미국의 기독교철학자들은 성경이 하나님의 말씀이라는 고백 위에서, 하나님에 대한 믿음 위에서 자신의 철학을 전개해 나감으로써, 기독교가 이성적으로도 가장 탁월한 이론을 지니고 있음을 변증하고 있다. 그런데 정작 신학자들이 비기독교적인 전제에서 출발하여 신학을 수행한다면 "신학이 발전할수록 교회가 문을 닫는다"는 한탄을 정당화하는 셈일 것이다.

더구나 연구의 출발점이 되는 전제가 기독교가 받아들일 수 없는 전제임을 가린 채 아직 학계에서 충분히 검증되지 않은 연구결과를 매스 미디어를 통해 일반인을 설득함으로써 학계의 주도권을 잡으려는 예수 세미나의 태도는 바람직하지 못하

---

221) 서인선, 「첨단기술사회와 "역사적 예수"」, pp.243-244.
222) 변종길, 「첨단 기술 사회와 "역사적 예수"에 대한 논평」, p.272.

다. 철학자 데카르트(Descartes)도 확실한 지식을 얻기 위해 모든 것을 회의적으로 검토할 때 그것이 하나의 사고실험임을 밝혔으며 현실에서는 진리로 인정된 것들에 따라 살아야 한다고 조언했다. 또한 데카르트가 방법론적 회의를 통해 도달한 결론은 기존에 진리로 인정된 것과 크게 다르지 않았다. 단지 그 진리를 입증하는 방법만 달랐을 뿐이다. 이처럼 학문적 차원에서, 가설의 차원에서 여러 가지 시도를 해 볼 수 있고 여러 가지 실험을 해 볼 수 있다. 또한 그런 작업을 통해 기존 진리의 의미를 더 깊이 이해할 수도 있다. 하지만 하나의 사고실험을 현실에 바로 적용하는 일은 임상실험을 거치지 않은 이론을 가지고 바로 수술하려는 것과 같다. 자신의 학문적 명성과 지위만 생각하고, 교회 현장에 있는 그리스도인들을 배려하지 않는 일이다. 자신의 학문 작업이 실제로 사람들에게 생명을 주는지 해악을 주는지 생각해 볼 필요가 있다.

우리는 복음서에 나타난 예수가 역사의 예수이며 복음서가 우리가 신앙을 갖기에 필요한 역사적 정보를 충분히 담고 있다고 고백해야 한다.[223] 복음서는 역사적 예수에 관한 전기로서 쓰인 것이 아니라 예수가 그리스도이심을 고백함으로 구원 받도록 하기 위해 쓰인 것이다. 하지만 그 기록은 창작이 아니라 역사적 사실을 반영한다. 복음서는 예수가 누구이신지, 예수가 어떤 사역을 하셨는지에 대해 역사적 기록과 우리에게 대한 의미를 동시에 담고 있다. 예수의 신성과 인성이 동시에 나타나 있는 곳이 복음서이다. 사실과 의미가 서로 분리될 수 없다는 것이 오늘날 해석학의 결론이기도 하다.

예수께서 빌립보 가이사랴 지방에 이르러 제자들에게 물으셨다. "사람들이 인자를 누구라 하느냐?"(마 16:13). 오늘날 많은 역사적 예수 연구가들과 관련하여 우리는 다음과 같은 질문을 받을 수 있다. "오늘날 역사적 예수 연구가들이 인자를 누구라 하느냐?" 제자들은 대답했다. "더러는 세례 요한, 더러는 엘리야, 어떤 이는 예레미야

223) 서인선, 「첨단기술사회와 "역사적 예수"」, p.237.

나 선지자 중의 하나라 하나이다."(마 16:14) 우리는 이렇게 대답할 수 있다. "어떤 학자는 비종말론적 지혜자, 어떤 학자는 견유학파적 유대인, 어떤 학자는 체제전복적 지혜자, 어떤 학자는 우상 파괴자, 어떤 학자는 소피아, 어떤 학자는 종말론적 예언자라고 합니다." 예수께서 제자들에게 물으셨다. "너희는 나를 누구라 하느냐?" 시몬 베드로는 "주는 그리스도시요 살아 계신 하나님의 아들이시니이다"라고 대답했다. 예수께서 대답하셨다. "시몬아, 네가 복이 있도다. 이를 네게 알게 한 이는 혈육이 아니요 하늘에 계신 내 아버지시니라."(마 16:15-17) 예수의 질문에 대해 우리도 시몬 베드로와 같이 대답해야 한다. "주님은 하나의 모범적 인간이 아니라 그리스도시요 하나님의 아들이십니다."[224] 이 지식은 1세기 팔레스타인 지역에 대한 실증주의적 연구에 의존한 지식이 아니다. 예수께서는 "이를 네게 알게 한 이는 혈육이 아니라"고 밝힌다. 하늘에 계신 하나님 아버지께서 우리에게 이 지식을 주신다. 신학은 이 신앙고백에서 출발해서 전개해야 하는 것이지, 혈육에 따라 전개해야 하는 것이 아니다.

이 고백에 대해 성서비평학자들은 객관적 학문 세계에 주관적 신앙고백을 개입시켜서는 안 된다고 주장할 것이다. 하지만 이러한 실증주의 자체가 하나의 세계관이고 전제임은 학계에서 이미 밝혀졌다. 이미 복음서 기록의 비역사성을 전제한 채 복음서 기록의 역사성을 증명해야 하는 부담을 상대편에게 넘기는 태도는 공정하지 못하다. 성경이 아닌 일반 역사 문서인 경우에도 그 기록의 역사성을 인정한 상태에서, 그 기록이 진실을 반영하고 있다는 전제에서 연구를 출발하는 것이 학계의 상식이다. 그 문서가 역사를 왜곡하고 있다면 그 사실을 증명해야 하는 부담은 그런 주장을 하는 사람에게 있다.[225]

SBS 기획방송 '신의 길, 인간의 길'이 이 글을 쓰게 된 동기가 되었다. 이 프로그

224) 서인선, 「첨단기술사회와 "역사적 예수"」, pp.263-264.
225) 박형용, 「"20세기 서구 신약학에 대한 반성과 제언"("역사적 예수연구"와 관련하여)에 대한 논평」, 『성경과 신학』 30 (2001), p.100. 이와 관련하여 로날드 내쉬, 『신앙과 이성』(서울: 살림, 2004)의 1장을 참조하시오.

램은 예수 세미나가 그러했듯이 신약학계의 고른 논의를 반영하지 않고 특정 분야와 입장만 편집해서 전달함으로써 한국교회의 보수적 태도를 비판하려는 원래의 취지를 충분히 살리지 못했다. 예수 세미나가 미국 상황에서는 도리어 미국 보수주의를 강화시켰다는 피오렌자의 지적도 고려하지 못한 것도 마찬가지 맥락에서 이해될 수 있다. 동시에 '신의 길, 인간의 길'은 예수 세미나가 그러한 것처럼 신학계의 최신 연구를 일반 그리스도인에게 알리고자 했다. 하지만 '신의 길, 인간의 길'은 그리스도인뿐 아니라 비그리스도인도 시청하는 공중파 방송에서 기독교 신학자들의 일부 편향된 시각만 방송함으로써 한국인들에게 기독교에 대해 잘못된 이해를 심어주었다는 점에서 비판받아야 한다. 만일 일반 그리스도인에게 신학계의 최신 연구를 전하고자 하는 의도였다면 기독교방송 등 그리스도인이 주로 접하는 매체를 사용해야 했을 것이다. 한국 기독교가 '신의 길, 인간의 길'에 대해 반발하는 이유도 바로 여기에 있다.

또한 '신의 길, 인간의 길'은 예수의 신성을 부정하고 인성만 강조하는 학자들의 의견을 집중 전달하여, 예수의 인성을 부정하고 유대교와 기독교, 이슬람교 사이의 차이를 없앰으로써 종교 간의 화해를 도모하고자 하는 일부 신학자들의 의도를 충실히 따랐다. '신의 길, 인간의 길'에게 중요한 것은 한국 내의 종교 간의 평화이지 진리 자체는 아니었던 셈이다. 하지만 '1+1=2'가 참이 아니라 '1+1=3'이 참이라고 주장하는 사람과 평화를 유지하기 위해 '1+1=2'의 참됨을 부정할 수는 없는 일이다. 단지 '1+1=3'이라고 주장하는 사람을 어떻게 대하느냐에 따라 평화를 유지하면서도 진리를 주장할 수 있는 길이 열릴 것이다. '신의 길, 인간의 길'은 기독교가 절대적 진리를 주장하면서도 다른 종교들과 평화로운 관계에 있을 수 있는 길을 외면한 채 예수의 신성을 제거함으로써 기독교의 상대화라는 손쉬운 길을 선택하고자 한 것으로 보인다.

하지만 '신의 길, 인간의 길'이 제작될 수 있었던 풍토를 고려하는 것도 중요하다. 한국 기독교와 한국교회가 사회로부터 곱지 않은 시선을 받고 있는 상황이기에 그

프로그램이 기획되고 제작될 수 있었다. 따라서 이를 통해 한국 기독교는 건전한 신학이 반영되지 못하는 한국교회와 한국 그리스도인들의 삶을 살펴봄으로써 건전한 신학과 삶이 일치되는 방향을 추구해야 할 과제를 확인하게 되었다 할 수 있다. 건전한 신학 작업을 외면하고 감정 중심의 기독교를 지향할 때 역사적 예수 연구와 같이 예수의 신성을 부정하는 신학자들과 그들의 연구성과 앞에서 교회는 무너질 것이다. "신학이 발전하면 교회가 문을 닫는다"는 명제는 "건전한 신학이 발전하지 않고 (예수의 신성을 부정하는) 신학이 발전하면 교회가 문을 닫는다"는 의미로 이해되어야 할 것이다. 이와 관련하여 20세기 현대 신약학 분야의 예수 연구 성과를 비판적으로 살펴보았다. '신의 길, 인간의 길'은 교회 현장과 신학 사이의 간격을 어떻게 메워 나가야 할 것인가라는 과제를 한국교회 앞에 던져 준 셈이다.

참고 문헌

권호덕, 「그리스도와 신비한 연합의 시각으로 본 '예수의 역사적 실재성과 그 의미'」, 『개혁신학』 14 (2003), pp.100-144.

김병연, 「한국교회의 사회적 신뢰도는 C-」, 『목회와 신학』(2008년 12월호).

김영한, 「나사렛 예수의 역사적 실재성 - 역사적 예수의 신화론화 비판」, 『개혁신학』 14 (2003), pp.11-35.

김준우, 역사적 예수에 기초한 설교 패러다임의 변화, 『신학과 세계』 54 (2005), pp. 411-433.

김회권, 「예수의 역사적 실재성과 그 의미 - 구약신학의 관점에서」, 『개혁신학』 14 (2003), pp.36-64.

로날드 내쉬, 『기독교와 역사: 믿음과 이해』(서울: CLC, 2001)

로날드 내쉬, 『신앙과 이성』(서울: 살림, 2004)

로버트 펑크, 『예수에게 솔직히: 새로운 밀레니엄을 위한 예수』(서울: 한국기독교연구소, 2006)

박수암, 「20세기 한국 신약학의 회고와 전망」, 『한국기독교신학논총』 22 (2001), pp. 119-142.

박형용, 「"20세기 서구 신약학에 대한 반성과 제언"("역사적 예수연구"와 관련하여)에 대한 논평」, 『성경과 신학』 30 (2001), pp.96-100.

변종길, 「첨단 기술 사회와 "역사적 예수"에 대한 논평」, 『개혁신학』 4 (1997), pp.270-274.

보그, 『예수 새로 보기, 영, 문화, 제자됨』(서울: 한국신학연구소, 1997)

서인선, 「첨단기술사회와 "역사적 예수"」, 『개혁신학』 4 (1998), pp.233-264.

서창원, 「역사적 그리스도의 그리스도론적 의미」, 『신학과 세계』 42 (2001), pp.66-88.

송봉모, 「예수 세미나의 역사적 예수 탐구와 이에 대한 비판」, 『신학과 철학』 4 (2002), pp.7-41.

송태현, 「C.S. 루이스를 통해 본 신화와 기독교의 관계」, 『신앙과 학문』 12권 3호 (2007, 12), pp.153-171.

신현우, 「역사적 예수 연구와 비유사성의 원리」, 『신약연구』 4 (2005), pp.4-23.
이은선, 「페미니즘 몸 담론과 역사적 예수, 그리고 다원주의적 여성 기독론」, 『조직신학논총』 6 (2001), pp.34-73.
이은재, 「성서에 대한 역사비평 방법론의 전개와 그 과제」, 『개혁신학』 14 (2003), pp. 65-99.
임낙형, 「예수 부활의 역사적 실재성과 그 윤리적 의미」, 『개혁신학』 14 (2003), pp.382-408.
장호광, 「판넨베르크에 있어서의 역사적 예수」, 『개혁신학』 15 (2004), pp.185-214.
차정식, 「바울 서신에 나타난 예수의 수난 전승 - 그 신학적 해석 모델을 중심으로 -」, 『한국기독교신학논총』 21 (2001), pp.27-59.
차정식, 「예수의 반헬레니즘과 탈식민성」, 『한국기독교신학논총』 24 (2002), pp.101-138.
최갑종, 「20세기 서구 신약학에 대한 반성과 제언 - "역사적 예수연구"와 관련하여-」, 『성경과 신학』 30 (2001), pp.58-95.

"Jesus Seminar," in http://en.wikipedia.org/wiki/Jesus_Seminar
Akin, Daniel L., "Divine Sovereignty and Human Responsibility," SBC (Southern Baptist Convention) Life (April 2006)
Allison, Dale C., *Jesus of Nazareth: Millenarian Prophet* (Minneapolis, MN.: Augsburg Fortress Publishers, 1998)
Blomberg, Craig A., *"Where Do We Start Studying Jesus?" in Jesus Under Fire: Modern Scholarship Reinvents the Historical Jesus* (Grand Rapids: Zondervan 1995)
Blomberg, Craig A., *The Historical Reliability of the Gospels*, 2 edition (Downers Grove, IL.: IVP Academic; 2008)
Borg, Marcus, *Jesus in Contemporary Scholarship* (Philadelphia, PA.: Trinity Press International, 1994)
Borg, Marcus, *Reading the Bible Again for the First Time: Taking the Bible Seriously but not Literally* (San Francisco: Harper San Francisco, 2001)

Craig, William Lane, "Rediscovering the Historical Jesus: Presuppositions and Pretensions of the Jesus Seminar," (2005), in http://www.leaderu.com/office/billcraig/docs/rediscover1.html

Crossan, John Dominic, *God and Empire: Jesus Against Rome, Then and Now* (San Francisco: Haper One, 2008)

Crossan, John Dominic, *The Cross That Spoke: The Origins of the Passion Narrative* (Eugene, OR.: Wipf & Stock Publishers, 2008)

Crossan, John Dominic, *The Historical Jesus, The Life of a Mediterranean Jewish Peasant* (San Francisco: Haper San Francisco, 1991)

Dunn, James, *The Evidence for Jesus* (Philadelphia: The Westerminster Press, 1985)

Evans, Craig A., *Fabricating Jesus: How Modern Scholars Distort the Gospels* (Downers Grove, IL.: IVP Books, 2008)

Fiorenza, Elisabeth Schussler, *Jesus: Miriam's Child, Sophia's Prophet: Critical Issues in Feminist Christology* (New York: Continuum, 1995)

Funk, Robert W. (eds.), *The Gospel of Jesus: According to the Jesus Seminar* (Santa Rosa, CA.: Polebridge Press, 1999)

Funk, Robert W., *The Five Gospels: The Search for the Authentic Words of Jesus* (New York: Scribner Book Company, 1993)

Johnson, Luke Timothy, *The Real Jesus: The Misguided Quest for the Historical Jesus and the Truth of the Traditional Gospels* (San Fransisco: Harper One, 1997)

Komoszewski, J. Ed/ Bowman, Robert M., *Putting Jesus in His Place: the Case for the Deity of Christ* (Grand Rapids: Kregel, 2007)

Mack, Burton L., *The Lost Gospel: The Book of Q and Christian Origins* (San Fransisco: Harper One, 1994)

Mack, Burton L., *Who Wrote the New Testament?: The Making of the Christian Myth* (San Fransisco: Harper One, 1996)

Meier, John Paul, *Marginal Jew: Rethinking the Historical Jesus: Compan–*

ions and Competitors vol. 3 (New York: Doubleday, 2001)

Meier, John Paul, *Marginal Jew: Rethinking the Historical Jesus: Law and Love* vol. 4 (New York: Doubleday, 2009)

Meier, John Paul, *Marginal Jew: Rethinking the Historical Jesus: Mentor, Message, and Miracles* vol. 2 (New York: Doubleday, 1994)

Meier, John Paul, *Marginal Jew: Rethinking the Historical Jesus: The Roots of the Problem and the Person* vol. 1 (New York: Doubleday, 1991)

Right, N. T., *Jesus and the Victory of God* (Minneapolis: Fortress, 1996), 박문재 옮김, 『예수와 하나님의 승리』(서울: 크리스챤다이제스트, 2004)

Strobel, Lee, *The Case for Christ: A Journalist's Personal Investigation of the Evidence for Jesus* (Grand Rapids: Zondervan, 1998)

Wilkins, Michael J./ Moreland, J. P. (eds.), *Jesus Under Fire: Modern Scholarship Reinvent the Historical Jesus* (Grand Rapids: Zondervan, 1995)

Witherington III, Ben., *The Jesus Quest: The Third Search for the Jew of Nazareth* (Downers Grove, IL.: Inter Varsity Press, 1997)

Zahniser, Matthias/ Komoszewski, J. Ed, *Reinventing Jesus: What the Da Vinci code and other Novel Speculations Don't Tell You* (Grand Rapids: Kregel, 2006)

5
기독교를 문화화하려는 '신의 길, 인간의 길' 비판
- 일방적으로 말해 놓고 객관적인 척하다 -

이경재(기독교철학)

글의 배경

2003년 출간된 댄 브라운의 소설 『다빈치 코드』가 전 세계적으로 기독교계를 뜨겁게 달구었다면, 2008년 여름에 방영된 SBS 다큐멘터리 4부작 '신의 길, 인간의 길'은 한국의 기독교계를 달아오르게 했다. 주지하다시피 이 둘 모두가 기독교에 대해 우호적인 입장은 아니다. 매우 격식과 예의를 차리는 듯 보이지만, 사실상 치명적인 비수를 품은 메시지들을 실어 나르고 있다.

방송매체에서 기독교계를 비판적으로 다루는 것이 어제 오늘의 일은 아니다. 가장 가까운 예만 보아도, 이미 2008년을 막 시작한 겨울에는 세금과 재정 문제로 기독교계를 한 바탕 뒤흔들어 놓은 보도 프로그램이 3회에 걸쳐 방송되었다. 그보다 반년 전에 있었던 탈레반의 분당 샘물교회 봉사단 납치사건은 기독교계 외부에 잠재되어 있던 기독교계에 대한 냉소적 평가를 어렴풋이 드러낸 사건이기도 했다. 모두가 그랬던 것은 아니지만 억류가 진행되는 상황에서조차 피해자들에게 오히려 비난과 책임을 묻는 시선이 던져지는 것을 감지할 수 있었기 때문이다.

그러나 기독교계에 대한 기존의 비판은 대체로 기독교의 본질이 아니라 그 현상에 대한 비판이었다. 기독교의 가르침 자체가 문제가 아니라 그리스도인들이 기독교의 가르침을 올바로 실천하지 못하는 데 대한 비판이라고 하는 것이 더 옳을 그런 성질의 것이었다. 물론 이런 비판에 앞서 내려지는 '올바름'의 기준이 과연 무엇인가에 대한 논란은 있을 것이지만, 적어도 비판의 의도 내지는 비판에 동조하는 의도 자체가 기독교의 부인에 있는 것은 아니라고 보인다.

이에 비해 『다빈치 코드』나 '신의 길, 인간의 길'은 은연중에 기독교 자체를 문제삼는다. 역사 속에 나타나는 기독교의 현상에 대한 비판이 아니라 기독교 자체에 대한 비판, 즉 기독교를 성립시키는 근본 진리 자체에 대해 질문을 던지도록 유도하는 것이다. 한 마디로 이 질문은 "예수가 하나님의 아들이라는 주장이 과연 사실일까?"라는 것이다.

'기독'교라고 부르든 '그리스도'교라고 부르든 간에 그 용어 자체가 '하나님의 아들 예수 그리스도'에 대한 긍정을 담보하는 용어이며, 신약성서 전체가 전하고자 하는 복음의 핵심 역시 '예수가 바로 그리스도'라는 것으로 요약될 수 있음을 염두에 둔다면, 이 질문은 기독교 자체가 허구일 수도 있다는 문제제기이다. 기독교가 이해와 논증의 종교가 아니라 믿음의 종교이기 때문에, 믿음이 동반되지 않은 인간의 이성이 이러한 질문을 던지는 것은 어쩌면 자연스러운 것일 수 있다. 이해하지 못하는 것에 대해 질문하는 것은 너무나도 인간적인 현상이기 때문이다. 그러나 만약 이 질문이 정해진 대답을 전제하거나 아니면 그러한 대답으로 유도하는 성격을 지닌 유사의문문의 성격을 지닌다면, 그것은 곧 기독교를 진리로 믿고 전하는 것이 일종의 사기행각—그 기망의 책임이 애초에 누구에게 있는가의 문제가 있기는 하지만—일 수도 있다는 비난이자 고발일 수 있다.

실제로 이번에 방영된 SBS의 다큐멘터리는 순수한 질문이 아니라 유사의문문의 성격을 짙게 드러내고 있다. 대부분의 사람들—평범한 기독교 신앙인들까지 포함해서—은 기독교계 전반의 사상적 지형도나 기독교의 진리 주장을 둘러싸고 전개되어 온 학계의 논쟁점과 그 역사에 대해 별다른 사전 정보를 지니지 않으리라고 기대되며, 이런 상황에서 방송 프로그램에 등장하는 전문가 집단의 견해는 관련 분야의 일반적 입장을 대변하는 것처럼 간주될 수 있다.

그런데 기독교계에서 지적하듯이 이번 다큐멘터리에 등장하는 전문가집단이 한마디로 말해서 특정 방향으로 편향된 시각을 지닌 인물들로 채워져 있다. 물론 기독교의 기존 입장이나 주장들을 '전제'한 상태에서 새로운 시각을 드러내기 위해서였다고 할 수도 있겠지만, 다큐멘터리 방송 프로그램으로서는 방대한 규모라 할 수 있는 4부 전체가 정통 기독교계의 입장에 대한 최소한의 소개도 없이 일관된 시각을 펼치고 있다는 점에서 편향성에 대한 비판을 면할 수는 없다고 보인다. 더욱이 프로그램 자체가 기독교 신앙인들을 대상으로 만든 것이 아닌 한, 기독교의 기존 진리주장을 '전제'하는 것일 수도 없었을 것이다. 그러므로 원래의 기획 의도가 무엇이었든 최소한 미디어 센세이셔널리즘에 편승했다는 평가를 피하기는 어려울 듯하다. 프로그램에서 제시하는 모든 의문, 질문, 전문가들의 견해 및 조언에 대해 전면적이고 적극적인 거부의 태도를 취하지 않는 한, 은연중에 프로그램이 유도하는 결론 즉 예수가 위대한 인물일 수는 있어도 신의 아들이라고까지 하는 것은 일부 기독교에 의해 조작·과장된 것이라는 결론을 방조하도록 이끌기 때문이다.

한 마디로 말해서 '신의 길, 인간의 길'은 전하고 싶은 분명한 메시지가 있었던 프로그램이었다. 그런 이유에서 이번 SBS의 '신의 길, 인간의 길'을 "한국교회를 향해 내던진 반 기독세력들의 연합 도전장이요 사탄 마귀의 대대적인 선전포고"[226]로 규정한 것은 충분한 이유가 있는 정당한 평가다. 기독교계의 대표로서 한기총이 나서서

226) 고영민, "SBS 대기획 '신의 길 인간의 길' 무엇이 문제인가?", 「기독교연합신문」, 2008년 7월 20일자.

대응을 하고, 이런 부류의 문제제기에 대한 신학적·교리적 대응책이 다양한 모양새와 규모로 소개되거나 모색되는 것 또한 당연하고도 자연스러운 대응이다.

I. 문제의 설정

이러한 일련의 흐름에서 사람들의 관심과 시선을 끄는 초점은 두말할 필요 없이 쟁점의 내용들이다. 보통의 사람들 즉 그리스도인이든 아니든 간에 이미 이 논쟁에 익숙해 있거나 아니면 특정한 의도를 가지고 이 문제를 대하는 사람이 아닌 보통의 사람들이라면 도대체 무엇 때문에 예수가 하나님의 아들이라는 기독교의 진리주장에 대해 의문을 제기하는지에 대해 한번쯤은 궁금해 할 수 있는 것이다.

하지만 이 글은 이러한 궁금증에 대해 직접 대답하려는 것은 아니다. 어떤 근거에서 기독교의 진리에 대해 의문을 제기하는지를 검토하고, 오가는 공방들을 분석함으로써 바람직하고 건전한 해석의 방향을 제시하는 것은 얼핏만 생각해도 매우 전문적일 뿐 아니라 넓고도 깊은 식견과 혜안까지를 필요로 하는 것으로서 필자의 영역과 한계를 크게 넘어선다. 그러므로 이 글은 상당히 우회적이고 간접적인 방식으로 문제를 언급해 보려 한다. 제기된 문제가 과연 사람들이 흔히 기대하는 것과 같은 그런 건전한 토론이 가능한 문제인지를, 예를 들어 모 방송국의 토론 프로그램처럼 사회자를 사이에 두고 양편으로 나뉘어 앉아 토론을 벌이는 그런 형식을 통해 다루어지기에 적합한 그런 성격의 문제인지를 검토해 보려는 것이다.

글의 목표를 이렇게 설정한 데는 이유가 있다. 필자가 보기에 '신의 길, 인간의 길'은 자신의 객관적이고도 정당한 질문에 기독교계가 객관적 증거를 통해 적절히 대답할 수 없다는 뉘앙스를 내비침으로써 토론회에서의 청중들로부터 자신의 한판승을 판결하도록 은연중에 유도하는 것으로 비치기 때문이다. 하지만 객관적인 것처럼 보이는 그 문제제기가 사실은 전혀 객관적이 아닐 수도 있다. 문제제기 자체가 부당하거나 악의적이라는 것은 아니다. 이들의 문제제기는 이들에게는 정당할 수 있다. 기대하는 대답이 주어지지 않는다면 자신들의 문제제기가 상대방을 무력화시키는 것이라고 생각할 수도 있다. 하지만 이들의 이러한 판단은 모두 자신들의 기준에 따르는 '객관성'을 전제로만 유효하다. 고소·고발과 그에 따르는 합리적 시비판단은 동일한 법질서 안에서만 작동하지, 서로 다른 법의 지배를 받는 사람들 사이에서는 성립하지 않는 것과 마찬가지다.

자연히 이 글이 의도하는 결론은 분명하다. '신의 길, 인간의 길'에서 제시한 문제는 이들이 기대한 방식의 대답 자체가 불가능한 질문이라는 것이다. 이들은 이 문제를 가지고 만인 앞에서 TV토론회를 벌이자고 주장할지 모르지만, 만약 만인 앞에서 이들 사이에 옳고 그름을 가려야 한다면, 그것은 이들이 생각하는 것처럼 토론회 등의 형식이 아니라 전혀 다른 패러다임을 가진 그런 대결이어야만 할지도 모른다는 것이 이 글에서 말하려는 것이다. '신의 길, 인간의 길'의 질문은 자연스러운 질문이지만, 질문자에게 기대되는 대답이 주어지지 않는 것 역시 자연스러운 것임이 인정되어야 한다는 것이다.

이러한 목적을 가지고 이 글은 크게 두 가지를 논의하고자 한다. '신의 길, 인간의 길'의 문제제기가 어째서 합리적이고 객관적인 방식의 토론과 검증을 통해 옳고 그름이 가려질 수 있는 문제가 아닌지를 살펴보는 것이 그 하나이고, 다른 하나는 그럼에도 불구하고 이들 사이에 토론과 논쟁이 성립하는 것처럼 보이는 현상을 어떻게 이해하고 설명할 것인가의 문제가 다른 하나이다.

1. 질문을 한다는 것

가장 순수한 의미에서의 '질문' 즉 누군가가 질문을 하는 가장 근본적인 이유는 무엇일까? 적어도 그것은 '질문자가 이해하지 못함'이라는 사태를 배경으로 하지 않을까 생각된다. 이 사태는 다시금 두 가지 경우로 나누어 생각해 볼 수 있다. 하나는 질문자가 전혀 아무런 이해도 하지 못하기 때문에 질문하는 경우이고, 다른 하나는 질문자가 이미 알고 있는 바와 맞지 않기 때문에 질문하는 경우이다. 전자의 경우 질문자는 학생의 입장이 되는 반면, 후자의 경우 질문자는 비판자가 된다. 이 두 경우 모두 질문자는 '순순히 동의할 수 없는 무엇'에 직면한다.

질문을 던진다는 것은 바로 이러한 상황을 극복하기 위한 지적 몸부림이라고 할 수 있다. 질문의 목적은 동의할 수 없는 그 무엇에 대해 질문자가 동의할 수 있도록 하기 위한 것, 즉 그에게 이해의 습득 혹은 이해의 확장이 일어남으로써, 그에 입각하여 '동의할 수 없음'의 상태에서 '동의할 수 있음'의 상태로 이행하도록 하는 것이다.

그런데 질문을 통한 이러한 이행의 시도가 발생하는 환경은 크게 두 가지이다. 하나는 그러한 이행이 원칙적으로 가능한 경우이고, 다른 하나는 그러한 이행이 원칙적으로 불가능한 경우이다. 전자의 경우 이행은 어떤 식으로든 달성되어야 할 목표이며, 이러한 이행이 원활하게 이루어지지 않는 것 즉 이행의 실패는 어떤 식으로든 해결되고 극복되어야 할 문제 상황이다. 이러한 실패는 학생 혹은 질문자의 책임일 수도 있고 교사 혹은 설득하거나 설명하는 자의 능력의 문제일 수도 있다. 어떤 경우이든 간에 실패의 원인과 소재를 밝혀내는 것을 포함하는 모든 노력은 실패를 극복하고 이행을 성사시키기 위한 목적에 기여할 때 의미가 있다. 반면에 후자의 경우는 이행이 원활하게 되지 않는 것 자체가 당연하고 자연스러운 것이다. 이런 경우라면 이행을 요구하거나 불이행을 하나의 '실패'로 간주하여 그것을 극복하려는 노력을 부단히 기울일 것을 촉구하는 것 자체가 사태의 왜곡을 초래한다. 적극적이고 긍정적인 사고와 행동을 고무하기 위해 많이 회자되곤 하는 '안 되면 되게 하라'거나 '불가능은 없다' 등의 구호는 모두 가능성의 한계—간혹 그 경계선이 어디인가에 대한 시험을 요구하기도 하지만—내에서만 유효할 뿐이다.

2. 기준의 문제

전자 즉 동의할 수 있음으로의 이행이 인간 사회에서 일상적인 사태임은 두말할 필요가 없다. 학습, 사회화, 길들이기 혹은 길들여짐과 같은 개념들은 모두 동의할 수 있음으로의 이행을 포함하는 개념들이다. 문제는 후자 즉 동의할 수 있음으로의 이행이 불가능한 경우가 실제로 존재하는가의 여부이다. 어떤 경우에든 동의하지 않으려는 의지가 작동하는 경우를 떠올리기는 쉽다. 소위 오리발을 내밀거나 모르는 척 하는 경우가 대표적이다. 하지만 이것은 동의함으로의 이행이 실제로 일어날 모든 조건이 구비되었음에도 불구하고 그 이행을 의지가 작동하여 거부하는 것이므로 이행이 가능한 영역 안에서 일어나는 거부권의 행사일 뿐 이행이 불가능한 경우는 아니다.

그렇다면 과연 동의할 수 있음으로의 이행이 불가능한 경우가 실제로 있는가? 만약 그렇다면 이 두 경우 즉 이행이 가능한 경우와 이행이 불가능한 경우를 구별하는 일반적인 기준을 설정할 수 있는가? 이를 생각해 보기 위해 우선 동의할 수 있음으로의 이행이 가능하기 위한 조건을 생각해 보자.

동의할 수 있음으로의 이행이란 구체적으로 말해서 특정한 한 명제에 대한 판단이 바뀌는 것을 의미한다. 이러한 이행은 "커피는 숙면을 방해한다"는 다분히 일상적이고 개인적인 것에서부터 "태양이 지구를 돈다"는 것처럼 역사적 변혁을 가져온 명제에 이르기까지 여러 수준에서 그리고 여러 방식으로 시도될 수 있으며, 반드시 주어진 명제에 대한 판단과 검증의 절차를 거치게 된다. 이때 중요한 것은 주어진 명제를 긍정할 것인지 부정할 것인지를 결정하는 판단의 기준이다.

이 기준은 크게 두 가지로 나누어질 수 있다. 하나는 경험적 증거인데, 이것은 명제의 진위를 직접적으로 그리고 무조건적으로 결정하게 하는 요인이다. 이러한 경험적 증거는 언어적 논증을 포함한 다른 모든 기준에 비해 강력하고 확정적이면서 최종적이기도 하다. 사람들은 자신의 경험에 근거하거나 혹은 자신의 경험에 배치되지 않는 방식으로 판단한다는 것은 주지의 사실이며, 자신의 경험[227]에 배치되는 언어적 주장은 아무리 설득력이 있어도 인정하려 하지 않는 경향을 보인다. 설령 그것을 인정하려는 의지가 있다 하더라도 자신의 기존 경험과 그에 따르는 판단체계를 수정하거나 대치할 또 다른 경험적 증거가 주어지지 않는 한, 언어적 설득만으로는 이러한 의지가 관철되기가 쉽지 않다.

다른 하나는 주어진 명제에 대한 판단을 설득하거나 논증하는 데 있어서 근거로 작동하는 지식의 체계 및 그 체계들의 전제들이다. 이러한 전제들은 판단의 기준일 뿐 아니라 동시에 한계이기도 하다. 주어진 명제에 대한 검증과 판단은 이미 확립되어 있는 전제와 어울리는 방식으로 이루어지는 경향이 있다. 명제 자체에 대한 판단이 보다 상위의 체계 혹은 전제들과 충돌할 경우, 체계나 전제를 바꾸기보다는 명제에 대한 판단을 조정하는 것이다. 잘 알려진 것처럼 토마스 쿤이 『과학혁명의 구조』에서 말하는 패러다임 전환은 바로 이러한 체계나 전제의 변화가 발생하기 위한 지적 진통에 관한 이야기이다. 그는 이 책에서 이미 기원전 3세기에 지동설 혹은 태양

---

227) 여기서 '경험'이라고 경험 작용 자체보다는 오히려 그에 대한 이해와 해석을 의미한다. 인간의 경험은 이 두 측면 즉 수동적 작용으로서의 경험 및 이를 통해 주어지는 데이터에 대한 능동적인 해석과 판단을 모두 포함한다. 따라서 '경험'은 단순히 외부의 자극 및 그에 따르는 데이터의 수용이라고 하는 객관적 측면만을 지닌 것이 아니라, 그러한 객관적 데이터에 대한 이해와 해석이라는 주체적 혹은 주관적 측면이 개입된다.

중심설을 말한 아리스타르코스(Aristarchus, B. C. 310-230)에 대해 언급하면서, 그가 주목받지 못한 이유는 그가 제시한 여러 증거나 논증의 결함 때문이 아니라 당시 지구중심설이 지니는 위력 때문이었다고 말한다.[228] 이처럼 이미 확립된 지식체계와 그 전제들이 주어진 경험적 증거에 대한 해석마저도 좌우할 만큼 힘을 발휘한다. 언어를 통한 이성적·합리적 논증과 설득보다도 더 직접적이고 확정적인 판단의 기준은 경험적 증거이지만, 이러한 경험적 증거마저도 이미 확립되어 있는 체계나 전제에 정합적이지 않는 방식으로는 거의 해석되지 않는다. 눈앞에 보이는 것마저도 인정하지 않으려는 인식기제가 작동하는 것이다.

3. 대화 가능성의 조건

시카고 대학 철학교수로서 미국철학협회 설립을 주도하는 등 20세기를 풍미했던 모티머 애들러(Mortimer J. Adler, 1902-2001)는 이제 고전이 되어버린 자신의 유명한 한 저서에서 사적인 견해가 아니라 객관적인 지식의 문제를 놓고 벌어지는 의견 대립을 조정할 수 있는 두 가지 방안을 소개한다. 하나는 '사이좋게 마음을 합해 그 차이를 좁혀보는 방법'이고, 다른 하나는 '사실과 이성에 호소해서 그 차이를 좁혀가는 것'이다.[229] 공동 작업이나 공동 연구의 경우라면 전자의 방안이 효율적일 수도 있겠지만, 아무래도 이 글이 다루려는 문제에 관한 한 냉정할지언정 후자의 경우가 유효하리라고 보인다. 그런데 사실과 이성에의 호소란 결국 경험적 증거나 합리적 논증과 증명에 호소에 다름 아니다.

얼핏 보기에는 이 가운데 언어적으로 진행되는 합리적 논증보다는 경험적 증거가

---

228) 토마스 쿤, 『과학혁명의 구조』, pp.103-104.
229) 모티머 J. 애들러, 찰스 반 도렌 공저, 『생각을 넓혀주는 독서법』 (*How to Read A Book*) 독고 앤 옮김 (멘토, 2000), p.163.

보다 강력한 힘을 지닌 듯 보이고, 이러한 한 의견대립을 해결할 결정적 요인은 경험적 증거라고 여겨진다. 이러한 생각은 실제로 오랫동안 과학의 객관성과 진리성을 담보하는 근거로 작동하기도 했다. 하지만 기존의 지식체계나 그 전제들은 사실 자신과 충돌하는 모난 경험적 증거들을 모두 자신 안에 녹여 버릴 수 있는 거대한 용광로 같은 것일 수 있음이 인정된다면, 사실상 논증을 주도하는 최종적이고도 궁극적인 기준은 경험적 증거가 아니라 세계관적 전제라고 할 수 있다. 사실 통시적으로 뿐 아니라 공시적으로도 이러한 현상은 줄곧 관찰된다. 토마스 쿤의 등장은 이러한 현상에 보다 적절하게 주목하도록 도와주었을 뿐이다. 한 마디로 말해서 동일한 기준을 가지고 있지 않은 사람들 사이에서는 눈앞의 경험적 증거도 다른 식으로 이해되고 해석될 수 있고, 결과적으로 사실과 이성에 입각한 합리적 의견 조정은 요원할 수 있으며, 어쩌면 건설적인 대화를 기대하는 것 자체가 불가능할 수 있는 셈이다.

그렇기 때문에 누군가에게 무엇인가를 설득하기 위해서는 주어진 명제에 대한 동의를 이끌어 내기 위해서는 그 명제 자체를 판단할 여러 증거 논증을 제시할 뿐 아니라, 그 명제를 포함하는 보다 상위의 체계나 전제들을 공유하고 그에 호소해야만 한다. 신약의 히브리서에서 예수가 그리스도임을 논증하기 위해 구약의 내용을 전거로 삼는 것도 바로 이런 맥락에서 이해될 수 있다. 유대인들이라면 구약으로 대변되는 자신들의 전승과 배치되는 한 그 어떤 눈앞의 증거도 인정하려 하지 않을 것이기 때문이다. 하지만 이런 식의 논증이 그저 하루 저녁의 재미있는 이야기 거리에 지나지 않을 아테네인들에게라면 동일한 주장을 위해 다른 전거에 호소하는 것이 필요할 것이다. 사도 바울이 그랬듯이 말이다.

일반적으로 말해서 '상위'라고 일컬어지는 것이 지니는 힘과 역할 가운데 대표적인 것이 바로 그 안에 종속되고 포함되는 다양한 부분들 사이의 갈등과 충돌을 조정하는 것이다. 사법체계가 그 단적인 예를 보여 준다. 하위법은 상위법에 저촉되지 않는 한에서만 수정·변경이 가능하며, 심지어 하위법이 법으로서의 효력을 지닐 수 있는 것은 상위법의 한계 내에서일 뿐이라는 것은 주지의 사실이다.

이처럼 갈등과 충돌 관계에 있는 것들이 그 자체로서 화해하지 못할 경우 그것을 조정할 수 있는 현실적 가능성은 오직 그들 모두를 포함하거나 그들이 공유하는 보다 상위의 질서나 가치가 있을 때뿐이다. 상대방의 요구나 주장 때문이 아니라 상위 질서의 요구에 따라 스스로를 조정하게 되는 것이다. 만약에 이러한 상위의 질서나 가치를 전제로 공유하지 않는 것들 사이에서는 원칙적으로 대화를 통한 설득이나 조정이 어렵다. 단지 각자의 자기주장과 자기 논리만이 있을 뿐이며, 충돌이라는 파국적 상황을 회피하기 위한 공존의 모색은 있을지언정 참된 의미의 화해나 조정은 불가능하다. 서로 견해를 달리하는 두 진영 사이에 대화를 통한 조정이 가능하기 위해서는 비빌 언덕 즉 서로가 자신의 견해를 재검토하고 조정할 수 있는 보다 상위의 체계나 전제들을 공유해야만 한다. 그렇지 않을 경우 합리적인 절차를 통해 동의할 수 없음에서 동의할 수 있음으로의 이행은 원칙적으로 불가능하게 될 것이다.

4. '신의 길, 인간의 길' 의 질문의 경우

SBS가 방영한 4부작 '신의 길, 인간의 길'에서 제기한 문제는 한 마디로 "예수는 신의 아들이다"라는 기독교의 진리주장에 순순히 동의하기가 어렵다는 데서 출발한다. 이 문제는 이 명제가 참인가 거짓인가 하는 것이다. "예수가 신의 아들이 아니라면 그는 도대체 누구인가?"라는 질문에 대해 어떻게 대답할 수 있는가에 대한 관심은 일단 제쳐놓자. 문제의 핵심을 흐리게 하기 때문이다. 예수를 실존인물로 보든 가공의 허구적 캐릭터로 보든, 의로운 성인으로 보든 기만적인 인물로 보든 "예수는 신이자 신의 아들"이라는 기독교의 진리주장이 '거짓'이라고 단정하는 점에서는 동일하다. 다시 말해 이 문제는 참·거짓의 양단간 문제이지 중간적 입장을 허용할 수는 없는 문제다.

이 명제의 진리치에 대해 서로 견해를 달리하는 사람들 사이에 어떤 식으로든 대화와 설득을 통한 합리적 방식으로 의견의 조율이나 조정이 가능할까? 이제까지의 논의에 비추어 본다면, 이 물음은 곧 양 진영 모두가 인정할 수 있는 공통의 전제가 있는가 하는 물음이 될 것이다.

그런데 질문의 대상이 되는 명제가 기독교 내에서 지니는 위상을 눈여겨본다면, 두 진영 사이의 공통된 전제를 찾으려는 시도 자체가 무의미해 보인다. 기독교 안에서 이 명제의 진위를 재고해 볼 수 있는 보다 상위의 전제나 질서를 인정하리라고는 기대할 수 없다. 예수가 신의 아들이 아니라 그저 한 명의 인간에 불과하다는 주장은 신약성경 내용 전체의 와해를 초래할 수도 있기 때문이다.[230] 물론 역사에 실제로 존재했던 한 사람이 인간이면서 동시에 신의 아들이라는 것은 통상적인 시각에서 볼 때 분명히 믿기 어렵다. 하지만 예수가 신의 아들이라는 것은 인정하지 않으면서 성경 특히 신약성경의 진정성을 인정하는 것이 과연 가능한지는 의문이다. 성경 전체의 메시지뿐 아니라 그 구석구석의 구절들 하나하나 모두는 원칙적으로 예수가 신의 아들이라는 것을 인정하는 한에서만 의미를 지닌다. 하다못해 모든 도덕과 종교에서 말하는 도덕의 황금률이라고 말하는 "대접받기를 원하는 대로 대접하라"[231]라는 가르침 역시 성경 안에서는 그 보편적 타당성 때문이 아니라 그것이 바로 예수님의 가르침이기 때문에 의미와 구속력을 지닌다. 그런 의미에서 "예수는 그리스도이자 하나님의 아들"이라는 명제는 기독교에서 주장하는 여러 근본 진리들 가운데 하나가 아니라 기독교의

230) 신약성경의 등장인물들 가운데는 예수가 메시아일지언정 신의 아들이라고 생각한 사람은 많지 않았다. 이들을 향해 던지는 성경의 궁극적인 메시지는 예수가 신의 은총과 능력을 입은 선지자나 탁월한 인간에 불과한 것이 아니라 바로 신의 아들이자 신 자신이라는 것이다. 마태복음 16장에서 예수가 제자들에게 "너희는 나를 누구라고 하느냐"는 질문과 그에 대한 베드로의 저 유명한 대답은 당시 예수님에 대한 사람들의 일반적인 평가와 예수님의 실제 정체성 사이의 차이를 잘 드러내 준다. 예수 스스로도 자신이 다스리는 왕국은 이 땅이 아니라 하늘에 있다고 말했다. 예수가 이 땅에서의 왕국을 이루리라고 기대했던 자들은 예수의 진정한 의미에 단순히 '못 미친' 것이 아니라 그것을 '배반'하는 데에 이르렀다는 점은 시사하는 바가 크다.

231) 마태복음 7장 12절.

모든 신조와 진리주장을 가능케 할 뿐 아니라 성경의 구절들 하나하나를 의미 있게 만드는 궁극적 제 1 진리다. 그렇기 때문에 이 진리의 진위여부에 대한 의문은 기독교 자체 내에서는 허용될 수 없다. 이 점을 조금 다른 식으로 논의해 보자.

Ⅲ. 대화가 불가능한 것에 대해 말하기

1. 믿지 못할 것을 믿기

기독교가 주장하는 진리는 근본적으로 신앙의 대상들 즉 믿어야 하는 것들이다. 이러한 신앙의 대상들 가운데는 일반적인 시각으로는 믿기 어려운 내용들도 많이 있다. 그리스도인이 아닌 사람들에게 뿐만이 아니다. 기독교 신앙을 고백하는 사람들 사이에서조차 의문의 흔적을 발견하기가 그리 어렵지 않다. 창조, 부활, 성령으로 잉태된 예수 등 기독교 핵심 교리들에 관한 것만 그런 것은 아니다. 윤리적 가르침마저도 그런 성격을 띤다. 예를 들어 '무엇을 먹을까 염려하지 말라'라는 예수의 가르침은 지난 세기 말 IMF 위기를 거치면서 우리 사회의 경제적 가치관에 적지 않은 영향을 준 『부자 아빠 가난한 아빠』류의 관점에서 보면 무책임한 발상의 극치일 수 있다. 보통의 그리스도인들이라면 이 가르침이 '의미하는 바'를, 즉 비유적 의미를 새기기에 골몰한다. 문자 그대로 받아들이기에는 너무 시대가 맞지 않는 것 같기 때문이다. 그럼에도 불구하고 기독교는 공식적으로 이 가르침 자체를 받아들이지 않을 수 없다. 예수님의 말씀이기 때문, 다시 말해 기독교가 믿는 하나님 혹은 하나님의 아들인 예수님과 관계되기 때문이다.

기독교 신앙이 믿는 것은 한두 명제로 표현될 수 없다. 다양하고 많은 내용들이 그 신앙의 대상 안에 포함된다. 하지만 그것들을 믿는 이유는 그 하나하나가 믿을 만한 것이어서가 아니다. 그 모든 것들이 어떤 식으로든 제각기 모두 삼위일체 하나님과 연관되기 때문이다. 보다 정확하게 말하자면 기독교가 동의하는 모든 것들은 그것이 무엇이든 간에 삼위일체 하나님이 인간에게 드러내 보여준 계시의 내용이거나 아니면 그 내용과 관계가 되는 것들이다. 바로 이러한 관계성이 기독교가 무엇인가에 동의하는 유일한 이유이며, 그 관계가 확인되지 않는 한 그 어떤 것도 기독교는 믿거나 동의하지 않을 것이다. 성서의 모든 기록 역시 신에 의해 계시된 진리이기 때문에 진리라고 주장되고 신앙되며 동의되는 것이지, 그렇지 않았다면 그 누구도 인정하지도 동의하지도 않았을 내용들이다. 바로 이런 의미에서 기독교는 하나님과 그 아들 예수 그리스도를 믿는 신앙을 다른 모든 신앙의 근거인 제 1 진리로 하여 성립한다. 이 제 1 진리 이외에 기독교가 믿고 동의하는 모든 것들은 바로 이 제 1 진리 때문에 믿어지고 동의되는 것일 뿐, 제 1 진리 없이는 결코 동의되지 않는다.

예수가 신이라는 제 1 진리, 그리고 신은 이 세상에 끊임없이 개입하고 간섭하면서 자신을 드러내고 자신을 따르도록 하려 한다는 신앙의 진리의 관점에서만 성경의 모든 내러티브들과 교훈들은 다탕성을 지닌다. 홍해가 갈리지는 것, 홍수, 만나와 메추라기, 고래뱃속의 요나, 죽은 자가 살아나는 것, 갈멜산의 엘리야의 제사, 다윗과 골리앗 등이 모두 그러한 것이며, 신이 개입한다는 것을 전제로는 가능하되, 신의 개입이 없이는 하나의 설화에 불과할 수 있다.

신앙 혹은 믿음의 대상들은 모두 이 제 1 진리 덕분에 믿음의 대상이 된다. 그런 의미에서 제 1 진리는 신앙의 대상을 신앙의 대상이게 하는 대상의 형상성(formalitas objecti) 혹은 형상적 대상(objectum formale)이다. 마치 시각작용은 크기와 모양과 색깔과 거리 등 여러 종류의 대상들을 보지만, 그 모든 대상들이 시각작용의 대상일 수 있는 이유는 시각이 '색'을 보기 때문이며, 따라서 '색'이야말로 보이는 모든 대상들을 시각의 대상이게 하는 대상의 형상성인 것과 마찬가지다.[232] 색이 없으면

232) 서양 중세 스콜라학에서는 일반적으로 대상을 두 측면으로 구별한다. 하나는 대상의 형상적 측

눈에 보일 수 없듯이, 기독교 제 1 진리에 종속되지 않으면 적어도 기독교 신앙의 대상일 수는 없다. 결국 신앙의 대상은 제 1 진리를 형상적 대상으로 그에 영향을 받는 것을 포괄하기 때문에, 기독교 진리에 대한 신앙 역시 그 제 1 진리에 대한 신앙을 전제로 할 때만 그 참됨에 대한 동의가 가능해진다. 한 마디로 말해서 이 제 1 진리를 전제하지 않으면 기독교 신앙 자체가 허물어지는 것이다.

만약 누군가가 기독교를 향해 바로 이 기독교 제 1 진리의 진리치를 재검토하자고 요구한다면, 그것은 기독교로서는 현실적으로 수용할 수 없는 불가능한 요구를 하는 것이다. 제 1 진리를 전제로 하는 신앙의 대상들 가운데 다른 어떤 하위의 것을 검토하자는 요청이면 모를까, 다른 모든 판단의 궁극적 전제이자 지평이되 그 자체로서는 다른 어떤 상위의 전제를 허용하지 않는 제 1 진리를 검토할 수는 없기 때문이다.

2. 믿지 않는 것에 대해 말하기 (믿지 못할 것을 안 믿는 이유 : 질문의 자연스러움)

그리스도인들에게는 제 1 진리인 것이 비그리스도인들에게는 제 1 진리가 아니다. 그렇다고 비그리스도인들에게 제 1 진리라고 할 만한 것이 없는 것은 아니다. 종교적인 것이든 아니든 누구나 가치관과 세계관을 가진 이상 제 1 진리라고 할 만한 것을

면이고 다른 하나는 대상의 질료적 측면이다. 질료적 측면은 대상이 될 수 있는 모든 것을 의미하는 반면, 형상적 측면은 그 모든 질료적 대상이 대상일 수 있는 이유 혹은 근거를 의미한다. 대상의 형상적 측면과 질료적 측면의 구별은 인간의 인식능력을 포함하여 작용능력들의 구별과 이해에 뿐 아니라 학문의 구별에도 적용된다. 특히 13세기의 대표적인 스콜라학자 토마스 아퀴나스는 이 구별을 사용하여 동일한 질료적 대상이 서로 다른 학에서 다루어질 수 있음을 논증하면서 계시신학과 자연신학을 구별한다. 대상에 대한 이러한 구별은 이미 아리스토텔레스가 자신의 『형이상학』에서 존재로서의 존재(being qua being)를 다루는 학에 대해 설명하면서 제시된 것이다. 대상의 이 구별에 대한 간결하면서도 명쾌한 설명은 Joseph Owens, *An Elementary Christian Metaphysics* (The Bruce Publishing Company, 1963/1986), pp.369-370.

가진 셈이며, 그에 따라 나름대로 신봉하는 체계를 지닌다. 비그리스도인이란 소극적으로 볼 때는 기독교 제 1 진리와 그에 입각한 신앙의 진리들을 인정하지 않는 사람들을 의미하지만 동시에 적극적으로는 기독교가 말하는 것과는 다른 제 1 진리 및 그에 입각한 신념체계를 지닌 사람들이다. 이런 사람들에게는 기독교 제 1 진리 및 그에 입각한 신조들이 그다지 믿을만해 보이지 않을 수밖에 없다. 그리스도인들에게는 당연한 것들이 이들에게는 당연하지가 않다.

이처럼 서로 다른 입장을 가진 사람들이 각각의 제 1 진리를 놓고 그 옳고 그름을 따져가면서 상호 공존할 수 있으리라고 기대하는 것은 무리일 것이다. 그냥 상대방의 근본 신념을 어떤 형태로든 인정해 줄 때에야 비로소 공존이 가능하다는 것은 새삼스러울 것도 없는 경험적 사실이다. SBS '신의 길, 인간의 길'이 2008년 여름에 큰 파장을 불러일으킨 것은 바로 기독교의 근본 신념에 대한 문제제기를 다루었기 때문이다. 충분히 예상 가능한 반발이었다. 그렇기 때문에라도 미리 자제할 수 있었던 것이기도 했다. 하지만 반발과 충돌을 염두에 두고 자제를 하는 것과 문제제기 자체를 포기하거나 덮어 두는 것은 다르다.

일반적으로 현세의 삶이 내세의 삶과 인과적 연관성을 지닌다고 이해하는 여러 종교들 사이에 옳고 그름의 시비가 첨예하게 제기되지 않는 이유는 '자제'가 작동하기 때문이지, 서로의 주장들에 대해 수긍하기 때문은 아니다. 하지만 이런 경우 처럼 서로 양립할 수 없는 입장들 사이에서도 자신의 입장과는 차이가 있는 다른 어떤 입장에 대해 언급하는 것이 불가능한 것은 아니다. 실제로 서로 신념을 공유하지 않는 사람들 사이에서 다른 사람의 사유대상에 대해—그것에 대해 동의하지는 않지만 그 진술의 내용을 이해하고 검토하는 방식으로—언급하는 것은 어디에서나 발견되는 흔하고 일반적인 현상이라고 포덤 대학교(Fordham University)의 철학교수 클리마(Gyula Klima)는 지적한다. 그러면서 그는 이러한 의미지시 방식을 기생적 지시(parasitic reference)라고 부르면서 구성적 지시(constitutive reference)와 구별한다.[233] 구성적 지시는 어떤 진술이 실재에 적용된다고 생각하는 경우, 다시 말해 진술에 대응하는 대상이나 사태가 현실적으로 존재하며 그 진술이 바로 그러한 대상이나 사태에 대한 기술이라고 생각하는 그런 경우이다. 물론 이 경우에도 진술과 그 진술이 기술하는 대상이나 사태 사이의 일치관계 여부 즉 진술의 참·거짓 여부는 여전히 문제이다. 하지만 진술이 실재에 대한 진술이라는 점에서 그 진술은 진지하게 고려된다.

반면에 기생적 지시는 실재에 적용된다고 생각하기 때문이 아니라 다른 이유에 의해 어떤 진술이나 그 내용을 지시하는 경우이다. 예를 들어 누군가가 단지 다른 사람이 생각하는 사유대상을 지시하려는 의도에서 그가 지시하는 것과 동일한 사유대상을 지시할 수 있다. 자연히 기생적 지시를 하는 사람에게는 자신의 그 진술의 내용이 결코 진지하게 고려되지 않는다. 천국에 대해 구성적 지시를 하는 그리스도인에게 그 진술의 내용은 진지할 수밖에 없는 반면, 천국에 대해 기생적 지시를 하는 비그리스도인들에게라면 천국에 대한 자신의 진술은 전적으로 그리스도인들의 견해를 언급하기 위한 것에 불과하므로 그 진술 자체를 진지하게 고려해야 할 이유가 없는 것이다. "예수 천당 불신 지옥"이라는 거리의 슬로건 등도 역시 구성적으로 지시되는가 아니면 기생적으로 지시되는가에 따라 완전히 다른 의미와 가치를 지니게 된다.

무신론자가 신에 대해 말하는 것은 항상 유신론자의 사유대상에 대해 기생적 지시를 하는 것이 분명하다. 그 반대의 경우 역시 마찬가지다. 종교적 신념들이나 혹은 그에 버금가는 기본적 신념들처럼 민감한 사안이 개입된 경우 기생적 지시는 빈번히 구사될 수밖에 없다. 기독교의 진리들에 대해서도 마찬가지다. 그 중에서 제 1 진리

233) Gyula Klima, "Saint Anselm's Proof: A Problem of Reference, Intentional Identity and Mutual Understanding", Medieval Philosophy and Modern Times, Holmström-Hintikka Ghita (ed.), Kluwer 2000, pp. 69-87. 구성적 지시와 기생적 지시의 구별 및 차이에 대해서는 이 글의 제5장에서 자세하고 명쾌하게 다루어져 있다. Klima의 이 구별에 대해서는 필자도 자세히 논한 바 있다. 이에 대해서는 이경재, "안셀무스 존재론적 신 존재 증명의 두 전제", 「중세철학」 11호 (한국중세철학회, 2005), pp.3-31.

에 해당하는 근본진리, 예수가 신이 아들이라는 주장 역시 예외는 아니다. 여러 견해들을 익히도록 권장되는 학교교육 현장에서 뿐 아니라 다원화된 사회에서의 적절한 사회화를 위해 기생적 지시는 어쩌면 선택이 아니라 필수다.

하지만 기생적 지시는 근본적으로 '남의 이야기' 말하기다. 강요되는 경우가 아니라면 참이라고 받아들이지 않는 남의 이야기를 굳이 하며 살 필요는 없는 것이다. 그럼에도 불구하고 기생적 지시가 필요한 일반적인 경우를 크게 두 측면에서 즉 소극적이고 방어적인 측면과 적극적이고 공격적인 측면에서 생각해 볼 수 있다. 소극적·방어적 측면에서 기생적 지시를 사용하는 것은 '무지하다'는 비판을 면하기 위한 성격이 강하다. 뭘 몰라서 그런다는 소리를 듣지 않으려고 그것에 대해 알고 있음을 내보이기 위해 언급하는 것이다. 간혹 특정 주장을 수용하지 않는 이유는 그것에 대해 잘 모르기 때문이라고 평가되는 경우가 있는데, 이러한 평가가 과장된 것임을 보여주기 위해서 즉 몰라서 안 믿는 것은 아님을 보여 주기 위해 기생적 지시를 하는 경우도 적지 않다.

이에 반해 적극적이고 공격적인 측면에서 기생적 지시를 하는 경우는 상대방의 주장의 허점을 노출시키기 위해 적극적으로 상대의 논리를 펼쳐 보이는 경우다. 이러한 공격은 주로 특정 주장에 담겨 있는 논리적 모순이나 정합성의 결여 혹은 근거의 부재를 지적하는 식으로 이루어진다. 이 세상에서 경험적으로 관찰되는 악의 존재를 전거로 삼아 하나님의 선하심에 대한 주장을 공격하는 경우가 대표적인 예이다.

한편 기생적 지시를 하는 대상에 대해 취하는 태도 역시 크게 두 가지로 나누어 볼 수 있다. 하나는 어떤 주장이 그 내용을 수용하는 자의 관점에서는 충분히 설득력이 있을 수 있다고 이해되지만 자신이 그 내용 자체에 동의하지는 않는 경우이다. 다시 말해 자신은 그것이 참이라고 생각하지 않지만, 그것을 참이라고 주장하는 사람들이 있고 그들이 그렇게 생각하는 데는 나름대로 그럴 만한 이유가 있다는 것을 인정하는 그런 경우이다. 퍼듀 대학교(Perdue University) 철학교수인 프랜시스 파커(Francis Parker)는 어떤 신념이나 믿음이 수용되거나 인정되어야 한다는 것과 그 신념이나 믿음이 참이라는 것은 완전히 다른 것이라고 구별하는데,[234] 이 경우가 바로 이 구별이 대표적으로 적용되는 경우라고 할 수 있다. 내용에는 동의하지 않지만 그 내용을 주장하는 것 자체는 인정한다는 이런 태도는 관용적인 기생적 지시라고 할 수 있다.

다른 하나는 어떤 진술이 참이라는 것에 동의하지 않을 뿐 아니라 입장을 바꿔서 그것을 주장하는 자의 관점에서 보더라도 그 주장은 전혀 참일 개연성이 없다고 판단하는 경우이며, 따라서 그런 내용은 누구에게도 수용되거나 인정되어서는 안 될 뿐 아니라 그 수용이나 인정을 주장해서도 안 된다는 태도를 보이는 것이다. 예를 들어 미신타파를 위해 힘썼던 초기 한국의 선교사들이 당시 우리나라 사람들의 잘못된 신앙행태에 대해 언급하는 내용은 바로 이러한 경우에 해당할 것이다. 내용에도 동의할 수 없고 그것을 주장하는 것 자체도 인정할 수 없다는 불관용적인 기생적 지시라고 할 수 있는 이 경우는 소극적인 기생적 지시와 어울리기보다는 본성상 적극적인 기생적 지시와 가능할 것이다. 다시 말해 그 주장에 내재된 문제점을 드러내 보이지 못하는 한, 자신 뿐 아니라 남에게까지 그 주장이 폐기 내지는 철회되어야 한다고 설득하는 것은 또 다른 억지이기 때문이다.

Ⅳ. '신의 길, 인간의 길'의 문제설정

정리해 보자. 기독교 신앙 뿐 아니라 일반적으로 종교적 성격을 띠는 모든 신념들은 각자의 제 1 진리에 대한 신앙을 바탕으로 하여 그런 바탕 없이는 믿을 수 없는 것을 믿는 데서 성립한다. 믿을 수 없어 보이던 많은 것들이 제 1 진리와의 연관성 하에

234) Francis H. Parker, *Reason and Faith Revisited* (Milwaukee, Marquette University Press, 1971), p.6.

서 나름대로는 합리적으로 설명되고 이해될 수 있지만, 제 1 진리에 대한 믿음 자체는 그렇지 못하다. 제 1 진리에 대한 신앙은 스스로에게마저 자신의 신념을 확신시키지 못할 가능성마저도 있을 만큼 적어도 합리적 이해와 설명의 관점에서는 비합리적이다. 단, 불합리하거나 모순이라는 의미에서가 아니라 합리성의 영역을 넘어선다는 의미에서 비합리적이라는 것이다. 이런 비합리성은 나쁜 것이 아니다. '신앙'이나 '신념'에게는 본질적인 것이기까지 하다.

한편, 서로 다른 신념체계들은 서로 간에 상호 파괴적인 성격을 지닌다. 서로 다른 제 1 진리는 논리적으로 공존이 불가능하다. 예를 들어 사후세계가 있다는 세계관과 사후세계 따위는 없다는 세계관 사이에는 중간지대도 공존의 여지도 없다. 각각을 주장하는 사람들의 공존은 가능하지만, 주장은 그렇지가 못하다. 모두 틀린 것일 수는 있어도 모두가 옳은 것일 수는 없기 때문이다. 그리고 인류의 경험은 서로 자신이 옳다고 주장하는 이러한 제 1 진리나 세계관들 사이의 시비를 종식시킬 방법이 인간에게는 없다고 가르치는 듯하다.

그렇기 때문에라도 종교적 신앙의 문제를 놓고, 특히 특정 종교의 제 1 진리에 관해 불관용적이면서 적극적인 기생적 지시의 태도를 취하는 것은 그다지 유연한 방법은 아니다. 옳고 그름의 문제를 떠나 감정적 대립을 불러일으킬 수 있기 때문이다. 더욱이 자기 자신에게 자신의 신앙을 합리적으로 설명하는 데 어려움을 겪는 사람들은 남들에게도 역시 그런 요구는 부담스러울 것이라고 미루어 짐작할 수 있다. 더욱이 종교적 제 1 진리를 놓고 시비하는 것은 부담스러움을 넘어서서 종교전쟁 식의 양상으로까지 확대될 우려가 있음을 역사는 증언한다. 그럼에도 불구하고 제 1 진리에 대해 문제제기를 하는 이유는 무엇일까?

서두에서 언급했듯이 '신의 길, 인간의 길'은 분명히 기독교의 제 1 진리에 대한 의심을 드러내고 있다. 단순한 의구심을 넘어서서 기독교의 근본진리에 대한 불관용적이면서 적극적인 기생적 지시를 한다. 그렇게 하는 이면에는 예수가 신의 아들이라는 기독교 제 1 진리의 진정성에 대한 의문이 자리 잡고 있다고 보인다. 종교적 진리는 그 옳고 그름의 여부를 떠나 나름대로 진정성을 지녀야만 하는데, 기독교 제 1 진리는 편파적으로 조작되었을 가능성이 있다는 것이다. 보기에 따라서는 '신의 길, 인간의 길' 4부작 전체가 이러한 의심이 정당하다는 것을 피력하기 위한 노력 이외에 다른 것이 아니라고 볼 수도 있다.

1. 문제제기의 자연스러움

이러한 의심의 발단은 주지하다시피 성경의 '예수 이야기'가 다른 신화 이야기와 매우 유사하다는 것을 발견하는 데서 출발한다. 한 마디로 예수에 대한 성경의 기록은 역사의 기록이 아니라 신화적 기록일 수 있다는 것이다. 노아의 방주나 모세와 홍해의 기적, 동정녀 탄생 등의 이야기를 오직 성경에 나오는 하나님과 그 백성들의 이야기로만 알고 있다가 어느 순간엔가 그와 비슷한 신화 이야기들이 이미 있었다는 것을 알게 된다면, 성경 이야기도 혹시 신화에 불과한 것은 아닐까 하는 의문을 떠올리는 것이 자연스러울 수 있다. 어쩌면 그런 상황에서 아무 의문도 품지 않는 것이 오히려 이상한 것일지 모른다.

이러한 의문은 자연히 성경의 이야기들이 있는 그대로의 기록이 아니라 어떤 의도를 가지고 만든 것일 수 있으며, 그 위상 역시 작위적으로 형성된 것일 수 있다는 의심으로 확장된다. 그러한 의문의 당연한 결과로서 그 기록의 진실성 혹은 사실 여부를 확인하려는 욕구가 발동되고, 그에 따라 기독교 제 1 진리가 허구나 조작이 아니라는 데 대한 증명이나 증거를 요구하게 된다.

'신의 길, 인간의 길' 역시 자연스럽다고 할 수 있는 이러한 지적 편력을 거친 것으로 보인다. 이 프로그램에서 제기하는 문제의 설정과 제기는 이해하기 어려운 것들에 대해 질문하고 대답을 구하는 인간의 이성의 입장에서 볼 때 자연스러운 행로를 따르고 있다. 소개된 견해들이 일방적이고 편향되었다는 전문가들의 지적을 굳이 들먹이지 않더라도 이 프로그램은 나아가려는 방향에 대한 확정된 의도가 개입된 흔적이 분명히 드러나지만, 그럼에도 불구하고 그 진행은 그다지 억지스럽다고만은 할 수 없는 개연성을 담아내고 있다. 그렇기 때문이 이 프로그램의 문제제기는 일반적으로 설득력이 있다고 보이며, 대중들의 호응을 이끌어 낼 수 있다고 보인다.

그러나 제기된 의문에 동의한다는 것과 그 의문의 해결조건에 동의한다는 것은 완전히 다른 사안이다. 성경의 '예수 이야기'가 다른 신화 이야기와 매우 유사하다는 것으로부터 '예수 이야기'만이 신화가 아니라 사실이라고 인정해야만 하는 이유가 무엇인가에 대한 의문이 제기되는 것은 분명 자연스럽고도 당연한 것이다. 그 의문의 성격은 단순하고 순수한 의심과 질문일 수도 있고, 그럴 줄 알았다는 식의 냉소적인 반응 내지는 반감과 반발을 동반하는 경우일 수도 있으며, 이와 반대로 그러한 문제제기가 발생하도록 허용되는 이유에서부터 그에 대한 적절한 대답에 이르기까지 변증적 관심을 추동력으로 하는 측면에 이르기까지 다양하게 나타날 수 있다.

하지만 앞서 논의한 것처럼 대화를 통한 문제해결을 위해서는 보다 상위의 전제를 공통의 지평으로 삼아야 하는 반면, 제 1 진리라는 보다 상위의 전제를 허용하지 않는 것임을 염두에 둔다면, 예수가 신의 아들이라는 기독교 제 1 진리에 대해 제기된 의문을 과연 어떤 식으로 다루어야 적절한지의 방법론적 고민이 선행되어야 한다. 그렇지 않을 경우 '정당한' 문제제기로부터 '부당한' 혹은 '왜곡된' 결론이 도출될 수 있다. 질문을 던지는 것 자체는 정당한 것이므로 그러한 문제제기 자체를 문제 삼을 수는 없지만, 문제를 제기한 측의 준거에 맞는 대답이 주어지지 않는다고 해서 그러한 문제제기가 주장의 허구나 조작을 드러내는 기능을 한다고 여겨져서도 안 되는 것이다.

2. 문제해결 방식의 부자연스러움

실제로 '신의 길, 인간의 길'의 의문은 기독교와 신화와의 유사성에서 출발하지만, 이 프로그램이 대답을 시도하는 질문은 두 가지다. 하나는 예수가 신의 아들이라는 기독교의 주장이 어떻게 '입증'될 수 있는가 하는 것이고, 다른 하나는 만약 그러한 입증이 불가능한 것이 어제오늘의 일이 아니라면 그럼에도 불구하고 기독교가 그렇게 주장하는 이유는 무엇인가 하는 것이다. 이 두 질문은 별개의 것일 수 없음이 분명하다. 적어도 둘째 질문은 첫째 질문에 대한 대답이 부정적으로 확정되었음을 전제로 한다. 그런데 사실 이 프로그램의 상당부분 특히 타나섬 사람들에 의한 미국인 존 프럼의 신격화를 다루는 제 3부 〈남태평양의 붉은 십자가〉편은 둘째 문제에 대한 대답을 시도하고 있다. 이미 첫째 질문에 대한 부정적 대답을 전제하고 있는 것이다. 하지만 4부로 이루어진 이 다큐멘터리 전체의 그 어떤 부분에서도 첫째 질문에 대답하려는 진지한 시도는 찾아볼 수 없다. 첫째 질문에 대한 대답은 처음부터 전제하고 시작한 듯 보이는 것이다. 그런 상태에서 둘째 문제를 다룸으로써 '신의 길, 인간의 길'은 아직 다루어지지 않은 첫째 질문에 대해 부정적인 대답을 확정하도록 은연중에 유도한다. 이 다큐멘터리가 순수하게 질문을 던지는 것이 아니라 의도된 메시지를 가지고 있으며, 여기서 제기되는 질문은 이미 대답을 가지고 있는 유사의문문에 불과하다고 평가하는 이유가 바로 이 때문이다.

'신의 길, 인간의 길'은 기독교 제 1 진리에 대해 일반적으로 품을 수 있는 의문의 제기에는 성공했지만, 그러한 의문을 적절하게 다루지는 못한다. 기독교 제 1 진리의 진정성에 대한 입증의 기회를 주는 듯이 보이기는 하지만, 사실상 그 입증은 불가능하리라는 것을 처음부터 단정하면서 시작한다. '신의 길, 인간의 길'의 시종을 관통하는 이러한 시각은 이 다큐멘터리 전체의 맨 마지막에 잘 나타난다. 전체의 결론 성격을 띠고 있는 제 4부의 마지막 내레이션은 다음과 같이 말한다.

"사람들은 진리에 이르는 길을 가고자 종교를 찾는다. 그러나 우리가 배우고 느끼고 체험한 그 어떤 것도 진리 그 자체의 작은 한 부분에 지나지 않는다는 것을 인정할 때 진리에 좀 더 접근할 수 있고 세상과 소통할 수 있다."

이 말이 진리 자체의 통일성과 전체성에 비해 부분적이고 상대적이며 상호 의존적일 수밖에 없는 구도자 개개인의 현실적 유한성을 언급하는 것이라면 아무 문제도 없을 수 있다. 하지만 문맥상 이 말은 저마다의 방식에 따라 진리를 추구하는 종교들 모두가 부분적으로 진리를 포함하고 있는 것이지 그 중 어느 하나가 진리를 배타적으로 독점하는 것은 아니라는 메시지를 담고 있다.

예수만이 길이요, 진리요, 생명이라는 기독교의 진리주장은 부당한 독단에 불과하며, 그처럼 배타적 주장을 고집하는 한 세상으로부터 고립된 채 적절한 상호 의사소통과 대화가 불가능하리라는 충고를 담고 있다. 한 마디로 말해서 '신의 길, 인간의 길'은 예수가 신의 아들이라는 기독교의 주장에 대한 의문에서 출발하지만, 사실상 그러한 의문이 해결되리라고는 전혀 기대하지 않는다. 처음부터 그 주장은 허구 내지는 조작이라는 전제에서 시작하는 것이다.

흥미로운 것은 이 마지막 내레이션의 배경음악이 찬송가 '참 아름다워라!'의 선율이라는 점이다. 그럼으로써 간접적으로 이 내레이션이야말로 참된 기독교적 메시지라는 뉘앙스를 띤다. 다시 말해 이 내레이션은 기독교 외부에서 기독교를 향해 던지는 메시지라기보다 배타적이고 독선적인 일부 그리스도인들에게 전하는 참되고 진정한 기독교의 메시지라는 느낌을 주도록 연출된 것으로 보인다. 마치 예수가 신의 아들이라는 주장은 기독교의 제 1 진리가 아니라 일부 그리스도인들의 과잉주장이라는 듯이 말이다. 이 평가가 크게 잘못된 것이 아니라면 '신의 길, 인간의 길'의 견해는 다음의 두 가지 명제로 정리된다.

① 예수가 신의 아들이라는 기독교의 주장은 참이 아니다.

② 진정한 기독교는 예수가 신의 아들이라는 주장을 하지 않는다.

이렇게 볼 때 '신의 길, 인간의 길'이 생각하는 참된 기독교는 예수를 추종할 수는 있지만, 그렇다고 해서 신의 아들이면서 동시에 신인 예수가 아니라 인간 예수를 추종하는 종교다. 이들의 눈에 기독교는 신을 믿기는 한다. 하지만 그 신은 창조주일 수는 있어도 인간을 구원하기 위해 자신의 외아들을 이 땅에 내려 보낸 그런 신은 아니다. 이들이 믿는 신은 일부 극단적인 그리스도인들이 신의 아들이라고 믿는 예수를 아들로 둔 적이 없는 그런 신인 것이다. 게다가 기독교의 신은 자신만이 참된 신이라는 배타적인 주장을 하지 않는다. 기독교는 진리를 찾는 모든 종교들 저마다를 인정해 주는 오픈마인드를 지녔다. 한 마디로 '신의 길, 인간의 길'은 기독교를 다른 모든 종교와 함께 문화에 불과한 것으로 간주하려는 경향을 보인다. 신이 인간을 만든 것이 아니라 인간이 신을 만든 것이라고 보려는 것이다.

예수가 신의 아들이라는 기독교의 주장은 허구이기 때문에 그에 대한 입증은 불가능하다는 것을 처음부터 단정하고 시작하고는 있지만, 그럼에도 불구하고 '신의 길, 인간의 길'은 최대한 예의를 갖춰 그 진리주장에 대한 입증의 기회를 주는 듯 제스처를 취한다. 하지만 동시에 그에 대한 입증은 자신의 기준에 맞게 이루어져야 한다고 요구한다. 경험적 증거나 논리적 논증이 그것이다. 이것은 감각과 이성이라는 인간의 두 인식능력에 상응하는 것으로서, 이미 서양의 고대세계에서부터 인간의 지식과 학문을 성립시키는 두 축으로 간주되어 온 기준이며, 인본주의적 혹은 인문주의적 합리성의 전형적인 척도로 기능해 온 것들이다. 예수가 신의 아들이라는 것을 입증하기 위해 경험적 증거 즉 성경의 예수 이야기들이 역사적 사실임을 뒷받침할 고고학적 증거를 요구하거나 혹은 이를 논리적이고 합리적인 방식으로 증명할 것을 요구하는 것이다.

하지만 앞서 언급한대로 이러한 기준은 학문의 영역에서 유효한 기준일 뿐 신앙의 영역에서는 아니다. 종교적 신앙의 정체성은 바로 이러한 경험적 증거와 논리적 논증의 영역을 넘어서는 데 있기 때문이다. 앞서 언급한 것처럼 이 두 지평 사이에는 보다 상위의 전제가 공유될 수 없다. 감각과 이성을 최종적 근거로 하는 지평과 감각 및 이성을 초월하는데서 성립하는 지평이 공통의 전제를 공유할 수는 없기 때문이다. 그러므로 "만약 네가 옳고 내가 틀리다면, 네가 옳다는 것을 입증하기 위한 논리적 논증을 제시하거나 아니면 역사적 증거를 보여라."고 요구하는 것은 감각경험과 이성의 능력을 기반으로 하는 학문의 영역 내에서는 타당한 논의방식이지만, 그것을 초월하는 지평 위에 서 있는 신앙의 진리들에게는 이런 식의 요구를 할 수 없다. '신의 길, 인간의 길'은 전통적인 기독교를 대화의 장에 초대하는 것 같지만, 사실은 자신의 기준을 강요하는 것에 불과하다.

바로 이런 상황 때문에 기독교가 비합리적으로 고집을 부리는 것처럼 보인다. 인간들에게는 대체로 경험적 증거와 이성적 증명이라는 기준이 논란거리가 되는 문제들에 대한 진위판단의 합리적이고 객관적인 기준이라고 판단하는 경향이 있기 때문이다. 합리적·객관적 기준에 따라 자신을 정당화하지 못하면서도 여전히 자신의 주장을 철회하지 않는 것은 고집스럽게 몽니를 부리는 것으로 보일 수 있다. 하지만 공통된 전제를 공유하는 지평 안에서라면 모를까 그렇지 않은 경우에는 어느 한 편에서 요구하는 기준을 충족시키지 못한다고 해서 다른 편을 평가 절하할 수는 없다. '신의 길, 인간의 길'의 문제제기가 바로 그런 경우다. 결코 자신의 기준에 맞는 해답을 내놓을 수도 없고 또 그럴 필요도 없는 영역의 주장을 향해 자신의 기준을 적용하여 평가하려는 억지를 부리는 셈이다. 의식하든 의식하지 못하는 말이다.

V. 마치며

정리해 보자. '신의 길, 인간의 길'에 나타나는 진술들은 대체로 기독교 하나님 혹은 예수에 관한 기생적 지시로 점철되어 있다. 다시 말해 이들의 진술은 주어진 한 명제의 참·거짓 혹은 타당·부당 여부를 가려 그 결과에 따라 기독교 진리를 인정하거나 의심 혹은 부인하려는 순수한 의도를 지닌 것이라고 보기 어렵다. 이들은 이미 다른 종류의 신념 체계를 기반으로 기독교 제 1 진리를 부인하려는 의도 하에서 그리스도인들이 말하는 진술들과 그것이 지시하는 대상을 기생적으로 지시하고 있을 뿐이다.

사실 그리스도인들이 제 1 진리를 기독교-비기독교를 망라하는 보다 상위의 객관적 관점이나 기준에 따라서 검증하려는 시도 자체는 불가능해 보인다. 그러한 검증을 가능하게 해 주는 상위의 전제가 없기 때문이다. 이런 두 입장들 사이의 대화가 어떻게 가능한가를 물을 수 있다. 하지만 그러한 적극적 성과를 기대하기에 앞서, 소극적인 신중함의 미덕을 발휘할 필요가 있다. 서로 공유하는 전제가 없기 때문에 실질적인 대화와 토론이 불가능한 두 입장들 사이에서 각자 자신의 기준에 따라 상대방을 평가하려는 것은 상당히 위험하고 자극적인 일이 될 것이기 때문이다.

그럼에도 불구하고 '신의 길, 인간의 길'은 바로 이러한 위험한 시도를 한다. 기독교의 주장이 참일 수도 없고 타당할 수도 없는 그런 논리와 합리성—즉 反신앙적 관점—의 관점에서 기독교의 제 1 진리를 비판하기 때문이다. 한 마디로 '신의 길, 인간의 길'에서 예수를 신으로 인정할 수 없다며 제시하는 여러 물음들과 의문들, 예수를 신으로 인정하고 또 성경을 진실한 것으로 인정하기 위한 조건으로서 요구하는 여러 증거나 데이터들은 모두 허수아비공격의 오류를 범하고 있는 셈이다. 자신의 기준을 적용해서는 안 되는 것들에 대해 자신의 기준을 적용하여 판단하기 때문이다.

그런 의미에서 '신의 길, 인간의 길'은 그리스도인이든 아니든 간에 무비판적인 사람에게라면 설득력과 호소력을 겸비한 것이며 객관적이고 합리적인 관점에서 기독교의 근본적인 모순을 지적하는 듯이 보일 수 있겠지만, 비판적 시각에게는 범주오류를 범하는 치기어린 시도로밖에는 보이지 않는다.

그리스도인으로서는 믿음의 문제를 이성과 논리의 문제로 접근하려는 이런 시도가 안타깝게 생각될 수 있다. 구원이라는 현실적이고 임박한 문제를 인문적 인식의 문제인 것처럼 착각하는 것으로 이해되기 때문이다. 역으로, 기독교에 대해 질문을 던지는 사람들은 속 시원히 대답해 주지 못하는 기독교가 답답할 수 있다. 이 두 입장은 단지 각 개개인의 신앙적 결단을 기다려야 할 뿐, 서로가 서로에 대해 아무런 간섭도 하지 못하는 것일까?

언급한 것처럼 서로 상위의 전제를 공유하지 않는 이 두 지평들 사이에 유효한 결과를 가져올 합리적 대화는 가능하지 않아 보인다. 그리스도인들로서도 자신들의 제1 진리를 입증하기 위해 논리적 논증을 사용하는 것은 그다지 효과적이지 못하다. 그렇다고 해서 예수가 신의 아들임을 입증해 줄 당시의 고고학적 유물이 발견되기를 기대하기도 어렵다. 당시의 일들을 실제로 목격한 증인이 나타난다면 모를까 유물로서의 증거들은 모두 다른 식으로 해석이 가능하기 때문이다. 하지만 그리스도인들에게 기대해 볼 수 있는 한 가지 방법은 있다. 그것은 바로 성경의 이야기들 속에서 발견되는 방법 즉 논리적으로 논증하거나 물적 증거를 찾는 방식이 아니라 어느 시점에서든 '현재 그 순간'에 나타나는 경험적 증거로서의 이적·기적·표적이 바로 그것이다. 모세는 자신의 말이 하나님의 뜻임을 바로에게 보여 주기 위해 논증이 아니라 그 순간에 나타나는 하나님의 권능을 보였다. 엘리야 역시 갈멜산 위에서 하늘로부터 내리는 불로 제단을 불살라 하나님이 참 살아 계신 신임을 드러냈다. 예수님도 자신이 그저 사람이 아니라 메시아임을 나타내기 위해 말로 논증한 것이 아니라 사람으로서는 할 수 없는 일들을 행하셨다. 이처럼 성경 속에는 하나님 자신이나 예수 그리스도

및 그들로부터 보냄 받은 자들에 대한 의심이 제기될 때마다 이성적 논증이나 과거의 증거를 통해서가 아니라 그 순간에 현재적으로 나타나는 능력으로 대답했다.

'신의 길, 인간의 길'의 제 4부는 나이트클럽으로 변해 버린 영국의 교회들, 자신도 그리스도인이라고 밝히면서 그 안에서 신나게 춤을 추는 젊은이들을 비춘다. 쇠락하는 유럽의 교회와 달리 번성하는 미국의 교회를 비추면서는 사람들의 욕구에 부응하는 미국교회의 세일즈 마인드가 부각된다. 눈에 비치는 모습은 다르지만 잠재된 메시지는 동일하다. 신을 중심으로 하던 전통적인 교회는 더 이상 설 곳이 없고, 이젠 인간을 중심으로 하는 교회, 인간에게 호소하는 교회가 그 자리를 대신하고 있다는 것이다. 물론 극히 일부 교회에 국한된 모습일 것이다. 하지만 마치 '죽은 신이 아니고서야 이런 굴욕 앞에서 어떻게 침묵할 수 있겠는가'라며 냉소하는 듯한 이런 시선 앞에서 이 시대의 그리스도인들이 막연하게나마 고대하는 것은 어쩌면 '한 판 붙자'고 했던 갈멜산 위의 엘리야의 모습일지도 모르겠다.

6
예수는 정녕 왜곡되었는가?
-유다복음에 대한 비판-

김경진(신약학)

들어가면서

지난 2008년 6월 한국의 공중파 방송 가운데 하나인 SBS 는 '신의 길, 인간의 길' 이란 제목으로 4부작 다큐멘터리를 제작 방영하였다. 사실 종교에 관한 프로그램은 그 사안이 미묘하여 대중 앞에서 터놓고 언급하기가 쉽지 않은데, 이번에 SBS는 방송의 결과에 구애 받지 않고 과감하게 실행을 옮겼다. 예상한 대로, 특히 복음주의 진영의 교회에서 맹렬한 비판이 제기되었다. 그 이유는 여러 가지가 있지만, 가장 근본적인 비판은 이 프로그램의 연출을 맡았던 김종일 PD가 밝힌 제작 의도 중 "오늘 우리가 생각하는 예수의 모습이 왜곡되었다."는 전제이다. 비록 그가 이 프로그램이 기존 예수의 모습을 부정하는 것이 아니라 우리가 획일적으로 믿고 있는 예수와 기독교에 대한 반성의 촉구를 의도한 것이라고 말하기는 하였지만, 그럼에도 불구하고 과연 오늘 기독교회가 믿고 따르는 예수 그리스도의 모습이 근본적인 수정이 요구될 만큼 그토록 왜곡되었는지, 우리는 진지하게 검토할 필요성을 느낀다.

이런 문제점을 의식한 채 본 논문은 신약성경, 특히 사복음서에 기록된 예수님에 대한 왜곡의 한 사례로 지목되어 온 유다복음을 집중 분석하고 이에 대한 신약 신학적 비판을 제기하고자 한다. 글의 순서는 다음과 같이 전개될 것이다. 먼저는 유다복음이 기존의 기독교에 충격을 던지며 세상에 알려지게 된 경위를 소개하고, 이어서 과연 유다복음에 어떤 내용이 기록되었는지를 살피며, 다음에는 정경복음서와의 비교, 분석을 통하여 유다복음이 담지하고 있는 문제점들을 지적함으로써 전개하고자 한다.

Ⅰ. 유다복음이 세상에 알려지게 된 경위

2006년 부활절을 앞두고 미국 〈내셔널 지오그래픽〉 지(誌)가 전격적으로 공개함으로써 유다복음은 세상에 널리 알려지게 되었다. 본래 유다복음은 1700여 년 전인 서기 300년쯤 이집트의 콥트어(Coptic)로 파피루스에 쓰인 것이었는데, 지난 1950년 혹은 60년대에 이집트 무하파잣 알 미니아(Muhafazat al Minya)에서 발견되었다고 한다. 이 책이 처음으로 세간에 알려진 것은 1983년 5월 스위스 제네바의 한 호텔에서 남 감리교대학교(Southern Methodist University)의 재정적 지원 아래 당시 미국 예일 대학교 박사 후보생이었던 스티븐 에멜(Stephen Emmel)이 이 사본, 즉 코덱스 차코스(Codex Tchacos)를 조사하게 되면서부터였다. 그런데 어떻게 이 사본이 발견되었는지에 대해서는 잘 알려지지 않고 있다. 일반적으로 무명의 고대 이집트 유물 감독관이 이집트 베니 마사(Beni Masa) 마을 근처에 위치한 무하파잣 알 미니아에서 이 사본을 발견하여, 한나(Hanna)로 알려진 카이로에 살고 있던 고대유물 상인에게 팔았다고 전하여지고 있다.

그러다가 1970년 니콜라스 쿠툴라키스(Nikolas Koutoulakis)라는 이름의 그리스 상인이 이를 도둑질하여 이집트 밖으로 반출하였다가 제네바로 밀반입하게 되었다. 그리하여 한나는 스위스에 있는 고대유물 상인과 협력하여 이 사본을 다시 입수하게 되었고, 이 사본의 가치를 인정한 전문가에게 보여 준 후, 마침내 스위스 바젤에 위치한 메세나 재단(Maecenas Foundation)에 300만 달러를 받고 팔게 되었던 것이다.

유다복음을 포함하고 있는 것으로 알려진 유일한 사본인 Codex Tchacos가 처음 세상에 등장하게 된 것은 1970년대인데, 당시에는 가죽으로 묶여진 파피루스 사본이었다. 지금 유다복음이 기록되어 있는 파피루스는 부실한 관리와 보존으로 인하여 일부가 유실된 채 부분적으로 남아 있게 되었다. 그러나 처음 발견되었을 당시에는 매우 양호한 상태였다고 한다. 스위스 제네바 대학교의 루돌프 카서(Rudolf Kasser) 박사에 의하면, Codex Tchacos는 본래 62쪽으로 구성되었으나, 1999년 시장에 나왔을 때에는 오직 26쪽만 남게 되었다고 전한다. 왜냐하면 몇 몇 페이지들이 찢겨져서 팔려 나갔기 때문이라고 한다. 후에 종종 그 유실된 페이지들이 나타나 확인되기도 하였다.

유다복음은 5년 동안의 재구성 노력을 거친 후 2006년에 완성된 일종의 영지주의적 복음서이다. 영지주의적 복음서의 중요한 특징 중 하나는 인간의 영혼과 육체를 구분하여, 영(靈, Spirit)은 선하고 육(肉, Flesh)은 악하여, 이 둘은 결코 양립될 수 없다는 전제 아래, 사람의 몸을 입고 이 땅에 오신 예수님의 인성을 부정하는 것이다. 뒤에 자세히 설명되겠지만, 한 마디로, 유대복음에서 가룟 유다는 예수라는 육체의 구속(拘束)으로부터 그리스도의 영을 해방시키는 영웅으로 등장하고 있다. 가룟 유다를 중심으로 기록되었으며, 그래서 그를 긍정적으로 묘사하고 있지만, 그러나 그에 의해 기록된 것으로는 간주되지 않는다.

Ⅱ. 유다복음의 주요 내용

유다복음은, 마치 마리아 복음이 마리아를, 도마복음이 도마를 총애 받은 제자로, 그리고 마태복음이 베드로를 그렇게 묘사하듯이, 유다를 예수님의 총애 받은 제자로 묘사한다. 어느 정도의 비밀을 획득한 자들을 위하여 기록된 많은 영지주의 작품들과 마찬가지로, 유다복음은 비밀 이야기, 즉 예수님이 가룟 유다와 나눈 계시에 대한 비밀스런 이야기라고 주장되었다. 여러 시대를 거쳐 많은 철학자들은 예수님이 십자가에서 죽음으로 말미암아 신학적 의무를 성취하도록 하기 위하여 유다가 주님을 배신하도록 요청되었다는 아이디어를 구상하였지만, 이러한 입장은 이단으로 정죄되었고, 정경복음서에 의해 지지받지 못하였다. 그러나 유다복음은 유다의 행동이 필연적이었다고 주장할 뿐만 아니라, 유다가 예수님 자신의 명령에 의하여 행동하였다고 주장한다.

유다복음은 예수님이 유다에게 "너는 오랫동안 저주받을 것이라"고 말하였다고 기록한다. 그러나 여기에 덧붙여 예수님이 유다에게 "너는 그들을 지배하게 될 것이다. 또한 너는 그들을 능가할 것이다. 왜냐하면 네가 나를 덮고 있는 사람을 희생시킬 것이기 때문이다"라고 말씀했다고 말한다.

예수님의 공생애 마지막 해와 주님의 탄생(마태 및 누가복음)의 사건들을 기록하고 있는 정경복음서들과는 달리, 유다복음은 예수님과 유다(그리고 예수님과 열두 제자) 사이에 나눈 대화의 형태로 취하고 있는데, 여기에 철학적이거나 혹은 수사학적 해석을 전혀 가미하고 있지 않다. 신약성경의 시각에서 볼 때 이상하기는 하지만, 이러한 대화체 복음은 기독교 초창기 시대에는 널리 알려진 것이었다(사실 네 권의 정경복음서는 전기적 형태로 기록된 유일한 복음서들이다).[235] 신약 외경에는 이러

235) 누가복음 1장 2절 "… 내력을 저술하려고 붓을 든 사람이 많은지라."는 누가의 기록을 참고할 때, 누가 이전에 누가가 기록하고자 했던 종류의 복음서들이 이미 존재했음을 알 수 있다. 사실 초대

한 형태로 기록된 몇 권의 복음서가 있는데, 그 중 가장 주목할 만한 것이 바로 막달라 마리아 복음서이다.

정경복음서들과는 달리, 유다복음은 서기관들이 유다에게 접근하는 것으로 묘사하고 있으며, 유다는 예수님을 그들에게 넘겨 준 후 돈을 받은 것으로 기록되어 있다. 정경복음서에서 유다가 악당으로 묘사되며 예수님에게 통렬한 비난을 받은 것과는 달리(막 14:21, "인자는 자기에 대하여 기록된 대로 가거니와 인자를 파는 그 사람에게는 화가 있으리로다. 그 사람은 차라리 태어나지 아니하였더라면 제게 좋을 뻔하였느니라." cf. 마 26:24), 유다복음에서는 그를 위대한 예정된 목적을 이루기 위하여 거룩하게 임명된 도구로서 묘사되고 있다: "마지막 날에 그들은 네가 거룩한 자의 반열에 오르게 되는 것을 저주할 것이다."

유다복음에서 예수님은 다른 제자들보다 유다를 선호하는 것으로 그려지고 있다: "다른 제자들과 거리를 두거라. 내가 너에게 왕국의 신비를 알려 줄 것이다.", "보라, 너는 모든 것을 들었도다. 네 눈을 들어서 구름과 그 속의 빛, 그리고 그것을 에워싸고 있는 별들을 바라보거라. 그 길을 인도하는 별이 바로 너의 별이니라."

교회 당시 정경 복음서 외에도 약 44권의 외경복음서들이 존재하였다(리차드 버릿지, 김경진 역, 『네 편의 복음서, 한 분의 예수』. 서울: UCN, 2005, 265-6). 이들 외경복음서들은 크게 둘로 구분되어, 주님의 행적을 주로 기술한 〈서술적 복음서〉와 주님의 교훈을 주로 기록한 〈말씀복음서〉로 나누어진다. 서술적 복음서에는 '야고보 복음서', '도마의 유년기 복음서', '베드로 복음서', '히브리 복음서' 등이 있고, 말씀 복음서에는 '도마 복음서', '마리아 복음서', '야고보 복음서', '구주와의 대화' 등이 있다. 그러나 이들 외경복음서들은 모두 다 2~3 세기경에 기록된 것으로써, 정경 복음서들을 모방하여 자신들의 특별한 관심사를 표현한 것으로써, 예수님의 생애와 사역을 이해하는데 도움이 될 만한 자료들은 별로 없는 것으로 알려져 있다. Cf. 이동진 편역, 『제 2의 성서』(서울: 해누리, 2006), pp.29-180.

Ⅲ. 유다복음의 문제점

1. 영지주의적 이단

주후 2~3세기 동안 반(反) 기독교적이거나 혹은 비기독교적인 그룹들에 의해 소위 『신약외경(*New Testament Apocrypha*)』이라 불리는 책들이 한데 모아 묶여졌다. 대체로 이 책들은 사도, 족장, 혹은 구약, 신약 및 유대교 외경 문헌에 등장하는 다른 위인들의 이름과 결부되어 알려졌다.[236] 유다복음은 이러한 책들 중 하나로서 고대 문헌에 오직 두 번 언급되고 있다. 본문비평을 근거로 분석할 때, 유다복음은 주후 약 130~180년 경에 쓰인 고대 헬라어로부터 번역된 것으로 추정된다.[237] 초대 교부였던 리옹의 이레네우스(Irenaeus of Lyons)가 180년 경 유다복음을 언급하였고, 오리겐(Origen) 역시 그의 책 『*Stromateis*』에서 인용하였다.

이레네우스는 약 180년 경 『이단 반박(*Adversus Haereses*)』이라는 반 영지주의적 저서에서 유다복음을 언급하였다.

> 가인은 그 존재의 기원이 천상의 능력이었으며 에서, 고라, 소돔 족과 그와 같은 사람들은 서로 관련되어 있다고 주장하는 사람들이 있다. 그들은 배신자 유다가 철저하게 이러한 일들을 알고 있었으며, 오직 그 자신만이 남들이 모르는 진리를 알고 있는 상태에서 배신의 신비를 성취하였다고 선포한다. 그리하여 유다에 의하여 땅과 하늘의 모든 일들이 혼돈에 빠지게 되었다. 그들은 이런 종류의 허구적 역사를 날조하였으며, 그 결과가 바로 유다복음인 것이다.[238]

---

236) J. K. Elliot, *The Apocryphal New Testament* (Oxford: University Press, 1993), introduction.
237) H. C. Puech & Beate Blatz, *New Testament Apocrypha*, vol. 1, 387.
238) *Against Heresies*, I.31.1.

여기서 이레네우스의 진술은 특별히 가인을 영웅으로 섬기는 영지주의의 한 분파인 가인 파(Cainites)와 관련되어 있다. 대다수의 영지주의 분파들과 마찬가지로 가인 파는 구약의 신(야훼)을 악한 것으로 간주하는 준(準) 악신론자(semi-maltheist)로서, 구약의 신은 우주를 창조한 신과는 다를 뿐 아니라 그보다 열등한 존재인데, 그에 의해 예수님이 세상에 보내어졌다고 믿는다. 이러한 영지주의 분파들은 야훼의 권위에 도전하거나 그러한 지식을 발견하고자 노력한 모든 성경의 위인들을 경배한 반면에, 정통 신앙에서 위인으로 인정하는 인물들을 마귀로 간주하였다.

유다복음은 아담의 세 번째 아들 셋(Seth)을 그들의 영적 조상으로 믿는 '셋 영지주의(Sethian Gnosticism)'라 불리는 영지주의 분파에 속한다. 다른 셋 영지주의 문헌에서 주장하는 것처럼, 예수님은 셋과 동일시된다: 비록 이것이 부분적으로 긍정적 부정적 아이온(aeon)을 묘사하는 발출론적 신화에 속하는 것이기는 하지만, "첫째는 그리스도라 불리는 셋" 이라고 그들은 주장한다.

형이상학적 이유로 설명하자면, 유다복음의 셋 영지주의 저자는 주장하기를, 유다가 예수님의 육체적 몸의 죽음으로 말미암아 인류가 구속될 수 있도록 하기 위하여 예수님을 배신하였다고 말하였다. 이러한 까닭에 그들은 유다가 감사와 존경의 대상이 될 만한 가치가 있는 존재라고 간주하였다. 유다복음은 예수님 체포 후에 발생한 어떠한 사건도 묘사하고 있지 않다.

요한복음에는, 공관복음과는 다르게, 유다에 대한 예수님의 수수께끼 같은 발언이 수록되어 있다: "네가 하는 일을 속히 하라"(요 13:27). 어떤 이들은 이 말씀을 그가 행한 일을 하도록 지시하는 유다에 대한 직접적 명령으로 간주하는 반해, 다른 이들은 "사탄이 그 속에 들어간지라"고 기록된 같은 절의 앞부분을 인용하며 예수님이 대신 사탄에게 말하고 있었음을 의미하는 것으로 해석한다. 그러나 이것은 본문에 대한 억지 해석에 지나지 않는다.

결론적으로, 유다복음을 저술한 영지주의자들은, 인간의 육체는 감옥임으로, 유다가 그 육체적 구속으로부터 그리스도의 영을 해방시키는 사건을 행동을 옮긴 인물이므로 그를 영웅시하는 것이다. 그러나 이러한 영지주의적 주장은 지상의 예수와 천상의 그리스도를 구분 지음으로 말미암아 예수님의 양성을 파괴함으로써 기독론에 있어 결정적인 과오를 범하고 있는 이단적 사상인 것이다.

이런 맥락에서 우리는 앞서 인용한 교부 이레네우스의 비판에 주목해야 할 것이다. 아울러 이레네우스의 비판이 있은지 두 세기가 지난 후, 키프로스의 감독이었던 살라미스의 에피파니우스(Epiphanius of Salamis) 또한 예수님의 배신자인 유다를 칭찬받을 만한 존재로, 또 우리의 구원을 위하여 선한 일을 행한 존재로 간주하는 것을 비판하였다. 즉 교부들 역시 유다복음의 영지주의 이단적 요소를 간파한 까닭에 그 위험성을 여지없이 고발하였던 것이다. 기독교회의 역사적 전통의 일부를 구성하는 교부들의 이러한 비판은 유다복음의 허상을 여실하게 드러내고 있는 것이다.

2. 성경과의 불합치

유다복음의 또 다른 문제점은 정경복음서와의 불합치이다. 여기에는 정경복음서와의 커다란 차이점과 아울러 정경복음서에는 없는 새로운 사실들의 추가가 문제가 된다.

전체 내용의 배경이 될 만한 간략한 소개로 시작된다. 즉 예수님께서 유월절 명절을 지키기 3일 전, 일주일 동안 가룟 유다와의 대화를 통하여 말씀하신 비밀스런 계시를 담은 책이 유다복음이라고 설명하는 것으로 시작한다. 여기서 우리는 유다복음의 전체적인 목차를 훑어보는 것이 유익할 것이다.

예수님의 초기 사역

장면 1: 제자들과의 대화 – 성만찬 석상에서의 감사기도(eucharist)

제자들의 분노

예수께서 유다에게 사적으로 말씀하다.

장면 2: 예수께서 제자들에게 다시 나타나다.

제자들이 성전을 보고 의논하다.

예수께서 성전 형상에 대해 풍유적 해석을 하시다.

유다가 그 세대와 인간 세대에 관해 예수께 묻다.

장면 3: 유다가 환상을 설명하고 예수께서 답하시다.

유다가 자신의 운명에 대하여 묻다.

예수께서 우주론에 대하여 유다를 가르치다: 영과 자생(자존)자

아마다스와 발광체들

우주, 혼돈, 그리고 지하세계

통치자와 천사들

인간의 창조

유다가 아담과 인류의 운명에 대하여 묻다.

예수께서 유다와 다른 이들과 함께 악한 자들의 멸망에 대하여 논의하다.

예수께서 세례 받은 자들과 유다의 배신에 대하여 말하다.

결론: 유다가 예수를 배신하다.

이 가운데 정경복음서와 합치되는 부분을 구태여 뽑아 본다면 겨우 다음과 같다. 등장인물이 예수님과 가룟 유다, 그리고 12 제자들이라는 것; 주님이 제자들과 함께 성만찬을 가졌다는 것; 마침내 가룟 유다가 예수님을 배신하였다는 것 등. 그 외의 내용들은 전부 다 정경복음서에는 없거나 조화되지 않는 부분이다. 그 중 주목할 만한 것들은 다음과 같다.

12 제자를 택한 이유 – 사람들이 의의 길을 걷고 있지 않았음으로

제자들에게 어린아이로 나타나다.

다른 제자들을 우매하고 어리석은 것으로 묘사하다.

제자들이 주님께 화를 내다. 그들이 주님을 신성모독하다.

유다를 높이다. 그에게만 우주의 신비를 알려 준다.

주님이 웃으시다.

다음은 정경복음에는 없는 내용들로 유다복음에 수록된 부분이다.

불멸의 영역 – 바벨로(Barbelo); 72 발광체

12 천사가 혼돈을 다스리다.

천사 네브로(Nebro) – rebel, 반역자: Yaldabaoth – 6 천사를 창조하다.

천사 사클라스(Saklas)

하와의 이름 – 조에(Zoe; 생명)

유다복음에서 가장 크게 부각되면서 논쟁이 되고 있는 부분은 예수님의 죽음이 다른 제자들보다 탁월한 것으로 그려진 가룟 유다의 희생을 통해 이루어졌다는 점이다. 유다는 그 어떤 사도들보다 지혜로워서 주님은 다른 제자들을 제쳐놓고 중요한 문제에 대하여 그와 더불어 깊은 대화를 나누는 것으로 묘사되어 있으며, 이것은 예수님과 친밀한 관계에 있음을 전제로 하고 있다. 그리고 그가 모든 다른 사람들보다 뛰어나게 될 것인데, 그 이유는 유다가 예수님의 육신을 희생시킬 것이기 때문이다.

이러한 유다복음의 내용은 정경복음서와 배치되는 것으로서, 이는 곧 성경의 권위를 파괴하는 것이다. 기독교는 삼위일체 하나님에 대한 지식에 있어서 오직 성경 안에 보존된 계시만을 참과 진리로 인정한다. 따라서 성경 내용과 다르거나, 성경에

없는 내용의 추가는 결국 성경의 완전성을 배격하는 것으로서 도저히 인정될 수 없는 것이다.

요컨대, 유다복음에 대한 가장 중요하면서 근본적인 평가는 예수 그리스도에 대한 역사적 진리를 담고 있지 않다는 것인데, 그 이유는 유다복음의 내용이 정경 복음서의 내용과 합치되는 부분이 거의 없기 때문이다.[239]

3. 정경복음서와의 차이점

물론 신약 시대에 많은 외경복음서들이 존재하였다. 그러나 이들 외경복음서들은 2~3세기 후 만들어진 것이고, 따라서 원본 복음서를 모방하여 만들어진 것이다. 특정 인물의 이름이 붙여진 복음의 경우 그 인물을 중심으로 내용이 전개되거나, 아니면 그 인물의 탁월함이 부각된다.

이런 견지에서 볼 때 최초의 복음서인 마가복음 역시 유사한 성격을 띠고 있다고 볼 수 있다. 사실 마가복음은 베드로의 아들(벧전 5:13)이자 바나바와 바울의 수종자였던 마가 요한(행 13:5)에 의해 기록된 복음서로 알려져 있다. 그러나 마가 자신이 12 사도 중 하나가 아니었고, 예수님을 친히 따랐던 제자도 아니었음으로, 그 자격으로 쓰인 복음서라면 정경으로 간주될 수 없었을 것이다. 교회 전승에 따르면, 마가복음은 베드로의 통역으로서 그의 설교를 통역하였던 마가가 베드로의 순교 이후 로마 교회의 부탁을 받아 기록한 책으로 알려져 있다.[240] 그러한 까닭에 마가복음에서는

---

239) Craig L. Blomberg, *The Historical Reliability of the Gospels* (안재형 역; 『복음서의 역사적 신빙성』, 서울 : 솔로몬, 2005. pp.349-350).

240) 빈센트 테일러는 그의 마가복음 주석 서론에서 마가와 베드로와의 관계와 제이 복음서의 저자 문제와 관련하여 교부들이 저술하여 남긴 문헌들을 잘 수집하여 정리하여 놓았다: "마가는 '뭉뚝한 손가락'이라 불려졌는데, 이는 그의 손가락이 그 신장에 비해 약간 짧았기 때문이다. 마가는 베드로의 통역자였다. 베드로 사후 마가는 이탈리아 지방에서 이 복음서를 기록하였다." (Vincent Taylor, *The Gospel according to St Mark* [London: Macmillan, 1952], 3, cf. 1-8).

다른 어떤 제자들보다도 베드로가 크게 부각되어 나타나는 것을 보게 된다. 처음 주님의 부름을 받을 때부터 시작하여(막 1:16-20), 가이사랴 빌립보에서의 신앙고백(막 8:29), 부자 청년 이야기에서 제자들을 대표한 발언(막 10:28), 주님이 심문 받을 때 대제사장의 집에서 세 번 주님을 부인한 것, 그리고 주님 부활의 메시지를 우선적으로 베드로에게 알리라고 전한 천사의 메시지 등이 그 좋은 예이다.

사실 마가복음의 이런 기록에 의하면 베드로 외 다른 사도들의 활약은 거의 언급되고 있지 않다. 가끔 베드로와 함께 최초에 함께 부름 받은 어부 제자들인 야고보와 요한이 함께 등장하기는 하지만(야이로의 딸 치유, 변화산 사건, 종말론 설교), 그들 외에는 거의 등장하지 않는다. 결과적으로 마가복음에서 베드로는 사도단의 대변인처럼, 혹은 주님의 수제자처럼 그렇게 묘사되어 있음을 보게 된다. 그리고 이러한 베드로에 대한 두드러진 묘사는 그대로 다른 공관복음에서도 답습되고 있음을 또한 보게 된다. 따라서 베드로의 수위성(primacy of Peter)이란 불리는 이러한 공관복음의 특징은 마가복음 우선설의 중요한 증거 중 하나로 제시되는 것이다.

공관복음의 이러한 특징은 요한복음과 비교를 통해 더욱 분명하게 알 수 있다. 요한복음에서 베드로는 더 이상 두드러진 인물로 소개되고 있지 않다. 베드로 외에 다른 사도들, 안드레, 빌립, 나다나엘, 도마 등 역시 함께 등장하며 나름대로 중요한 역할을 행하는 것으로 기록되어 있다. 이러한 요한복음과의 비교는 공관복음에서의 베드로 위치의 탁월함을 밝히 보여 주는 것이다.

그러나 마가복음에서 빼놓을 수 없는 중요한 사실은 베드로의 역할이 크게 부각되고 있기는 하지만, 그와 함께 그의 실수와 허물을 여과 없이 그대로 기록하고 있다는 점이다. 그리하여 마가복음의 두드러진 특징 중 하나는 바로 제자들에 대한 부정적인 묘사인 것이다. 바로 이 점이 유다복음과 현저하게 다른 차이점인 것이다. 유다복음에서 유다는 다른 모든 제자들을 능가하는 특별한 인물로 부각되면서, 전혀 실수나 허물이 없는 거의 완벽한 인물을 묘사되고 있는데, 따라서 유다복음은 유다를 특별히 숭배하는 일단의 무리들에 의해 조작된 이야기라고 밖에 말할 수 없는 것이다.

Ⅳ. 나가면서

유다복음을 지지하는 자들은 지금 현존하는 사본 역시 2~3세기에 만들어진 것이므로, 유다복음과 크게 다를 바 없다고 주장한다. 그러나 성경의 사본은 원본을 고스란히 반영하는 것으로서 원본의 내용을 있는 그대로 충실하게 보존하는 까닭에 원본과 전혀 다를 바 없다고 생각된다. 특히 본문 비평을 통하여 매우 효과적으로 본래의 텍스트를 구축하였으므로, 오늘날 번역된 성경이 원문과 다를 수 있다는 어떠한 개연성도 인정될 수 없을 것이다. 그러나 외경복음서들의 경우, 그 원본을 본따 임의로 저술한 것이므로, 원본 복음서에 기록된 사실과 관련된 역사적 진리를 담고 있다고 볼 수 없다. 이런 맥락에서 유다복음 역시 정경복음서과 비교할 때 드러나는 현저한 차이점으로 인해 우리 주 예수 그리스도에 대한 그 어떠한 역사적 진리도 담고 있지 않은 이야기로서, 일부 극단적 영지주의자들에 의해 일방적으로 조작된 이야기라고 밖에 말할 수 없을 것이다.

유다복음을 유력한 한 증거로 참작할 때, 기독교의 일부 교단, 특히 복음주의적 교회들의 획일적 사고를 '깨우치기' 위해 SBS가 의도적으로 기획한 '신의 길, 인간의 길'은 기독교 신앙의 근거가 되는 신약성경을 자신들의 의도에 치우쳐 해석함으로써, 기성교회들에 의해 왜곡되었다고 주장하는 예수님을 오히려 그들의 편협한 해석으로 말미암아 왜곡하고 말았다. 오늘날 한국의 복음주의 개혁교회가 고백하는 예수님, 그리고 신약성경이 한결같이 주와 하나님으로(요 20:28) 증거하고 있는 예수님은 유다복음과 같은 사이비 문헌에 소개된 것처럼 결코 왜곡된 분이 아니다. 오히려 그런 복음서를 만들어 낸 이들이 자신들의 종교적 목적을 합리화시키기 위하여 정경 복음서에 흠집을 내면서 왜곡한 것이란 사실을 우리는 분명히 명심해야 할 것이다.[241]

241) 김경진, 『누가신학의 제자도와 청지기도』 (서울: 도서출판 솔로몬, 1997), pp.110-116.